VORWORT

LIEBE SCHALKER!

Mit unserem Verein stehen wir vor einer Saison, auf die wir uns freuen dürfen. In der Bundesliga verfügen wir unverändert über eine Mannschaft, die ganz oben mitspielen wird und auf die mit der Teilnahme an der Champions League ein Highlight wartet, das sie sich durch ihre Leistungen in der vergangenen Saison absolut verdient hat. Für uns ist daher eines klar: Wir werden den Weg, den wir in der vergangenen Saison eingeschlagen haben, konsequent fortsetzen. Er ist der richtige für Schalke.

Ebenso wichtig wie der sportliche Erfolg – auch wenn wir so nahe an der Meisterschaft dran waren: Platz zwei in der Bundesliga ist für den FC Schalke 04 alles andere als selbstverständlich – war die Entwicklung zu einem echten Team, in dem die Spieler eine hohe Identifikation mit dem Club aufweisen. Die Jungs haben das umgesetzt, was von ihnen eingefordert wurde und mit Leidenschaft Fußball gespielt. Diese Charakterstärke und den entstandenen Teamgeist müssen wir im kommenden Jahr bewahren. Dann gilt es sich gegen Konkurrenten zu behaupten, die teilweise erheblich aufgerüstet haben.

Wir haben das nicht in diesem Umfang getan – weil es nicht mehr notwendig war. Den großen Umbruch haben wir bereits hinter uns. Wir verfügen nun über eine im Schnitt recht junge Mannschaft mit guten Perspektiven. Dank der Zugänge in den vergangenen Jahren und der Ergebnisse einer guten Nachwuchsförderung können wir eine qualitativ sehr gut besetzte Mannschaft ins Rennen schicken, deren Gerüst lange stehen soll. Genau das kann im kommenden Jahr unser Vorteil sein, auch wenn uns die Erfolge der abgelaufenen Spielzeit in die Lage versetzen, noch einmal auf dem Transfermarkt aktiv zu werden.

Eines muss ebenso klar sein: Die Champions League stellt einen riesigen sportlichen Anreiz für uns dar. Im dritten Anlauf wollen wir zum ersten Mal den Sprung ins Achtelfinale schaffen. Doch ihr gilt nicht unser alleiniges Augenmerk. Wir wollen in allen drei Wettbewerben, also auch im DFB-Pokal, gut abschneiden. Und wenn es eine Priorität gibt, dann liegt diese ganz klar bei der Bundesliga. Nur hier können wir uns erneut für die europäische Königsklasse qualifizieren.

Natürlich sind die Anforderungen an die Mannschaft damit automatisch sehr hoch. Aber wir haben durch die Aufstockung des Trainer- und Betreuerstabs bewusst noch einmal verbesserte Rahmenbedingungen geschaffen. Es gilt, alles dafür zu tun, dass Schalke 04 optimal vorbereitet und bestens betreut in die Begegnungen gehen kann und sich die Spieler gleichzeitig in jeder Hinsicht weiterentwickeln.

Ein wichtiger Faktor für das Gelingen einer Saison hat sich über die Jahrzehnte nicht geändert: Geduld. Diese darf man gerade dann nicht verlieren, wenn es Rückschläge gibt. Dafür ist der Verlauf der letzten Saison das beste Beispiel. Deswegen haben wir in der Vereinsführung totales Vertrauen in unsere Mannschaft. Und dieses wird sich vielleicht schon kurzfristig, bestimmt aber mittel- und langfristig in der nächsten Saison auszahlen.

GLÜCKAUF!
Andreas Müller | Manager

4 für S04 | ab Seite 16

Neuzugänge | ab Seite 22

INHALT

Vorwort	3
Mannschaftsfoto	6-7

SAISON 2007|08
Rückblick	Ausblick	
Dritter Anlauf in der Königsklasse	8-12
Neuer, Pander, Özil und Boenisch: 4 für S04	16-21
Schalkes Neuzugänge:	
Quintett ist bereit für einen Top-Club	22-27
Bundesliga-Spielplan	34-35
Champions League und UEFA-Cup	36
DFB-Pokal	37
VELTINS-Arena: 12 Millionen Besucher seit 2001	40-41
Die Schalker Trikots	38
S04-Nachwuchsteams gute	
Zulieferer für Bundesliga-Kader	42-45
DER NORDKURVEN-KOMMENTAR	
Pech im Spiel – Glück inner Liebe	14-15

TRAINER
Mirko Slomka:	
Wir wollen unberechenbarer werden	28-32
Alle Trainer	234-235

SAISON 2006|07
Bundesliga-Abschlusstabelle	48
Bundesligaspiele	48-52
Einsätze und Tore	53
Ligapokalspiele 2006	54
DFB-Pokalspiele	54
UEFA-Cup	54
Testspiele	56-57
Logbuch	58-61

VEREIN
Aufsichtsrat	62
Vereinsgremien	63
Interview mit dem 1. Vorsitzenden Josef Schnusenberg: Wollen gut geführtes Unternehmen mit sozialer Verantwortung sein	64-67
Vorsitzende	233
Club-Info und Erfolge	256-257

VORSTAND
Josef Schnusenberg	68
Peter Peters	71
Andreas Müller	74

TEAMMANAGER
Erik Stoffelshaus	77

TRAINERSTAB
Mirko Slomka	80
Oliver Reck	83
Nestor El Maestro	86
Dr. Christos Papadopoulos	89
Rouven Schirp	92
Elliot Paes Alves Junior	95

INHALT

Zahlen, Fakten und Hobbies: Alle Spieler im Portrait | ab Seite 98

Schalker Fan-Club Verband wird 30 Jahre alt | ab Seite 236

BUNDESLIGA-KADER

Manuel Neuer	98
Heiko Westermann	101
Levan Kobiashvili	104
Mathias Abel	107
Marcelo Bordon	110
Gustavo Varela	113
Fabian Ernst	116
Søren Larsen	119
Ivan Rakitic	122
Peter Løvenkrands	125
Jermaine Jones	128
Gerald Asamoah	131
Timo Kunert	134
Darío Rodríguez	137
Mesut Özil	140
Rafinha	143
Halil Altintop	146
Mladen Krstajic	149
Michael Delura	152
Kevin Kuranyi	155
Benedikt Höwedes	158
Christian Pander	161
Zlatan Bajramoviç	164
Mimoun Azaouagh	167
Markus Heppke	170
Sebastian Boenisch	173
Ralf Fährmann	176
Mathias Schober	179
Toni Tapalovic	182

BODENPERSONAL

Karl-Heinz Neumann	185
Dr. Bernd Brexendorf	188
Karl-Heinz Ohland	189
Gregor Zieleznik	190
Holger Genius	191
Enrico Heil	192
Christian Frank	194

STATISTIK

BUNDESLIGA

Bundesliga 1963 – 2007	196-201
Spieler-ABC	202-207
Spielerrangliste nach Einsätzen	208-210
Spielerrangliste nach Toren	212-213
Elfmeter	214
Platzverweise	215
Schalker Rekorde	216-217

DFB-POKAL

Spiele	218-223
Spielerrangliste	224-227

EUROPAPOKAL

Bilanz	228
Alle Spiele	228-230
Spielerrangliste	231

NATIONALELF

Spielerrangliste	232

FANS

30 Jahre Schalker Fan-Club Verband	236-237
Alle Fan-Clubs	238-255

IMPRESSUM 258

KADER DES FC SCHALKE 04 FÜR DIE SAISON 2007|08

Obere Reihe (v.l.): Benedikt Höwedes, Michael Delura, Mathias Abel, Marcelo Bordon, Søren Larsen, Kevin Kuranyi, Sebastian Boenisch, Mladen Krstajic, Heiko Westermann. **2. Reihe:** Mannschaftsarzt Dr. Bernd Brexendorf, Ivan Rakitic, Levan Kobiashvili, Zlatan Bajramovic, Christian Pander, Markus Heppke, Peter Løvenkrands, Jermaine Jones, Halil Altintop, Co-Trainer Nestor El Maestro. **3. Reihe:** Ökotrophologe Christian Frank, Zeugwart Enrico Heil, Mannschaftsbetreuer Karl-Heinz Neumann, Physiotherapeut Gregor Zieleznik, Physiotherapeut Holger Genius, Physiotherapeut Karl-

MANNSCHAFT

Heinz Ohland, Konditions- und Reha-Trainer Dr. Christos Papadopoulos, Konditions- und Reha-Trainer Elliot Alves, Konditionstrainer Rouven Schirp, Chef-Trainer Mirko Slomka, Co-Trainer Oliver Reck. **Untere Reihe:** Rafinha, Mesut Özil, Fabian Ernst, Ralf Fährmann, Manuel Neuer, Mathias Schober, Toni Tapalovic, Timo Kunert, Gerald Asamoah, Mimoun Azaouagh. Es fehlen: Darío Rodríguez und Gustavo Varela.

SCHALKE 04 STARTET VOLLER TATENDRANG IN DIE SAISON 2007 | 08

DRITTER ANLAUF IN DER KÖNIGSKLASSE

EIN BEREITS WENIGE TAGE NACH SAISONSCHLUSS KOMPLETT VERGRIFFENES DAUERKARTEN-KONTINGENT, EIN RIESENANSTURM AUF DIE TAGESKARTEN FÜR DIE KOMMENDE BUNDESLIGASPIELZEIT UND EINE STETIG STEIGENDE MITGLIEDERZAHL, WELCHE DIE NÄCHSTE MARKE VON 70.000 BEREITS IM VISIER HAT: VOR DER ANSTEHENDEN SAISON 2007/08 HÄLT DER BOOM BEIM VIZEMEISTER FC SCHALKE 04 AUF ALLEN EBENEN AN. DIE VORFREUDE IST BERECHTIGT.

Die Knappen gehen wieder als einer der großen Anwärter auf eine Spitzenposition in die Saison. Nach dem geglückten Umbau der vergangenen Jahre steht das Gerüst der Mannschaft. Somit lag der Akzent bei der Personalplanung auf der perspektivischen Verstärkung auf hohem Niveau. Den von Arminia Bielefeld geholten Heiko Westermann kennzeichnen etwa neben seinen sportlichen Fähigkeiten – nicht wenige Fachleute sehen in ihm mittelfristig einen Kandidaten für die Nationalmannschaft – zwei für die Knappen wichtige Merkmale: Der Innenverteidiger ist zum einen ein Rechtsfuß und zum anderen erst 23 Jahre alt. Marcelo Bordon, Mladen Krstajic und Darío Rodríguez, die bisher die Positionen in der Abwehrzentrale besetzten, bevorzugen jeweils den linken Fuß und sind allesamt über 30 Jahre alt. Damit könnte dem Unterfranken bei entsprechenden Leistungen ebenso die Zukunft auf dieser Position gehören wie Benedikt Höwedes. Dem U19-Nationalspieler wird ein großes Talent bescheinigt. Selbst wenn die kommende Spielzeit für den Deutschen A-Jugend-Meister von 2006 noch zu einem reinen Lehrjahr in Sachen Bundesliga werden sollte, wird mittelfristig mit ihm zu rechnen sein.

Ivan Rakitic ist zwar genauso jung wie der 19-jährige Höwedes, hat aber bereits andere Ambitionen. Nach seinem kometenhaften Durchbruch im Schweizer Oberhaus beim FC Basel in der abgelaufenen Spielzeit strebt der technisch versierte Mittelfeldspieler, der international künftig für Kroatien spielen wird, nun eine ähnliche Entwicklung in der Bundesliga an. Dort hat Jermaine Jones in den vergangenen Jahren bereits seine Klasse bewiesen, allerdings aufgrund großen Verletzungspechs bisher nicht so häufig wie es sich der einstige Kapitän von Eintracht Frankfurt selbst gewünscht hätte. Damit soll beim Neuanfang Schluss sein. Jones will sich auf Schalke trotz großer Konkurrenz im Mittelfeld durchsetzen.

Als kollegialer Mitstreiter im Bund der „Schalker Jungs" auf der Torhüterposition will sich künftig Mathias Schober profilieren. Vom Aufsteiger Hansa Rostock zu „seinem Verein" zurückgekehrt, ist der mittlerweile 31-Jährige die erfahrene Alternative zur Nummer 1 Manuel Neuer und zu U19-Nationaltorhüter Ralf Fährmann. Auf ihn kann Chef-Trainer Mirko Slomka bei Bedarf bedenkenlos zurückgreifen. Dazu kommt ein Trio, das nach einer jeweiligen Ausleihe an Bundesliga-Konkurrenten erneut seine Chance auf Schalke suchen will: Abwehrspieler Mathias Abel, Mittelfeldakteur Mimoun Azaouagh und Offensivkraft Michael Delura. In einem 29-köpfigen Kader (25 Feldspieler und 4 Torhüter) wird das nicht einfach, aussichtslos sind auch ihre Perspektiven angesichts einer Saison von mindestens 41 Pflichtspielen jedoch nicht.

Diesen Zugängen stehen vor allem die Abgänge von Spielmacher Lincoln (Galatasaray Istanbul), Hamit Altintop (Bayern München) und Tim Hoogland, der sich in der Zweiten Liga beim 1. FSV Mainz 05 als Stammspieler beweisen will, gegenüber. Nicht ausgeschlossen ist, dass

SAISON 2006 | 2007

die Königsblauen bis zur Schließung der Transferliste am 31. August noch einmal selbst die Initiative ergreifen. Der Etat lässt dazu den nötigen Spielraum, doch der soll nur dann ausgeschöpft werden, wenn eine weitere Verpflichtung sportlich und wirtschaftlich Sinn macht. „Selbst wenn es nicht klappen sollte, bin ich der Meinung, dass der vorhandene Kader stark genug ist, unsere sportlichen Ziele zu erreichen", sagt Andreas Müller. Diese formuliert der Manager ähnlich wie vor der vergangenen Spielzeit. „Wir wollen uns wieder für die Champions League qualifizieren." Die Rolle des Favoriten auf den Titel hingegen „liegt ganz klar bei Bayern München", weist Chef-Trainer Mirko Slomka auf die in der Bundesliga bisher noch nicht da gewesenen Investitionen des Rekordmeisters von geschätzten 70 Millionen Euro in neue Spieler hin. Dennoch ist man bei Schalke 04 nicht bereit, das große Ziel des gesamten Vereins komplett aus den Augen zu verlieren, wie Manager Müller auf der Jahreshauptversammlung betonte: „Wenn wir die Chance bekommen, dann müssen wir Charakter zeigen und zuschlagen. Denn ich weiß, welchen Wunsch jeder Schalker in

seinem Herz trägt." Ein Ehrgeiz, der sich auch aus dem Verlauf der vergangenen Saison erklärt.
Platz zwei und damit die Rückkehr in die europäische Königsklasse – im Herbst 2006 hätten alle Königsblauen ein solches Abschneiden ohne Einschränkung als den Erfolg gefeiert, der er auch ist. Im UEFA-Cup gegen AS Nancy und im DFB-Pokal gegen den 1. FC Köln frühzeitig ausgeschieden, schien das Team um Kapitän Marcelo Bordon nach den Niederlagen bei Hertha BSC, Bayer Leverkusen und dem VfB Stuttgart zu diesem Zeitpunkt aus dem Tritt gekommen zu sein. Die Anhänger machten ihrem Unmut mit einer 19:04 Minuten währenden Schweigeaktion im Heimspiel gegen Bayern München Luft. Vor dieser Partie hatte Trainer Slomka eine schwer wiegende Personalentscheidung getroffen: Er setzte fortan auf Manuel Neuer anstelle von Frank Rost im Tor.
Auf dem Spielfeld erlebte nicht nur die neue Nummer 1 einen magischen Moment wie es ihn in der gesamten Vereinsgeschichte noch nicht gegeben hat: In der letzten Minute des Schweigens klatschten die Fans deren Ende ein, so dass bei 19 Minuten und 04 Sekunden aus >>

der Stille ein Hexenkessel geworden war – und wenige Momente später schoss Levan Kobiashvili mitten in den Trubel das Tor zum 2:0. Die VELTINS-Arena geriet endgültig zum Tollhaus. Auch wenn es an diesem Tag nicht zu einem Sieg reichte, verfehlte dieses Szenario seine Wirkung auf alle Beteiligten nicht. „Der Schulterschluss zwischen Mannschaft und Fans war vollzogen", erinnert sich Müller. Auf dieser Woge der Unterstützung eilte die Mannschaft nun von Erfolg zu Erfolg: Zehn Siege und ein Unentschieden – darunter die eines Meisters würdige Leistung beim 2:0 bei Werder Bremen – brachten am vierten Spieltag der Rückrunde eine Tabellenführung mit sechs Punkten Vorsprung.

13 Spieltage lang hatte den Königsblauen den Platz an der Sonne inne, ehe die Mannschaft am vorletzten Spieltag durch ein 0:2 bei Borussia Dortmund auf Rang zwei zurückfiel. Die Niederlage in diesem Derby sowie das 1:2 beim Auswärtsspiel zuvor beim VfL Bochum sind sicherlich wichtige Gründe bei der Ursachenforschung für die verpasste Meisterschaft. Ein weiterer Erklärungsansatz: Zahllose Profis stellten sich in der Rückrunde trotz Verletzung zur Verfügung, als es darum ging, den Vorsprung mit allen Mitteln zu verteidigen: Man denke an Mladen Krstajic, der trotz eines Rippenbruchs auflief. Einige schoben notwendige Operationen auf, um der Mannschaft zu helfen (Halil Altintop, Zlatan Bajramovic) oder schafften Comebacks in Rekordzeit (Gerald Asamoah). Ein Wendepunkt war sicherlich das 2:2 beim VfL Wolfsburg am 22. Spieltag, als man einen 2:0-Vorsprung nicht über die Zeit brachte. Fast noch gravierender als der Ausgleich der Hausherren in der Schlussminute war die langwierige Verletzung von Peter Løvenkrands. Nach Gustavo Varela fiel den Knappen damit der zweite verfügbare pfeilschnelle Angriffsspieler nahezu bis zum Saisonende aus. Damit fehlte die Tempodimension, die das Schalker Spiel bis zu diesem Zeitpunkt so unwiderstehlich gemacht hatte. Eine Beobachtung, die sich statistisch belegen lässt: Waren die Knappen bis dahin das Bundesligateam mit den meisten Kontertoren, gelang ihnen ohne Løvenkrands und Varela bis zum Saisonschluss nur noch ein einziger Treffer nach einem schnellen Angriff.

Unmittelbar nach der Partie in Wolfsburg kassierte man

in dem als „Faustpfand" gedachten Heimspiel-Doppelpack gegen Bayer Leverkusen (0:1) und den Hamburger SV (0:2) zwei Rückschläge. Zu allem Überfluss sah Lincoln nach dem Schlusspfiff für eine Attacke gegen Leverkusens Bernd Schneider die Rote Karte. All dies führte dazu, dass viele positive Kennzahlen – viele Stürmertore, wenige Gegentreffer, die längste Verweildauer an der Spitze und die zweitbeste Auswärtsbilanz in der Vereinsgeschichte zu Bundesligazeiten – letztlich nicht zur ersehnten Meisterschaft, sondern zum zweiten Platz reichten. Übrigens: Am letzten Spieltag erklommen die Schalker bei einem eigenen 2:0 gegen Arminia Bielefeld und einer Führung von Energie Cottbus beim VfB Stuttgart für rund neun Minuten tatsächlich noch einmal die Tabellenspitze.

Mit etwas Abstand ist die Melancholie angesichts der greifbar nahen Meisterschale neuem Tatendrang gewichen. Anlass zu berechtigtem Optimismus ist reichlich vorhanden: Schalke 04 hat zwar nicht so viel investiert wie Bayern München – das war aber auch nicht nötig, verfügen die Knappen doch über ein eingespieltes Team, in das nun viele Spieler zurückgekehrt sind, die in der vergangenen Saison gefehlt haben. Dazu zählen neben Peter Løvenkrands und Halil Altintop etwa im Angriff Søren Larsen, dessen Tore in der vergangenen Saison gefehlt haben.

Natürlich wird es wichtig sein, dass die Mannschaft die zusätzliche Herausforderung Champions League nicht nur sportlich erfolgreich, sondern auch physisch und psychisch gut bewältigen kann. Auch um dies zu gewährleisten, hat der Verein den Wunsch von Mirko Slomka erfüllt und weitere Experten hinzugezogen. Professor Dr. Jürgen Freiwald ist als „Koordinator für Leistungsdiagnostik, Konditionstraining und Reintegration verletzter Spieler" beratend tätig, mit Elliot Alves sorgt ein zusätzlicher Konditions- und Reha-Trainer dafür, dass der Kader der Königsblauen noch individueller betreut werden kann. War Dr. Christos Papadopoulos in diesem Bereich zu Beginn der Vorsaison noch Einzelkämpfer, hat er als Leiter dieses Bereichs nach Rouven Schirp nun mit Alves noch einen zweiten Mitstreiter hinzubekommen. >>

In anderen Bereichen ist der FC Schalke 04 ebenfalls bestens aufgestellt. Mit dem neuen Hauptsponsor Gazprom, der seit dem 1. Januar 2007 die Trikotbrust schmückt, hat der Club einen weiteren großen Partner gewonnen ohne einen anderen zu verlieren. Die Victoria Versicherungen blieben dem Club als Co-Sponsor ebenfalls erhalten. Dazu gab es einen Wechsel an der Führungsspitze: Wie verabredet schied Gerhard Rehberg nach fast 13 Jahren aus seinem Amt als 1. Vorsitzender aus. Josef Schnusenberg, bereits ebenso lange wie Rehberg Vorstandsmitglied, trat dessen Nachfolge an und bildet nun gemeinsam mit Geschäftsführer Peter Peters und Manager Andreas Müller den aus drei Mitgliedern bestehenden Vorstand. Die minutenlangen Ovationen auf der Jahreshauptversammlung am 18. Juni und die Wahl zum Ehrenvorsitzenden ohne Gegenstimme oder Enthaltung zeigten den großen Respekt der Mitglieder für die von Rehberg für den Verein geleistete Arbeit. Ähnliche Huldigungen wären der Mannschaft von Mirko Slomka in der kommenden Saison ebenfalls wieder zu wünschen. <

DIE WECHSEL ZUR SAISON 2007|08

Zugänge: Mathias Abel (Hamburger SV/war ausgeliehen), Mimoun Azaouagh (1. FSV Mainz 05/war ausgeliehen) Michael Delura (Borussia M'gladbach/war ausgeliehen), Benedikt Höwedes (eigene Jugend), Jermaine Jones (Eintracht Frankfurt), Ivan Rakitic (FC Basel/Schweiz), Mathias Schober (Hansa Rostock), Heiko Westermann (Arminia Bielefeld). Während der Saison: Ralf Fährmann (eigene Jugend), Christian Erwig, Toni Tapalovic (Schalke 04 II)

Abgänge: Hamit Altintop (FC Bayern München), Niko Bungert (Kickers Offenbach/war vorher ausgeliehen), Christian Erwig (Fortuna Düsseldorf), Tim Hoogland (1. FSV Mainz 05), Dennis Lamczyk (Hessen Kassel), Lincoln (Galatasaray Istanbul). Während der Saison: Alexander Baumjohann (Borussia M'gladbach), Mario Klinger (Hessen Kassel), Frank Rost (Hamburger SV)

VICTORIA

PLATZVERWEIS FÜR UNNÖTIGE KOSTEN.

Der Versicherungs-Check der Victoria.

Unser Angebot für alle Schalke-Fans: Wir checken kostenlos und unverbindlich Ihren Versicherungsschutz. Und prüfen, ob Sie durch unsere Produkte Beiträge sparen können oder mehr Leistungen fürs selbe Geld bekommen. Außerdem haben wir besonders gute Versicherungsangebote für alle Vereins- und SFCV-Mitglieder. Informieren Sie sich jetzt in der Victoria-Agentur auf Schalke oder rufen Sie an unter 02 09/3 89 02 00. Mehr unter www.victoria.de

Die Victoria ist offizieller Versicherungspartner von Schalke 04

Ein Unternehmen der **ERGO** Versicherungsgruppe.

DER NORDKURWEN-KOMMENTAR

PECH IM SPIEL – GLÜCK INNER LIEBE

MAHLZEIT. KUCKS' DU DIR EINFACH MA' DIE LETZTEN SECHS JAHRE SO AN, WATT DER FC SCHALKE SO ERREICHT HAT, DANN MUSS DU EINFACH MA' NÜCHTERN FESTHALTEN: DATT ISS SCHONN GROSSE KLASSE. ZWEIMA' POKALSIEGER, DREIMA' TEILNEHMER ANNER CHAMPIONS LEAGUE, UEFA-CUP-HALBFINALE UND DREIMA' VIZEMEISTER. NÜCHTERN BETRACHTET, ISS DATT DOCH GROSSE KLASSE, ODER? WIE GESACHT, NÜCHTERN BETRACHTET. UND GENAU DA ISS DATT PROBLEM: WELCHER ANHÄNGER VONNE KÖNICHSBLAUEN ISS SCHONN NÜCHTERN?

Neue Säson, neues Spiel, neues Glück. Apropos Glück. Wie sacht mann so? Pech im Spiel – Glück inner Liebe. Und Kerl, wenn datt danach geht, dann müsste unsereins ja drei lecker Torten an jeden Finger haben. Hmm... Datt iss dann abber aunich so würklich. Ich kenn jedenfalls keinen. Naja, vielleicht hat datt Ganze doch nix mit Glück zu tun. Datt datt so iss, datt hätt' ich nich gedacht.

Hätts' du denn noch vor Wochen gedacht, datt der Kollege Lincoln sich seine Flüge nach Hause inzwischen über Istanbul buchen muss? Oder datt Ulli Hoeneß datt Festgeldkonto aufgelöst hat? Oder datt du hier schomma in Erfahrung bringen kanns', wie die Säson so wird...? Siehste - da haste:

August 2007: Felix Magath iss Erster. Allerdings nur beim Turnier vom Schachclub Wolfsburch e.V.. Der VfL Wolfsburch hingegen tümmelt sich – wie immer – irgendwo im Niemandsland vonne Tabelle rum. Außerdem: Die Rolling Stones spielen ihr letztes Konzert und geben ihr'n Rücktritt bekannt.

September 2007: Sieben Punkte aus fümpf Spielen. Tabellenplatz vier. Dazu noch ein peinliches 0:3 im ersten Champions-League-Spiel zu Hause gegen Red Bull Salzburch. Datt iss zu wenich. Stuttgarts Armin Veh muss seinen Koffer packen. Außerdem: Schneechaos auf Mallorca. Der Renner am Ballermann: Glühwein aussem Eimer.

Oktober 2007: Neun Gelbe, drei Rote und zwei Gelb-Rote Karten lautet die Bilanz beim Spiel des FC Bayern im Signal Iduna Park. Der neue Lüdenscheider Träner Klaus Augenthaler dazu: „Irgendwie haben die mich falsch verstanden. Ich sachte: Der Platz muss kochen. Und nich: Der Knochen muss platzen!" Außerdem: Band 7 enthüllt auch auf deutsch: Lord Voldemort iss Harry Potter sein Vatter.

November 2007: Bayern weiter auf Einkaufstour. Nach Luca Toni kommen jetz' auch Riga Toni, Kanne Loni, Macke Roni, Ravi Oli und natürlich Trappa Toni. Und auffem Rückweg aus Italien bringen sich die Bayern noch Toni Sailer mit. Der Polster Toni hat abber keine Böcke. Außerdem: Reiner Calmund iss der Hoppeditz.

Dezember 2007: Absatzrekord in Lüdenscheid. Die neuen T-Shirts „Wir sind wieder da! Kein Gegentor gegen Bielefeld" verkaufen sich wie geschnitten Brot. Der Aktienkurs steigt um 2 Cent. Außerdem: 23 Grad Celsius, Ole Einar Björndalen tritt zum Biathlon inner Veltins-Arena mit Rollschuhen an – und gewinnt.

NORDKURWEN-KOMMENTAR

Januar 2008: Noch ein Rekord in Lüdenscheid: Mit den Neuverpflichtungen Horst Tappert, Lino Ventura und Johannes Heesters verfügt der selbs' gefühlte Europapokalteilnehmer über die erfahrenste Innenverteidigung der Liga. Außerdem: Die Rolling Stones geh'n auf große Deutschland-Tour.

Februar 2008: Bayern buhlt um Torsten Frings. In der üblichen Pizzabude in Hannover hat angeblich bereits ein Treffen stattgefunden. Miro Klose dazu: „Ich hab nich datt Gefühl, datt er bei Werder bleiben will. Wenn datt so iss, soll er halt geh'n." Frings dazu: „Der Miro hängt sein Fähnchen auch immer innen Wind." Außerdem: Paris Hilton iss widder im Gefängnis.

März 2008: Und noch 'n Rekord in Lüdenscheid: Bereits acht Spieltage vor Schluss steht der erste Absteiger fest. Selbs' Tränerlegende Peter Neururer konnte den Absturz der gelb-schwarzen Aktionärsversammlung nich verhindern. Präsident Watzke dazu im Interview: „Nächstes Jahr greifen wir an!". Außerdem: Hoffenheim steigt auf.

April 2008: Tja, datt kommt, wie datt kommen musste. Champions-League-Viertelfinale: Bayern München gegen Real Madrid. Huch!!! Irgendwatt stimmt doch nich... Schweißnass wacht Ulli Hoeneß auf. Ups, wir spielen ja UEFA-Cup gegen Partizan Tirana. Außerdem: Christian Pander iss der Sieger der fünften Staffel von DSDS.

Mai 2008: Du has' einen sehr wichtigen Verein bisher vermisst? Ja, genau. Der FC Schalke scheidet überraschend im Halbfinale vonner Champions League gegen Red Bull Salzburch aus und verspielt die acht Punkte Vorsprung anner Tabellenspitze nach der üblichen Niederlage am 32. Spieltach in Bochum und wird Vizemeister. Sieben Prozent der Kicker-Leser hatte ohnehin nur auf Schalke als Meister getippt. Apropos Meister: Ganz bescheiden gibt sich der Meisterträner: „Na gut, mit mir als Träner ist datt ja dann doch keine Überraschung gewesen." Typisch Hans Meyer. Außerdem: Die EURO fängt bald an.

Also. Alles wie immer. Oder donnich?
Datt iss ja datt Spannende daran.

Gutgeh'n, euer

Erwin Koslowski

4
FÜR SCHALKE 04
WENN DER VEREIN MEHR IST ALS EIN ARBEITGEBER

SAISON 2007 | 2008

ERNST KUZORRA GEHÖRTE DAZU, STAN LIBUDA UND OLAF THON EBENSO, ABER AUCH JENS LEHMANN: SIE ALLE TRUGEN EINST DAS TRIKOT DER SCHALKER NACHWUCHSABTEILUNG. SCHON FRÜH MIT DEM KÖNIGSBLAUEN VIRUS IN BERÜHRUNG GEKOMMEN, LEBTEN SIE SPÄTER IHREN TRAUM: SPIELER DER ERSTEN MANNSCHAFT ZU SEIN. WIE SICH DAS ANFÜHLT, KÖNNEN MANUEL NEUER, MESUT ÖZIL, CHRISTIAN PANDER UND SEBASTIAN BOENISCH AUS DEM AKTUELLEN KADER DER KÖNIGSBLAUEN NACHVOLLZIEHEN.

MANUEL NEUER ÜBER...

Schalke 04: Das ist mein Verein. Hier lebe ich meinen Traum. Ich fühle mich sauwohl und kann mir nicht vorstellen, irgendwann woanders zu spielen. Ich bin Schalker durch und durch. Auf und abseits des Feldes gebe ich immer alles – für meine Mannschaft, für die Fans, aber auch für meine Kollegen in der Kurve, für die Mitarbeiter, für einfach alle, die auf dem Vereinsgelände rumlaufen.

Philosophie der Sportlichen Führung: Seit Jupp Heynckes hier Trainer war, ist der Nachwuchs stärker in den Fokus gerückt. Sein Mut, junge Leute ins kalte Wasser zu werfen, hat Schule gemacht. In diesem Zusammenhang ist Andreas Müller wichtig. Nur wenn der Manager das Konzept mit jungen Leuten unterstützt, kann es funktionieren.

Durchlässigkeit zum Profikader: Neben dem Talent ist man auf ein bisschen Glück angewiesen. Im vergangenen Jahr wurde die U19 Deutscher Meister, anschließend rückten mit Mesut Özil, Sebastian Boenisch, Timo Kunert und später Ralf Fährmann vier Jungs in den Profi-Kader auf. Erfolg der Mannschaft garantiert immer Aufmerksamkeit.

Spieler als Fan: Es ist sehr wichtig, dass ich meine Aufgabe hier auf Schalke als Job sehe. Fan zu sein ist als Profi mitunter nicht hilfreich. Als Fan bin ich viel emotionaler, rege mich über den Gegner auf. Diese Gefühle behindern dich auf dem Feld. Hier musst du ruhig und abgeklärt sein.

Vereinswechsel: Innerhalb von Deutschland ist für mich ein solcher Schritt nicht denkbar. Manuel Neuer beim FC Bayern München – das passt nicht. Ich habe früher in der Kurve gestanden und nicht gerade nette Dinge über die anderen Vereine geschrieen... Wie soll ich denn da das Trikot dieser Clubs tragen?

Gelsenkirchen als Fußballstadt: Ich habe das Gefühl, es gibt nirgendwo so viele Bolzplätze wie in Gelsenkirchen. Hier wirst du immer mit Fußball konfrontiert. Selbst in der Schule gab es nur das eine Thema. In der Pause haben alle mitgespielt – auch einige Mädchen.

Vereinsgeschichte: Kein Verein in Deutschland hat eine so wechselvolle Historie hinter sich wie wir. Hier war immer was los. Viele Geschichten habe ich bereits in dem Buch „90 Jahre Schalke 04" gelesen, oder ältere Kollegen haben mir auf Auswärtsfahrten von den Zweitligazeiten in den 80er Jahren erzählt. Auch mein Opa hat die ein oder andere Anekdote zum besten gegeben: wie die Fans in der Glückauf-Kampfbahn auf den Bäumen saßen, oder ein Spiel wegen der Zuschauer am Rand kaum möglich war.

Seine Rolle als Identifikationsfigur: Die nehme ich gerne an. Nicht nur, indem ich mein Trikot für Versteigerungen zur Verfügung stelle. Ich unterhalte mich beispielsweise mit den Vertretern der Fan-Organisationen oder suche bei verschiedenen Veranstaltungen den direkten Kontakt zu den Anhängern. Das liegt mir am Herzen. Zumal ich ja selbst weiß, wie sich Fans fühlen. Wenn die Mannschaft verloren hat, war bei mir immer gleich das ganze Wochenende im Eimer.

Zeit nach der Karriere: Dann werde ich auf jeden Fall noch ins Stadion gehen. Ob es wieder die Nordkurve sein wird, kann ich hingegen nicht sagen. Allerdings will ich als „Manu" dort hingehen und nicht als „ehemalige Nummer 1".

Mehr Schalker sein geht nicht: Vier Wochen vor seinem fünften Geburtstag meldeten die Eltern **Manuel Neuer** bei den Knappen an. Der Torwart durchlief alle Jugendmannschaften, gewann 2005 mit der U19 den DFB-Pokal und rückte danach zu den Profis auf. Im November 2006 löste der Gelsenkirchener die bisherige Nummer 1 Frank Rost als Stammtorhüter ab.

CHRISTIAN PANDER ÜBER...

Schalke 04: Das ist meine Heimat geworden. Ich habe hier so viel erlebt: die Zeit in der Jugend, meine schweren Verletzungen, das Bundesliga-Debüt. Zwar würde ich nicht sagen, dass ich wie Manu ein Hardcore-Fan bin, aber der Club ist mir ans Herz gewachsen.

Identifikation: Natürlich hat der Verein für mich eine andere Bedeutung als für einen Spieler, der mit Mitte 20 nach Schalke transferiert wird. Ich war 17 Jahre alt, als ich zum ersten Mal das blau-weiße Trikot getragen habe. Das prägt. Nicht zuletzt deshalb, weil ich hier sehr viel Menschlichkeit erfahren habe. Ich war oft lange verletzt, doch die Verantwortlichen haben immer an mir festgehalten. Sätze wie „Wir verpflichten keinen Klassemann für die linke Abwehrseite! Wir warten auf Christian Pander!" waren besser als jede Medizin oder Reha-Maßnahme. Ohne dieses Vertrauen, diese Unterstützung hätte ich es nicht geschafft.

Nachwuchsarbeit: Ich fühlte mich durch meine Zeit als A-Jugendlicher gut vorbereitet auf das, was danach gekommen ist. Herangehensweise unter Coach Norbert Elgert war sehr profinah. Er hat uns vermittelt, was es heißt, Lizenzspieler zu sein. Disziplin, Respekt, Selbstvertrauen: All diese Dinge hat er uns näher gebracht. Darüber hinaus hat er sich individuell mit Spielern beschäftigt. Ich war zum Beispiel damals sehr zurückhaltend. Norbert Elgert hat lange mit mir gesprochen, mir Motivations-CDs empfohlen. Diese Vorgehensweise hat mir imponiert.

Schalke 04 als Arbeiter- und Traditionsverein: Wir haben hier nun einmal nicht den Background, den beispielsweise die Bayern in München haben. Diese Region ist für Maloche bekannt. Das sollten auch die Spieler wissen, um besser zu verstehen, wie die Leute hier ticken. Ernst Kuzorra, Berni Klodt, Stan Libuda: Man sollte parat haben, wer das war und wofür die Persönlichkeiten stehen. Auch die Schalke-Lieder sind ein absolutes Muss für jeden Profi. Dort lernt man viel über die königsblaue Seele.

Missionarsarbeit in Sachen Fußball: In meinem Münsteraner Bekanntenkreis sind einige Leute, die Sympathien für den schwarz-gelben Verein aus dem Osten des Ruhrgebietes hegen. Da bleibt es nicht aus, dass man ab und zu über Fußball diskutiert. Ich bin dann immer voll dabei und versuche die anderen davon zu überzeugen, dass wir die Nummer 1 im Revier sind. Meine Argumente: Zum einen die Tatsache, dass bei uns Tradition noch groß geschrieben wird, zum anderen hat sich hier in den vergangenen Jahren unheimlich viel getan. Als ich kam, war der Haupttrainingsplatz gerade im Umbau, die neue Geschäftsstelle gab es in der Form noch nicht und an das Medicos hat noch nicht einmal jemand gedacht. Wenn man sieht, was der Verein in den vergangenen Jahren auf die Beine gestellt hat, muss man den Hut ziehen. So ein Gelände hat kein Verein in Europa zu bieten.

Rolle als Identifikationsfigur: Ich freue mich darüber, dass die Fans in mir einen Schalker sehen. Das ist keine Belastung für mich, sondern eine große Motivation. Wenn du viel Kredit bei den Fans hast, solltest du mit gutem Beispiel vorangehen.

Mit 17 Jahren wechselte der gebürtige Münsteraner 2001 von den Preußen zu den Knappen. Sein Bundesligadebüt gab **Christian Pander** im Sommer 2004. Sechs Monate später wurde er zum ersten Mal für die Nationalmannschaft nominiert, konnte aber wegen einer seiner vielen Verletzungen nur einen Einsatz in einem Benefizspiel zu Gunsten der Tsunami-Opfer bestreiten.

MESUT ÖZIL ÜBER...

Schalke 04: Der Verein bedeutet mir viel. Ich bin in Gelsenkirchen geboren und habe mich schon immer für Schalke 04 interessiert. Als Kind war es ein großer Wunsch von mir, mal im Parkstadion zu kicken. Ich bin sehr stolz darauf, hier als Fan Fußball zu spielen.

Gelsenkirchen als Fußballstadt: Noch heute bin ich am Wochenende oft auf den Plätzen in Gelsenkirchen unterwegs. Da fällt mir immer wieder auf, dass es unheimlich viele Talente gibt. Wenn du in dieser Stadt groß wirst, kommst du einfach nicht am Fußball vorbei. Überall wird gekickt.

Seinen ersten Bolzplatz: Der befindet sich in Gelsenkirchen-Bismarck. Ein Aschenplatz, der von Gitterzäunen umgeben ist: Wir haben ihn immer „Affenkäfig" genannt. Dort haben wir den ganzen Tag gezockt. Mein älterer Bruder Mutlu hat ebenfalls mitgespielt. Und ich war immer stolz darauf, wenn ich vor ihm gewählt wurde.

Schalke-Fans: Ich finde es toll, dass so viele Fans zu unseren Spielen und zum Training kommen. Wenn so viele dann auch noch ein Autogramm von dir wollen, motiviert dich das. Früher bin ich selbst mit Kollegen zum Parkstadion gefahren, um Unterschriften zu sammeln. Ich kann mich noch an ein T-Shirt erinnern, auf dem fast alle Eurofighter unterschrieben haben.

Vereinswechsel: Als Profifußballer muss man auf alles gefasst sein. Wenn der Verein einen nicht mehr will, muss man sich halt einen neuen suchen. Aber das würde mir sehr schwer fallen. Ich bin hier geboren und aufgewachsen. Außerdem lebt meine Familie hier.

Zeit nach der Karriere: Ich bin ein fußballverrückter Mensch. Auch nach der Karriere werde ich mir noch Fußballspiele anschauen. Ich werde in die Arena gehen und oft vor dem Fernseher sitzen.

Mesut Özil wurde am 15. Oktober 1988 in Gelsenkirchen geboren. Nach drei kleineren Vereinen in Gelsenkirchen wechselte er mit elf Jahren zu Rot-Weiss Essen, spielte aber im Schulprojekt der Gesamtschule Berger Feld. Dort knüpfte man die Kontakte, um ihn 2005 zu Schalke 04 zu holen. Gleich in seiner ersten Saison wurde er als Spielmacher der U19 Deutscher Meister.

SEBASTIAN BOENISCH ÜBER...

Schalke 04: Der Verein ist wie ein zweites Zuhause für mich geworden. Von der B-Jugend an habe ich alle Teams hier auf Schalke durchlaufen. Ich habe im Internat gewohnt und es dann zu den Profis geschafft. Auf dem Vereinsgelände kenne ich fast jeden Winkel.

Sein erster Lieblingsverein: Wenn ich ehrlich bin, fand ich den VfB Stuttgart richtig toll, als ich damals aus Oberhausen kam. Doch das hat sich schnell gewandelt. Die Atmosphäre in der Arena, aber auch die in der Jugendabteilung und auf dem gesamten Gelände steckt an. Die Begeisterung der Fans zu spüren, diese Leidenschaft, die alle Mitarbeiter an den Tag legen: Das lässt dich nicht kalt.

Identifikation: Fußball ist nicht nur mein Job; es macht einfach Spaß, für diesen Verein zu spielen. Man kann mich als Fan dieser Mannschaft bezeichnen. Ich bin einfach kein Typ, der dreimal in fünf Jahren den Verein wechseln könnte. Mir ist es wichtig, dass man auf dem Platz sieht, dass ich für den Club lebe.

Schalke 04 als Traditionsverein: Die Fans hier sind schon etwas Besonderes. Selbst als der Club in der Zweiten Liga gespielt hat, war das Parkstadion oft rappelvoll. Das hat weniger etwas mit Leistung zu tun. Unheimlich viele Menschen wollen fast jedes Schalker Spiel sehen. Sie opfern ihren Urlaub und geben unheimlich viel Geld für den Verein aus. Diese Dinge sollten uns Spielern immer präsent sein.

Zeit nach der Karriere: Noch weiß ich nicht, wie lange ich dieses Trikot tragen werde. Nur eines ist sicher: Die Zeit hier werde ich nie vergessen. Schalke wird immer ein Teil von mir sein. Die Entwicklung des Vereins werde ich verfolgen und wenn es die Zeit und meine Lebensumstände erlauben, werde ich auch oft im Stadion sein.

Seine drei Jahre als Spieler der Schalker Nachwuchsabteilung krönte **Sebastian Boenisch** 2006 mit dem Gewinn der Deutschen A-Jugend-Meisterschaft. In seiner ersten Saison als Profi 2006/07 kam der im polnischen Gleiwitz geborene Linksfuß auf acht Bundesligaspiele für die Knappen.

SAISON 2007 | 2008

NEU AUF SCHALKE: EINE SCHWEIZER, EIN UNTERFRANKE, EIN FRANKFURTER UND ZWEI AUS DEM POTT
QUINTETT IST BEREIT FÜR EINEN TOP-CLUB

ZWEI INNENVERTEIDIGER, ZWEI MITTELFELDSPIELER UND EIN TORWART – BIS AUF DEN ANGRIFF HABEN SICH DIE KNAPPEN FÜR ALLE MANNSCHAFTSTEILE VERSTÄRKT. OB IVAN RAKTIC, HEIKO WESTERMANN, JERMAINE JONES, MATHIAS SCHOBER ODER BENEDIKT HÖWEDES - DIE NEUZUGÄNGE EINT IN DIESEM JAHR EIN WESENSMERKMAL: JEDER IST EINE AUSGEPRÄGTE PERSÖNLICHKEIT.

Auf Ivan Rakitic waren die Schalker Fans beim Saisonauftakt besonders gespannt: Der 19-jährige Schweizer mit kroatischen Wurzeln lief nicht nur mit der Nummer 10 auf, er zeigte auch von der ersten Minute an, warum ihn die Knappen vom FC Basel geholt hatten. „Ivan kann im Sturm alle Positionen bekleiden, ist beidfüßig und kann das Spiel schnell machen: Er ist eine tolle Verstärkung für uns", sagt Chef-Trainer Mirko Slomka über den Mittelfeldspieler, der gleich in seiner ersten kompletten Profisaison nachhaltig auf sich aufmerksam gemacht hat. Der Techniker erzielte 11 Tore in 33 Spielen der Nationalliga A und wurde zum besten Newcomer gewählt. Sein erstes Ligator gegen den FC St. Gallen am 22. Oktober 2006 wurde gar als „Tor des Jahres" ausgezeichnet. Rakitic: „Es war ein Volleyschuss aus der Distanz. Solche Dinge gehören zu meinen Spezialitäten."

Dass ihn sein ehemaliger Trainer Christian Gross mit Spielertypen wie Frank Lampard oder Paul Scholes verglichen hat, ist für den selbstbewussten Teenager kein Problem. „Ich fühle mich hinter den Spitzen am wohlsten und spiele einfach mein Spiel. Den Rest müssen andere beurteilen." Bereits im Sommer 2005 zeigten Vereine wie der FC Chelsea, Arsenal London oder Juventus Turin Interesse an Rakitic. Als Kapitän der Schweizer U17-Nationalmannschaft hatte der Mittelfeldmann bei der EM in Italien überzeugt. Damals fühlte sich Rakitic, der vor kurzem bekannt gab, dass er im Seniorenbereich für Kroatien spielen wird, noch nicht reif genug für einen Wechsel ins Ausland. „Nun bin ich bereit für einen Top-Club", begründet er seine Zusage bei den Königsblauen bis 2011.

>>

Auch Heiko Westermann hat 2007 eine neue Herausforderung gesucht. Bei Greuther Fürth hatte der am 14. August 1983 in Alzenau geborene Unterfranke die ersten Schritte im Profifußball erfolgreich getätigt, dann reifte er zwei Jahre bei Arminia Bielefeld zu einem überdurchschnittlichen Bundesligaprofi heran. Jetzt folgt der nächste Karriere-Schritt: der Wechsel zu einem Spitzenclub. Ungeachtet der Tatsache, dass Westermann von Abwehr-Routiniers wie Marcelo Bordon oder Mladen Krstajic noch eine Menge lernen möchte, lässt er keinen Zweifel an seiner Zielsetzung: „Über kurz oder lang werde ich mich hier durchsetzen."

Manager Andreas Müller ist überzeugt von den Qualitäten des Neuzugangs. „Er war unser Wunschspieler auf der Position des Manndeckers. Natürlich besitzt er noch Potenzial nach oben, aber bereits jetzt sind seine großen Stärken unverkennbar." Westermann ist schnell, kopfballstark, beidfüßig und kommt oft ohne Foulspiel aus. In der vergangenen Saison erzielte der Defensivmann drei Tore und sah keine einzige Gelbe Karte. „In der Regel grätsche ich wenig. Wenn ich auf den Boden gehe, dann habe ich den Ball meist auch", sagt der 1,90 m große Innenverteidiger, dem in der vergangenen Saison auch ein Angebot von Borussia Dortmund vorlag. Dass er sich bis 2011 für die Knappen entschied, hatte neben der besseren sportlichen Perspektive auch etwas mit der Mentalität der Menschen vor Ort zu tun. „Schalker geben alles für den Club, man lebt für den Verein", hat Westermann festgestellt.

Attribute, die ebenso auf Jermaine Jones zutreffen, der immer alles gibt. Seine Art Fußball zu spielen passe „zu 100 Prozent auf Schalke", betont Manager Müller. „Er ist ein aggressiver und dynamischer Spieler. Unsere Fans dürfen sich auf ihn freuen." Nicht zuletzt vor dem Hintergrund des Abgangs von Hamit Altintop mache die Verpflichtung Sinn, so Trainer Mirko Slomka. „Seine Zweikampfstärke und seine Athletik sind wesentliche Merkmale seines Spiels." Der achtmalige U21-Nationalspieler hat bei den Knappen einen Vertrag bis 2011 unterschrieben.

Der 25-Jährige ist richtig heiß auf Fußball. „Inzwischen bin ich wieder topfit", bestätigt Jones. Seine längere Auszeit in der abgelaufenen Saison hat sein Spiel nicht verändert. „Ich bin nicht der Typ, der Zweikämpfen aus dem Weg geht. Das will ich beibehalten, aber dazu muss ich auch lernen, in manchen Situationen noch etwas cleverer zu agieren." Im Mittelfeld will der gebürtige Frankfurter Chef-Trainer Mirko Slomka die Wahl der Besetzung der Anfangsformation künftig noch schwerer machen. „Ich bin für die Sechser-Position gekommen und werde versuchen, mich dort durchzusetzen."

Während Jones ein echter Neuzugang ist, ist Mathias Schober bei den Königsblauen eher ein alter Bekannter. Manager Müller sieht in seinem ehemaligen Mannschaftskollegen eine wertvolle Ergänzung zu den jungen Keepern im S04-Gehäuse: „Wir wollten auf jeden Fall mit einem erfahrenen Schlussmann in unserem Torwarttrio in die kommende Spielzeit gehen. Dass wir dafür mit Mathias einen echten Schalker Jungen gewinnen konnten, ist umso schöner." Zwischen 1990 und 2000 stand Schober bei den Knappen im Tor. „Ich trage den blau-weißen Virus einfach in mir", so der gebürtige Marler, der sich seiner Rolle in der Mannschaft bewusst ist. >>

„Meine Chance, zu spielen, ist sicherlich nicht sehr groß." Manuel Neuer habe im vergangenen Jahr super Vorstellungen gezeigt und gehe mit einem Vorsprung in die neue Saison. „Doch ich bin ein ehrgeiziger Typ und werde mich im Training richtig reinhängen. Für die jungen Torhüter kann es nur gut sein, einen alten Hasen wie mich dabei zu haben, der über gewisse Erfahrungswerte verfügt."

Die kann Benedikt Höwedes noch nicht vorweisen. Dafür halten die Verantwortlichen große Stücke auf den deutschen U19-Nationalspieler. „Benedikt hat sich unheimlich gut entwickelt und konstant gute Leistungen gezeigt", lobt Manager Müller den Innenverteidiger, der seine Qualitäten nicht nur auf dem Platz hat. „Er besitzt eine professionelle Einstellung und ist schon eine echte Persönlichkeit", so Müller über den Jungen aus Haltern, der seit 2001 auf Schalke spielt. Für den Teenager ist die anstehende Spielzeit im doppelten Sinne ein Lehrjahr. Zum einen erhofft er sich wertvolle Tipps von seinem Vorbild Marcelo Bordon. „Das Spielverständnis ist bei den Profis viel größer, das Tempo viel höher als im Nachwuchsbereich: Das ist schon eine andere Welt." Zum anderen hat er sich fest vorgenommen, im ersten Profijahr das Abitur zu bestehen. Trainingszeiten auf Schalke und Schule im heimatlichen Haltern müssen daher unter einen Hut gebracht werden. „Das wird keine leichte Zeit, aber falls ich irgendwann meine Karriere durch eine Verletzung beenden muss, will ich abgesichert sein." Seine fußballerische Laufbahn mit Weitsicht zu planen, auch das spricht für den talentierten Innenverteidiger. <

Mehr Infos unter dsmsport.de und infrontsports.com

Neue Saison.

Auch in der neuen Saison wird „Schalke" wieder zu den Publikumsmagneten in der Fußball-Bundesliga gehören. Präsentieren Sie Ihre Botschaft vor einem begeisterten Millionenpublikum. Neben der Veltins-Arena Gelsenkirchen bieten wir Ihnen aufmerksamkeitsstarke Werbeträger auch in den Bundesligastadien: Weser-Stadion Bremen, rewirpowerSTADION Bochum, DKB-Arena Rostock.

Neue Klasse.

Dazu kommt: Ab sofort profitieren Sie auch vom Zusammenspiel der DSM Sportwerbung und Infront Sports & Media, einer der weltweit führenden Sportmarketing-Agenturen. Was Ihnen das neue Team in puncto Imagetransfer, Markenbindung, Reichweite und TV-Präsenz zu bieten hat, erfahren Sie jetzt im Internet unter dsmsport.de und infrontsports.com

TRAINER MIRKO SLOMKA GEHT MIT DER GLEICHEN ZIELSETZUNG, ABER AUCH KLEINEN VERÄNDERUNGEN IN DIE SAISON

WIR WOLLEN UNBERECHENBARER WERDEN

DIE ZWEITBESTE SAISON DER BUNDESLIGAGESCHICHTE WAR SICHERLICH EIN VERDIENST DER SCHLUSSFOLGERUNGEN, DIE MIRKO SLOMKA, MANAGER ANDREAS MÜLLER UND DAS TRAINERTEAM AUS DER SAISON 2005/06 GEZOGEN HATTEN. AUCH IN DIESEM JAHR IST DIE SPORTLICHE FÜHRUNG NATÜRLICH NICHT UNTÄTIG IN DER SOMMERPAUSE GEWESEN. MIT EINER ADÄQUATEN FEINJUSTIERUNG WOLLEN DIE KNAPPEN DEN EINGESCHLAGENEN WEG FORTSETZEN.

Die Basis für den Erfolg des Vorjahres waren die Konsequenzen aus der Analyse der Saison 2005/06: weniger Ballkontakte, schnelleres Spiel nach vorn usw. Haben Sie ähnliche Schlussfolgerungen aus der Saison 2006/07 für die nächste Spielzeit gezogen? Die Forderungen an Mannschaft und Trainerstab haben sich diesbezüglich kaum geändert. Vor allem in der vergangenen Hinrunde haben wir erfolgreich umgesetzt, was die Analyse ergeben hatte: schnelles Spiel nach vorn, geradliniges Konterspiel, kompakte Defensive. Wir müssen aber trotzdem etwas zusätzlich lernen: Nämlich, dass wir Lösungen für die Fälle parat haben müssen, in denen der Gegner das schnelle Spiel nicht zulässt. Für Situationen, in denen wir ständig den Ball durch die eigenen Reihen laufen lassen müssen und somit zu viel Ballbesitz haben. Wurden die Räume vom Gegner eng gemacht, hat uns das zu viele Probleme bereitet. Man konnte es daran sehen, dass wir nur ein einziges Mal in der Saison einen 0:1-Rückstand noch in einen Sieg umwandeln konnten, nämlich zu Hause gegen Aachen. Dabei haben wir in vielen Spielen eigentlich mehr Qualität als der Gegner gehabt, so bei der dummen Niederlage in Bochum. Gerade in solchen Begegnungen müssen wir einen Plan in der Tasche haben, wie wir aus dem Spiel heraus dennoch zum Torerfolg kommen können. Unsere Standards waren schon in der letzten Saison gut, aber Optimierungsmöglichkeiten gibt es immer. Und natürlich wollen wir auch die beste Defensive der Liga bleiben.

Ein letzter Blick zurück: Platz zwei in der vergangenen Saison war ein großer Erfolg, aber der Titel war möglich und greifbar nahe. Was sollte in den Geschichtsbüchern stehen, um zu erklären, warum es zum großen Wurf bei allem Bemühen nicht geklappt hat? In der abgelaufenen Saison konnten wir unseren schnellen Spielstil nicht konsequent bis zum Ende durchhalten. Vor allem die vielen Verletzungen waren dafür verantwortlich. Das waren schon echte Schlüsselmomente. Ich erinnere mich an das Spiel in Wolfsburg. Wir führen 2:0 zur Halbzeit, dann verletzt sich Peter Løvenkrands schwer und wir fangen uns noch durch zwei identische Standardsituationen den Ausgleich, das 2:2 gar in der letzten Sekunde. Man sah förmlich, wie Peters Verletzung die Mannschaft auf dem Platz beschäftigte. Aber auch Gustavo Varela und Gerald Asamoah fehlten lange. Wenn man schnell spielen möchte, sind Spieler wie die genannten unersetzlich. >>

Manch ein Beobachter beklagte Stürmertore, dabei lag Schalke 04 in dieser Kategorie in der abgelaufenen Saison auf Platz drei der Bundesliga. Wo liegt die Wahrheit? Fehlende Stürmertore können wir eigentlich nicht beklagen. Vor allem Kevin Kuranyi hat sich bombastisch entwickelt, was man sicher auch an seinen 15 Treffern ablesen kann. Mit Peter Løvenkrands, Halil Altintop und Gerald Asamoah bin ich nicht unzufrieden. Alle drei hatten mit verschiedenen Verletzungen zu kämpfen. Was sicher fehlte, waren die zehn Tore von Søren Larsen vor zwei Jahren, von denen er viele als Joker erzielt hat. Der Däne war jedoch quasi die gesamte Saison verletzt. Mesut Özil hat hingegen als sehr junger Spieler viele Einsätze gehabt, auch als Stürmer. Er muss sicher erst noch Torgefahr entwickeln.

Während man mit der Ausbeute der Angreifer sicherlich zufrieden sein konnte, fielen zu wenig Tore aus dem Mittelfeld heraus. Lag es nur daran, dass man im 4-3-3 lediglich mit drei Akteuren aus diesem Mannschaftsteil operiert? Es war schon auffällig, dass unsere Abwehrspieler von der Torquote näher an den Stürmer lagen als die Mittelfeldspieler. Dies kann man nur zum Teil durch das System erklären. Wir haben oft mit drei Spitzen und einer „10" dahinter gespielt. In der Defensive standen wir mit der Viererkette in der Abwehr und der „Doppel-6" davor sehr gut. Das ist auch genau das Spielsystem, das drei von vier Halbfinalisten bei der WM nutzten. Von Lincoln als Spielmacher ging in der letzten Saison sicher zu wenig Torgefahr aus. Wie es gehen sollte, hat er in den Spielen in Mainz und gegen Bielefeld gezeigt. Doch er hatte immer wieder Probleme mit Verletzungen und war zudem lange gesperrt. Fabian Ernst drücken wir die Daumen, dass er endlich sein erstes Bundesligator für Schalke schießt. Dann wird der Knoten bei ihm platzen.

Auffällig ist, dass Schalke nach dem Abgang von Lincoln ohne „klassischen" Spielmacher plant. Welche Lösungsmöglichkeiten gibt es? Wenn es nach der Zahl der Ballkontakte geht, sind unsere beiden Außenverteidiger die eigentlichen Spielmacher unseres Teams. Christian Pander und Rafinha haben im Schnitt von allen Spielern am häufigsten den Ball und müssen aus ihrer Position heraus das Spiel einleiten. Das ist aber in vielen Vereinen so. Auch ein Roberto Carlos hat seine Stärken sicher mehr im Offensiv- als im Defensivspiel. Die „10" ist eher eine hängende Spitze in unserem System. Wir haben mit Ivan Rakitic und Mesut Özil zwei Spieler im Kader, die auf dieser Position einsetzbar sind. Obwohl sie natürlich eine andere Art von Spielmacher darstellen, als es Lincoln war.

Als der Brasilianer im Herbst wegen einer Verletzung fehlte, siegte die Mannschaft gegen Ende der Hinrunde auch ohne ihn. Ist der Schlüssel zur Kompensation des Fehlens eines Spielmachers mehr Eigeninitiative der anderen Leistungsträger? Natürlich sollen alle Spieler auf dem Platz Verantwortung übernehmen. Es ist sicher einfacher, wenn jeder etwas für das Offensivspiel beiträgt, wenn wir unberechenbarer werden. Wenn Lincoln bei uns auf dem Platz stand, hat sich vieles auf ihn fokussiert. Dass er sich trotzdem behauptet hat, hat ihn ausgezeichnet. Es lag aber auch stets ein großer Druck auf ihm, was nicht zuletzt durch die oft sehr kontroversen öffentlichen Bewertungen seiner Leistungen belegt wird. Aber das ist Vergangenheit. Ich beschäftige mich lieber mit der Gegenwart: Jeder unserer Mittelfeldspieler, sowohl die verbliebenen als auch die Neuzugänge, hat seine besonderen Qualitäten. Diese müssen nun in unser Spiel eingebracht werden, ganz gleich in welcher Zusammensetzung wir im Mittelfeld agieren.

Neben Benedikt Höwedes aus der eigenen Jugend sind vier neue Spieler hinzugestoßen. Wie bewerten Sie die Neuzugänge? Wir haben einen erfahrenen Torwart hinter Manuel Neuer gesucht und mit Mathias Schober einen sehr guten gefunden. Er ist zudem durch und durch Schalker, kennt den Verein bestens und wird dank der vielen Spiele, die er schon bestritten hat, ein Gewinn für die Mannschaft sein. Heiko Westermann hat in der letzten Saison einen starken Eindruck hinterlassen und sich ständig weiterentwickelt. Er bringt trotz seiner Jugend alles mit, was man als Innenverteidiger braucht: Er ist schnell, zweikampfstark, hat ein gutes Kopfballspiel und ist sehr sicher bei Pässen. Mit Benny Höwedes geben wir wieder einem hochtalentierten Spieler aus dem eigenen Nachwuchs die Chance, in unserem Bundesligakader Fuß zu fassen. Er verfügt schon über eine bemerkenswerte Souveränität auf dem Platz und war nicht umsonst Kapitän unserer U19. Auch an Ivan Rakitic werden wir sicher sehr viel Spaß haben. Er ist handlungsschnell, abschlussstark und beidfüssig, ein guter Techniker und unkomplizierter Typ. Was er kann, hat er in den Vorbereitungsspielen schon aufblitzen lassen. Er wirkt schon viel abgeklärter und reifer als es seine 19 Jahre vermuten lassen. Jermaine Jones ist ebenfalls ein guter Typ. Er gibt immer Gas. Die Leistungstests zum Beginn der Vorbereitung haben gezeigt, dass er in allen Bereichen – Schnelligkeit, Kraft und Ausdauer – eine hohe Qualität hat. Ihn wollen wir nach seiner großen Verletzungsmisere an die Mannschaft heranführen.

Die Champions League ist in diesem Jahr eine große Herausforderung. 2005 fehlte in der Königsklasse am Ende nur ein Tor zum Achtelfinale. Was sollte man aus dem Auftritt vor zwei Jahren lernen? Es hat sich im Rückblick gezeigt, wie wichtig ein einzelnes Tor sein kann. Auch wenn unsere acht Punkte in den anderen Vorrundengruppen zum Weiterkommen gereicht hätten, wir sind ausgeschieden. Das 0:1 gleich im ersten Spiel in Eindhoven, wo wir zu sehr über die großen Namen und die Atmosphäre gestaunt haben, war entscheidend. Zudem war es sehr ärgerlich, dass wir bei Fenerbahce zweimal einen Vorsprung durch dumme Gegentore verspielt haben. Da hat uns sicher auch das nötige Glück gefehlt. Das soll in diesem Jahr anders werden. Erstmals wollen wir die Gruppenphase überstehen. Wobei wir natürlich noch nicht wissen, auf welche Gegner wir treffen. Aber mit unserer Heimstärke und der fantastischen Stimmung in der VELTINS-Arena haben wir ein echtes Pfund in der Hand.

Bei Ihrer Vertragsverlängerung haben Sie betont, dass ein Ausbau des Trainer- und Betreuerstabs wichtig sei. Zudem hat der Verein mit Prof. Jürgen Freiwald einen Koordinator für Leistungsdiagnostik, Konditionstraining und Reintegration verletzter Spieler hinzugewonnen. Ist man jetzt gut aufgestellt für die Dreifachbelastung aus Meisterschaft, Champions League und DFB-Pokal? Durch Jürgen Freiwalds Arbeit sind alle Abläufe viel professioneller geworden. Dies sieht man bei der Organisation und Auswertung der Testreihen und welche Schlüsse daraus fürs Training gezogen werden. Er ist inzwischen auch von Schalke infiziert. Ohnehin sind wir in allen Bereichen sehr gut besetzt. Nur so können wir den hohen körperlichen Anforderungen der vielen Wettbewerbe gerecht werden. Wir wollen uns gerade in Sachen Verletzungsprävention und Rehabilitation weiter verbessern, damit wir immer über möglichst viele einsatzfähige Spieler im Kader verfügen. >>

Wie haben sich die Tests zu Beginn der Sommervorbereitung auf die Arbeit mit der Mannschaft ausgewirkt? Getestet wurden drei Bereiche. Da wäre zum einen die Ausdauer. Sie wurde nicht nur anhand der Laktat-Werte, sondern auch anhand der organischen Voraussetzungen, beispielsweise bei der maximalen Sauerstoffaufnahmefähigkeit eines Spielers, untersucht. Im Bereich Schnelligkeit ging es sowohl um das geradlinige, zyklische Laufen als auch um das azyklische mit vielen Richtungswechseln. Und bei der Kraft wurden die des Rumpfes und die der Beine gemessen. Wir konnten genau sehen, wo zum Beispiel Dysbalancen bestehen. Die ermittelten Werte haben wir analysiert und in Einzelgesprächen den Spielern ihre persönlichen Trainingsziele mitgeteilt. Diese müssen sie mit individuellen Trainingsmaßnahmen erreichen, dafür steht ihnen der gesamte Trainer- und Betreuerstab zur Verfügung. Deswegen haben wir auch unser Funktionsteam ausgebaut. Wir haben nun Spezialisten für alle Bereiche, die auf ihrem Gebiet mit den Spielern arbeiten. Nach einiger Zeit werden wir die Tests wiederholen, um zu sehen, wie der Stand bei jedem einzelnen ist. Die Spieler merken, wie professionell wir vorgehen und sehen, dass jeder von ihnen noch ein paar Prozentpunkte in verschiedenen Bereichen herausholen kann. Dadurch steigern wir auch die Durchschnittswerte der Mannschaft.

Im vergangenen Jahr konnte Halil Altintop – auch verletzungsbedingt – nicht an seine Leistungen aus Kaiserslautern anknüpfen. Könnte es bei ihm eine ähnliche Entwicklung wie bei Kevin Kuranyi im Vorjahr geben? Ja, ich bin mir sicher, dass sich Halil bei messbaren Leistungen wie Torquote oder Assists steigern wird. Er musste nach seiner Zeit in Kaiserslautern erst einmal auf Schalke ankommen. Dazu spielen wir hier taktisch anders, als er es gewohnt war. Schließlich kam die Verletzung hinzu, die ihn fast durch die gesamte Rückrunde begleitete und ihm Schmerzen bereitete. Aber mir ist um ihn überhaupt nicht bange. Er hat einen guten Willen, ist einer, der immer länger draußen bleibt auf dem Trainingsplatz und an sich arbeitet.

Jens Lehmann hat Manuel Neuer ein schweres zweites Jahr prophezeit. Es sei erfahrungsgemäß nicht leicht, als junger Torwart Topleistungen gleich zu wiederholen. Wie sehen Sie das? Erfolge und herausragende Leistungen zu wiederholen ist für jeden Spitzensportler schwer. Aber genau das ist für ihn auch die Herausforderung. Es geht doch darum, viele Jahre auf höchstem Niveau Leistungen abzuliefern. Manuel ist dafür prädestiniert. Nicht nur, dass er ein junger Torwart mit großem Talent ist. Ihm hilft seine Art, mit dieser Herausforderung umzugehen. Er kann sich gut selbst einordnen, weiß, woran er arbeiten muss und wird sicher nicht abheben. Manu wird viele gute Spiele für uns zeigen.

Zum Abschluss ein Blick auf die Bundesliga. Mit welcher Zielstellung startet Ihre Mannschaft? Wir wollen am Ende der Saison wieder auf einem Champions-League-Platz stehen. Das würde uns helfen, die Entwicklung der Mannschaft voranzutreiben. Und wenn man eben um die Plätze eins bis drei mitspielt, dann spielt man auch um die Meisterschaft mit. Insofern hat sich von unserer Ausrichtung her im Vergleich zum Vorjahr nichts geändert. Wir wollen möglichst lange, am liebsten bis zum letzten Spieltag, vorne dabei sein.

Wer sind die Hauptkonkurrenten? Das werden die selben wie im Vorjahr sein. Stuttgart, das als Meister natürlich mit einer unheimlichen Euphorie in die Saison gehen wird. Bremen, das sich von Jahr zu Jahr punktuell verstärkt und über eine hohe Kontinuität verfügt. Bayern, das natürlich in diesem Jahr einen riesigen Schnitt gemacht und die Mannschaft durch den Zugang von vielen Starspielern komplett umgekrempelt hat. Es wird aber auch Überraschungsteams geben, so wie Stuttgart im Vorjahr eines war. Hamburg oder Leverkusen sollte man zum Beispiel immer auf der Rechnung haben. <

SO GUT ISST SCHALKE

Tillman's

Tillman´s Fleisch & Convenience GmbH • Am Schlachthof 1 • 06667 Weißenfels
Telefon 0 52 42 / 961 - 180 • Fax 0 52 42 / 961 - 249 • www.tillmans.de • info@tillmans.de

BUNDESLIGA-SPIELPLAN 2007 | 08

3. Spieltag 24.-26.8.07 (R: 15.-17.2.08)
VfL Wolfsburg - Schalke 04 (Sa., 15.30)
VfB Stuttgart - MSV Duisburg
Bayern München - Hannover 96
Bayer Leverkusen - Karlsruher SC
1. FC Nürnberg - Werder Bremen
VfL Bochum - Hamburger SV
Borussia Dortmund - Energie Cottbus
Arminia Bielefeld - Hertha BSC Berlin
Eintracht Frankfurt - Hansa Rostock

S04 – Wolfsburg
Gesamt: 6 - 10 - 4
Heim: 5 - 4 - 1   Auswärts: 1 - 6 - 3

6. Spieltag 21.-23.9.07 (R: 7.-9.3.08)
Schalke 04 - Arminia Bielefeld
Werder Bremen - VfB Stuttgart
Hamburger SV - 1. FC Nürnberg
VfL Bochum - Eintracht Frankfurt
Hertha BSC Berlin - Borussia Dortmund
Hannover 96 - Bayer Leverkusen
Energie Cottbus - VfL Wolfsburg
Karlsruher SC - Bayern München
Hansa Rostock - MSV Duisburg

S04 – Bielefeld
Gesamt: 14 - 6 - 6
Heim: 8 - 4 - 1   Auswärts: 6 - 2 - 5

1. Spieltag 10.-12.8.07 (R: 1.-3.2.08)
VfB Stuttgart - Schalke 04 (Fr., 20.30)
Bayern München - Hansa Rostock
Bayer Leverkusen - Energie Cottbus
1. FC Nürnberg - Karlsruher SC
VfL Bochum - Werder Bremen
Borussia Dortmund - MSV Duisburg
Hannover 96 - Hamburger SV
Eintracht Frankfurt - Hertha BSC Berlin
VfL Wolfsburg - Arminia Bielefeld

S04 – Stuttgart
Gesamt: 27 - 12 - 35
Heim: 24 - 3 - 10   Auswärts: 3 - 9 - 25

4. Spieltag 31.8.-2.9.07 (R: 22.-24.2.08)
Schalke 04 - Bayer Leverkusen (Fr., 20.30)
Werder Bremen - Eintracht Frankfurt
Hamburger SV - Bayern München
Hertha BSC Berlin - VfL Wolfsburg
Hannover 96 - VfL Bochum
Energie Cottbus - 1. FC Nürnberg
Karlsruher SC - VfB Stuttgart
Hansa Rostock - Borussia Dortmund
MSV Duisburg - Arminia Bielefeld

S04 – Leverkusen
Gesamt: 11 - 15 - 20
Heim: 7 - 9 - 7   Auswärts: 4 - 6 - 13

7. Spieltag 25./26.9.07 (R: 14.-16.3.08)
MSV Duisburg - Schalke 04
VfB Stuttgart - VfL Bochum
Bayern München - Energie Cottbus
1. FC Nürnberg - Bayer Leverkusen
Borussia Dortmund - Hamburger SV
Hertha BSC Berlin - Hansa Rostock
Arminia Bielefeld - Hannover 96
Eintracht Frankfurt - Karlsruher SC
VfL Wolfsburg - Werder Bremen

S04 – Duisburg
Gesamt: 18 - 12 - 22
Heim: 13 - 7 - 6   Auswärts: 5 - 5 - 16

2. Spieltag 17.-19.8.07 (R: 8.-10.2.08)
Schalke 04 - Borussia Dortmund (Sa., 15.30)
Werder Bremen - Bayern München
Hamburger SV - Bayer Leverkusen
Hertha BSC Berlin - VfB Stuttgart
Arminia Bielefeld - Eintracht Frankfurt
Energie Cottbus - VfL Bochum
Karlsruher SC - Hannover 96
Hansa Rostock - 1. FC Nürnberg
MSV Duisburg - VfL Wolfsburg

S04 – Dortmund
Gesamt: 23 - 21 - 26
Heim: 15 - 11 - 9   Auswärts: 8 - 10 - 17

5. Spieltag 14.-16.9.07 (R: 29.2.-2.3.08)
Bayern München - Schalke 04 (Sa., 15.30)
VfB Stuttgart - Energie Cottbus
Bayer Leverkusen - VfL Bochum
1. FC Nürnberg - Hannover 96
Borussia Dortmund - Werder Bremen
Arminia Bielefeld - Hansa Rostock
Eintracht Frankfurt - Hamburger SV
VfL Wolfsburg - Karlsruher SC
MSV Duisburg - Hertha BSC Berlin

S04 – Bayern
Gesamt: 16 - 23 - 35
Heim: 11 - 18 - 8   Auswärts: 5 - 5 - 27

8. Spieltag 28.-30.9.07 (R: 20.-23.3.08)
Schalke 04 - Hertha BSC Berlin
Werder Bremen - Arminia Bielefeld
Bayer Leverkusen - Bayern München
Hamburger SV - VfL Wolfsburg
VfL Bochum - 1. FC Nürnberg
Hannover 96 - MSV Duisburg
Energie Cottbus - Eintracht Frankfurt
Karlsruher SC - Borussia Dortmund
Hansa Rostock - VfB Stuttgart

S04 – Berlin
Gesamt: 20 - 9 - 21
Heim: 14 - 8 - 3   Auswärts: 6 - 1 - 18

SAISON 2007|08

9. Spieltag 5.-7.10.07 (R: 28.-30.3.08)
Schalke 04 - Karlsruher SC
VfB Stuttgart - Hannover 96
Bayern München - 1. FC Nürnberg
Borussia Dortmund - VfL Bochum
Hertha BSC Berlin - Energie Cottbus
Arminia Bielefeld - Hamburger SV
Eintracht Frankfurt - Bayer Leverkusen
VfL Wolfsburg - Hansa Rostock
MSV Duisburg - Werder Bremen

S04 – Karlsruhe
Gesamt: 13 - 15 - 8
Heim: 11 - 5 - 2   Auswärts: 2 - 10 - 6

10. Spieltag 19.-21.10.07 (R: 4.-6.4.08)
Hansa Rostock - Schalke 04
Werder Bremen - Hertha BSC Berlin
Bayer Leverkusen - Borussia Dortmund
1. FC Nürnberg - Eintracht Frankfurt
Hamburger SV - VfB Stuttgart
VfL Bochum - Bayern München
Hannover 96 - VfL Wolfsburg
Energie Cottbus - MSV Duisburg
Karlsruher SC - Arminia Bielefeld

S04 – Rostock
Gesamt: 9 - 4 - 9
Heim: 5 - 2 - 4   Auswärts: 4 - 2 - 5

11. Spieltag (26.-28. Oktober)
Schalke 04 - Werder Bremen
VfB Stuttgart - Bayer Leverkusen
Borussia Dortmund - Bayern München
Hertha BSC Berlin - VfL Bochum
Arminia Bielefeld - Energie Cottbus
Eintracht Frankfurt - Hannover 96
VfL Wolfsburg - 1. FC Nürnberg
Hansa Rostock - Karlsruher SC
MSV Duisburg - Hamburger SV

S04 – Werder
Gesamt: 25 - 15 - 36
Heim: 17 - 10 - 11   Auswärts: 8 - 5 - 25

12. Spieltag 2.-4.11.07 (R: 11.-13.4.08)
Energie Cottbus - Schalke 04
Werder Bremen - Hansa Rostock
Bayern München - Eintracht Frankfurt
Bayer Leverkusen - Arminia Bielefeld
1. FC Nürnberg - VfB Stuttgart
Hamburger SV - Hertha BSC Berlin
VfL Bochum - VfL Wolfsburg
Hannover 96 - Borussia Dortmund
Karlsruher SC - MSV Duisburg

S04 – Cottbus
Gesamt: 6 - 0 - 2
Heim: 4 - 0 - 0   Auswärts: 2 - 0 - 2

13. Spieltag 9.-11.11.07 (R: 25.-27.4.08)
Schalke 04 - Hamburger SV
VfB Stuttgart - Bayern München
Werder Bremen - Karlsruher SC
Borussia Dortmund - Eintracht Frankfurt
Hertha BSC Berlin - Hannover 96
Arminia Bielefeld - 1. FC Nürnberg
VfL Wolfsburg - Bayer Leverkusen
Hansa Rostock - Energie Cottbus
MSV Duisburg - VfL Bochum

S04 – Hamburg
Gesamt: 30 - 17 - 31
Heim: 22 - 6 - 11   Auswärts: 8 - 11 - 20

14. Spieltag 23.-25.11.07 (R: 2.-4.5.08)
Hannover 96 - Schalke 04
Bayern München - VfL Wolfsburg
Bayer Leverkusen - MSV Duisburg
1. FC Nürnberg - Borussia Dortmund
Hamburger SV - Hansa Rostock
VfL Bochum - Arminia Bielefeld
Energie Cottbus - Werder Bremen
Eintracht Frankfurt - VfB Stuttgart
Karlsruher SC - Hertha BSC Berlin

S04 – Hannover
Gesamt: 18 - 7 - 11
Heim: 10 - 5 - 3   Auswärts: 8 - 2 - 8

15. Spieltag 30.11.- 2.12.07 (R: 6./7.5.08)
Schalke 04 - VfL Bochum
VfB Stuttgart - Borussia Dortmund
Werder Bremen - Hamburger SV
Hertha BSC Berlin - Bayer Leverkusen
Arminia Bielefeld - Bayern München
Energie Cottbus - Karlsruher SC
VfL Wolfsburg - Eintracht Frankfurt
Hansa Rostock - Hannover 96
MSV Duisburg - 1. FC Nürnberg

S04 – Bochum
Gesamt: 28 - 10 - 14
Heim: 16 - 4 - 6   Auswärts: 12 - 6 - 8

16. Spieltag 7.- 9.12.07 (R: 10.5.08)
Eintracht Frankfurt - Schalke 04
VfB Stuttgart - VfL Wolfsburg
Bayern München - MSV Duisburg
Bayer Leverkusen - Hansa Rostock
1. FC Nürnberg - Hertha BSC Berlin
Hamburger SV - Energie Cottbus
VfL Bochum - Karlsruher SC
Borussia Dortmund - Arminia Bielefeld
Hannover 96 - Werder Bremen

S04 – Frankfurt
Gesamt: 24 - 17 - 27
Heim: 15 - 13 - 6   Auswärts: 9 - 4 - 21

17. Spieltag 14.-16.12.07 (R: 17.5.08)
Schalke 04 - 1. FC Nürnberg
Werder Bremen - Bayer Leverkusen
Hertha BSC Berlin - Bayern München
Arminia Bielefeld - VfB Stuttgart
Energie Cottbus - Hannover 96
VfL Wolfsburg - Borussia Dortmund
Karlsruher SC - Hamburger SV
Hansa Rostock - VfL Bochum
MSV Duisburg - Eintracht Frankfurt

S04 – Nürnberg
Gesamt: 18 - 12 - 12
Heim: 10 - 7 - 4   Auswärts: 8 - 5 - 8

CHAMPIONS LEAGUE 2007|08

Die Vizemeisterschaft in der Bundesliga bedeutet für die Königsblauen gleichzeitig die Qualifikation für die Gruppenphase der Champions League. In den sechs Partien gegen drei renommierte Konkurrenten will die Mannschaft von Trainer Mirko Slomka einen weiteren Schritt in der europäischen Königsklasse nach vorn machen. 2001 schied man als Vierter aus, 2005 stieg man als Dritter in der Runde der letzten 32 in den UEFA-Cup ein, in dem man das Halbfinale erreichte. 2007 ist das Ziel Platz zwei und damit erstmaliger Einzug ins Achtelfinale.

Die drei Kontrahenten in der Gruppenphase werden bei der Auslosung am 30. August in Monaco ermittelt. In welchem Lostopf sich Schalke 04 befinden wird, steht erst nach Abschluss der Qualifikation fest. Die Königsblauen befänden sich mit einem Club-Koeffizienten von 60,604 Punkten in Topf 3, wenn sich alle favorisierten Teams qualifizieren. Drei Vereine, die besser platziert sind, müssten in der Qualifikation ausscheiden, damit Schalke 04 in den Lostopf 2 aufsteigen würde. In jedem Fall wartet auf das Team von Mirko Slomka ein Gegner aus Lostopf 1, in dem sich neben Titelverteidiger AC Mailand auch so renommierte Clubs wie Real Madrid und FC Barcelona, Manchester United und der FC Liverpool befinden.

CHAMPIONS LEAGUE 2007|08
Gruppenphase
30. August 2007: Auslosung der Gruppenphase (16 Uhr, Monaco)
18./19. September 2007: 1. Spieltag
2./3. Oktober 2007: 2. Spieltag
23./24. Oktober 2007: 3. Spieltag
6./7. November 2007: 4. Spieltag
27./28. November 2007: 5. Spieltag
11./12. Dezember 2007: 6. Spieltag
K.-o.-Runden
21. Dezember 2007: Auslosung des Achtelfinales (12 Uhr, Nyon)
19./20. Februar 2008: Achtelfinale, Hinspiel
4./5. März 2008: Achtelfinale, Rückspiel
7. März 2008: Auslosung Viertel- und Halbfinale (12 Uhr, Moskau)
1./2. April 2008: Viertelfinale, Hinspiel
8./9. April 2008: Viertelfinale, Rückspiel
22./23. April 2008: Halbfinale, Hinspiel
29./30. April 2008: Halbfinale, Rückspiel
21. Mai 2008: Finale (20.45 Uhr, Moskau, Luzhniki-Stadion)

UEFA-CUP
21. Dezember: Auslosung der Runde der letzten 32 und des Achtelfinales (13 Uhr, Nyon)
13./14. Februar 2008: Runde der letzten 32, Hinspiel
6. März 2008: Achtelfinale, Hinspiel
12./13. März 2008: Achtelfinale, Rückspiel
14. März 2008: Auslosung Viertel- und Halbfinale (N.N., Nyon)
3. April 2008: Viertelfinale, Hinspiel
10. April 2008: Viertelfinale, Rückspiel
24. April 2008: Halbfinale, Hinspiel
1. Mai 2008: Halbfinale, Rückspiel
14. Mai 2008: Finale (N.N., Manchester, City of Manchester Stadium)

DFB-POKAL 2007|08

In der ersten Runde des DFB-Pokals der kommenden Saison tritt der FC Schalke 04 beim Oberligisten Eintracht Trier an. Die Partie wird am Sonntag, den 5. August, um 17 Uhr im Moselstadion angepfiffen. Vor zehn Jahren gab es diese Konstellation schon einmal: Am 23. September 1997 empfing Trier den frischgebackenen UEFA-Cup-Sieger Schalke 04 in der 2. Runde des Pokals und siegte durch ein Tor des Schalke-Fans Rudi Thömmes mit 1:0. In der nächsten Runde traf Thömmes übrigens auch beim 2:1-Sieg gegen den BVB...

2. Hauptrunde:	30./31. Oktober 2007
Achtelfinale:	29./30. Januar 2008
Viertelfinale:	26./27. Februar 2008
Halbfinale:	18./19. März 2008
Finale:	**19. April 2008 in Berlin**

TRIKOTS

Fabian Ernst trägt das traditionell blaue Heimtrikot, Kevin Kuranyi das weiße Auswärtstrikot und Halil Altintop das in Navy und Hellblau gehaltene Shirt für die Champions League.

VICTORIA UND SCHALKE 04

ENGE FREUNDSCHAFT WIRD FORTGESETZT

„EINMAL SCHALKE, IMMER SCHALKE": FÜR SCHALKES PARTNER VICTORIA IST DIESES MOTTO PROGRAMM. SEIT SOMMER 2001 WAR DIE VICTORIA HAUPTSPONSOR DES S04, ANFANG 2007 LIESS DAS VERSICHERUNGSUNTERNEHMEN GAZPROM AUF DEN SCHALKER TRIKOTS DEN VORTRITT. DOCH DIE VICTORIA BLEIBT DEN KNAPPEN WEITER TREU – ALS CO-SPONSOR, VERSICHERUNGSPARTNER UND PARTNER FÜR FANS. DEUTLICHES SICHTBARES ZEICHEN DAFÜR SIND ZAHLREICHE GEMEINSAME AKTIONEN. EINIGE BEISPIELE:

Victoria Nationalelf schlug sich achtbar. Mehr als 3000 Zuschauer kamen am 1. Juli ins traditionsreiche Parkstadion, um ein Spiel der besonderen Art zu sehen. Die Knappen trafen auf eine bundesweite Auswahlmannschaft, gebildet aus talentierten Kunden der Victoria. Viele Hunderte hatten sich dafür beworben. In einem Auswahltraining suchte „Nationaltrainer" Olaf Thon die 20 besten Spieler aus. Sie traten gegen die Bundesliga-Elf an, verloren 0:6. Doch S04-Coach Mirko Slomka zollte dem Team großen Respekt: „Die haben sich richtig gut gewehrt." Und er betonte: „Ich denke, jeder hat gespürt: Das war heute hier im Parkstadion ein Spiel unter Freunden. Denn mit der Victoria verbindet uns seit vielen Jahren eine enge Freundschaft." Begleitet wurden die 20 Nationalspieler von Fans aus ihren jeweiligen Heimatorten. Die Victoria hatte dafür extra 20 Busse bereitgestellt.

Trainieren wie die Profis. Die Fußballer des VfL 96 Halle zogen das großes Los. Am letzten Juli-Wochenende lädt die Victoria den Verbandsligisten zu einem fünftägigen Trainingslager auf Schalke ein. Mit Unterbringung im Marriott-Hotel, Nutzung des Gesundheitszentrums medicos, Unterstützung durch den Schalker Betreuerstab – und als Abschluss einem Spiel gegen die Schalker Profis. Die Victoria hatte diese Aktionen gemeinsam mit Partner Schalke 04 im Sommer 2006 ins Leben gerufen. Mit riesengroßer Resonanz. Damals hatte der Naumburger SV dank einer pfiffigen Bewerbung den Zuschlag erhalten.

Rekordverdächtiger Freizeit-Kick. Im August planen Victoria und Schalke 04 die Ausrichtung des bundesweit größten Fan-Turniers. Auf dem Vereinsgelände der Knappen werden sich, so die Planungen, rund 160 Teams mit 1600 Kickern treffen und um Tore und Pokale antreten.

Zum vierten Mal „on Tour": Die Premiere der Victoria/Schalke-Tour fand im Schalker Jubiläumsjahr 2004 statt. Seitdem reisen die beiden Partner jedes Jahr in den Sommermonaten mit einer Roadshow durch Deutschland, machen bei den Fans des S04 Station. Auch in diesem Jahr heißt es wieder „Victoria und Schalke on Tour". Eine Fortsetzung folgt. Nach dem Motto: „Einmal Schalke, immer Schalke".

Tolle Preise für Fußball-Experten „Nach dem Spiel ist vor dem Spiel", wusste schon der legendäre Sepp Herberger. Und auch für das Tippspiel von Schalke-Partner Victoria gilt diese Weisheit. Das Online-Bundesliga-Tippspiel geht in die fünfte Saison und auch dieses Mal gibt es tolle Preise für alle Fans und Tipper. An jedem Spieltag erhält der Tagessieger ein aktuelles Bundesliga-Trikot seiner Wahl, für den Zweiten gibt es zwei Haupttribünenkarten für ein Heimspiel von Schalke 04 in der Arena. Der „Herbstmeister", also jener Tipper, der nach der Hinrunde die meisten Punkte erspielt hat, gewinnt eine Hotel-Übernachtung mit Frühstück und z.B. zwei VIP-Karten für ein Heimspiel in der Arena auf Schalke. Einfach anmelden unter www.victipp.de

VELTINS-ARENA FREUT SICH AUF CHAMPIONS LEAGUE, PUR, SPEEDWAY UND BIATHLON

12 MILLIONEN BESUCHER SEIT 2001

DIE LETZTEN SECHS JAHRE HABEN EINDRUCKSVOLL BEWIESEN, DASS DER INTERNATIONALE SPITZENFUSSBALL IN DER VELTINS-ARENA EIN NEUES ZUHAUSE GEFUNDEN HAT. SCHON BEIM CHAMPIONS-LEAGUE FINALE 2004 ODER DEN FÜNF SPIELEN DER FUSSBALL-WELTMEISTERSCHAFT 2006 BEEINDRUCKTE DIE STIMMGEWALTIGE UND FARBENFROHE KULISSE FANS IN ALLER WELT. DAS SETZTE SICH IN DER VERGANGENEN SPIELZEIT FORT.

Kapazität der VELTINS-Arena

Fußball-Bundesliga: 61.482 Zuschauer (45.173 Sitzplätze; 16.309 Stehplätze, davon 14.483 im Bereich der Nordkurve und 1826 im Gästeblock)
Internationale Spiele: 53.951 (ausschließlich Sitzplätze)
Konzerte und andere Großveranstaltungen: Bis zu 78.000 Zuschauer (max. Kapazität bei Aufbau einer Mittelbühne im Innenraum)

Neben einer packenden Schalker Bundesligasaison und einem emotionalen Derby-Viewing am vorletzten Spieltag der Bundesliga, als über 60.000 Schalker vergeblich die Daumen für einen Sieg beim BVB drückten, bewies die Spielstätte einmal mehr ihre Wandlungsfähigkeit vom reinen Fußballstadion bis hin zur ausverkauften Konzerthalle. Seit 2001 fanden hier schließlich 212 Veranstaltungen mit rund 12 Millionen Besuchern statt. Internationale Stars aus Musik, Unterhaltung und Sport sind immer wieder gerne auf Schalke.

Dazu gehört Herbert Grönemeyer. Der Sänger kehrte nach seinem Auftritt 2003 in sein „Wohnzimmer" zurück. Der im Ruhrpott aufgewachsene Musiker begeisterte bei seinen zwei Konzerten am 9. und 10. Juni über 110.000 Fans. Eine Woche nach Grönemeyers Heimspiel tauchte die Arena in ein orientalisches Flair. Türkische Popstarts und Folkloregruppen heizten den Zuschauern bei „Taksim" ein. Die Spielstätte wurde für einen Abend an den Bosporus verlegt und befand sich fest in türkischer Hand. Aber die VELTINS-Arena bot in der vergangenen Saison nicht nur musikalische Höhepunkte, sondern begrüßte auch „alte Bekannte": Stefan Raabs TV Total Stock Car Crash Challenge lockte 2006 erneut über 50.000 Zuschauer an, als sich der TV-Moderator ein spannendes Autorennen mit vielen Prominenten lieferte. So war es keine Überraschung, dass es am 21. Oktober 2007 die dritte Auflage geben wird.

Dass nicht nur internationale Fußballstars gerne nach Schalke kommen, zeigen die Biathleten Jahr für Jahr. Bereits zum fünften Mal ging die Weltelite im vergangenen Jahr bei der Veltins Biathlon WTC an den Start. Die Show der Weltmeister und Olympiasieger war restlos ausverkauft und sucht am 29. Dezember 2007 ein neues Traumpaar des Wintersports. Neben den beliebten Dauergästen aus dem Wintersport findet am 13. Oktober 2007 die FIM-Speedway Grand Prix Series (SGP) in der VELTINS-Arena statt. Auf einer 290 Meter langen Strecken messen sich die besten 16 Fahrer und feiern dabei den 100. Grand-Prix-Lauf seit der Einführung der WM-Serie. Für die musikalischen Höhepunkte sorgt die Gruppe PUR. Nach 2001 und 2004 werden die Musiker mit befreundeten Künstlern erneut in der VELTINS-Arena auf der Bühne stehen und den von ihnen gehaltenen Zuschauer-Rekord auf Schalke mit über 70.000 Fans ins Visier nehmen.

Und natürlich kehrt die Champions League in der kommenden Saison nach Schalke zurück. Gegen die europäischen Topclubs werden die Schalker Fans erneut wie eine Mauer hinter ihrer Mannschaft stehen. Damit ist klar: Auch in der nächsten Saison bietet die VELTINS-Arena nicht nur auf dem Platz Spannung, Dramatik und rassige Zweikämpfe.

SCHALKER NACHWUCHSTEAMS SIND GUTE ZULIEFERER FÜR DEN BUNDESLIGAKADER

NICHT NUR ERSTKLASSIGE TORWARTSCHULE GARANTIERT VIELE EIGENGEWÄCHSE

WIE BEREITS IN DEN VERGANGENEN SPIELZEITEN SETZEN DIE KÖNIGSBLAUEN AUCH IN DER KOMMENDEN SAISON 07/08 AUF DEN EIGENEN NACHWUCHS. MIT BENEDIKT HÖWEDES RÜCKTE EIN WEITERES EIGENGEWÄCHS IN DEN PROFI-KADER AUF. DAMIT STEHEN CHEF-TRAINER MIRKO SLOMKA NUN INSGESAMT ELF SPIELER AUS DER VEREINS-EIGENEN TALENTSCHMIEDE ZUR VERFÜGUNG. ERGEBNISSE EINER DURCHDACHTEN JUGENDARBEIT, DIE SICH SEHEN LASSEN KÖNNEN.

Insgesamt verfügen die Knappen über zehn Nachwuchs-Mannschaften von der U9 bis zu Schalke 04 II. Die hier geleistete Jugendarbeit hilft dem Verein Ablösesummen einzusparen und außerdem „echte Schalker Jungs" zu fördern, die sich voll und ganz mit dem Verein identifizieren. Neben Höwedes gehören dazu aktuell die Feldspieler Sebastian Boenisch, Michael Delura, Markus Heppke, Timo Kunert, Mesut Özil und Christian Pander.

Darüber hinaus können die Knappen im Bereich der Torhüter fest auf ihren eigenen Unterbau zählen. Nicht nur U21-Nationalmannschafts-Keeper Manuel Neuer und Schlussmann der U19-Auswahl des Deutschen Fußball-Bundes (DFB), Ralf Fährmann, sondern auch die Rückkehrer Mathias Schober und Toni Tapalovic haben die clubeigene Torwartschule durchlaufen. Die Torwart-Trainer Lothar Matuschak (U19 und U17), Christof Osigus (U12-U15) und Michael Frank (U9-U11) bilden auf Schalke moderne Keeper aus, die sich durch ihre Vielseitigkeit auszeichnen und aufgrund ihrer fußballerischen Fähigkeiten als elfter Feldspieler gelten dürfen. Auf dem Ausbildungsprogramm steht zudem die Teamfähigkeit. Der Torhüter ist kein Einzelkämpfer mehr. Dies haben weitere ambitionierte Schlussleute beherzigt, von denen drei bereits mit konstant guten Leistungen auf sich aufmerksam gemacht haben: Mohamed Amsif (U19), Marcel Lenz (U17) und Tim Hohmann (U15) hüten bereits in den jeweiligen Jugendnationalmannschaften des DFB das Tor.

Doch nicht nur bei den Torhütern sind die Schalker Nachwuchsteams gut besetzt. In der U19 gilt Kapitän Marvin

Pachan in der Defensive als großes Talent, während U16-Nationalspieler David Loheider in der kommenden Saison ebenfalls für die A-Jugend spielen wird, obwohl er seinem Alter gemäß eigentlich noch der B-Jugend angehört.
Nachdem die U19 vor einem Jahr den Deutschen Meistertitel erringen konnte, verfehlte sie in der abgelaufenen Spielzeit mit einem zweiten Platz in der Junioren Bundesliga West knapp die Qualifikation zur diesjährigen Meisterschafts-Endrunde. „Die Jungs haben eine ganz großartige Saison hinter sich", zeigte sich Trainer Norbert Elgert mit der Saisonbilanz trotzdem zufrieden. Die U17 gab nach einer starken Saison in der Regionalliga West noch den zweiten Platz ab und verpasste als Dritter die Endrunde um die Deutsche Meisterschaft ihrer Altersklasse ebenfalls hauchdünn.

Einen zweiten Platz fuhr die von Ex-Eurofighter Mike Büskens trainierte Mannschaft Schalke 04 II in der Oberliga Westfalen ein. Aufgrund der Reform der Ober- und Regionalligen im kommenden Jahr ist das Ziel für die Saison 2007/08 klar definiert. Die „Zweite" muss unter die ersten vier kommen, um sich für die neue Vierte Liga zu qualifizieren. Die Planungen des DFB sehen nämlich so aus, dass es ab der Saison 2008/09 statt der bisherigen zweigeteilten Regionalliga eine eingleisige dritte Liga geben wird. Dafür wird an die Stelle der bisherigen Oberligen eine dreigeteilte Vierte Liga mit dem Namen Regionalliga rücken. Damit wird die Oberliga zur fünften Liga.

DIE KADER DER SCHALKER NACHWUCHSTEAMS

LANDGRAF BLEIBT LEITFIGUR FÜR S04 II

FC SCHALKE 04 II

Tor:
Nurullah Can
Toni Tapalovic

Abwehr:
Jens Grembowietz
Nedim Hasanbegovic
Tim Kilian
Andre Kilian
Willi Landgraf

Mittelfeld:
Maurice Kühn
Marc Lorenz
Kevin Kisyna
Andy Steinmann
Julian Loose
Marcel Brendel (VfL Wolfsburg)
Jakob Dallevedove

Angriff:
Giuseppe Pisano
Wilko Risser (Eintracht Lahnstein)
Yalcin Erkaya (Wattenscheid 09)
Adrian Gurzynski (Preußen Münster)
Osman Köse

Trainer:
Mike Büskens

Abgänge: Durmus Bayram (Kayserispor/Türkei), Christian Erwig (Fortuna Düsseldorf), Dennis Lamczyk (KSV Hessen Kassel), Michael Ohnesorge (SV Elversberg), Tolga Öztürk (Wuppertaler SV II), Hianick Kamba (Germania Gladbeck), Rene Lewejohann, Jan Driessen (Ajax Zaterdag| Niederlande)

U19 (A-JUNIOREN)

Tor:
Mohamed Amsif
Marcel Jäger (Wattenscheid 09)

Abwehr:
Carlos Zambrano
Philipp Kraska (Wattenscheid 09)
Seyhan Cetinkaya
David Müller
Marvin Pachan
Christian Melchner
Christopher Nas

Mittelfeld:
Tim Wendel (MSV Duisburg)
Danny Latza
Tuncay Turgut (VfB Hüls)
Emir Bajric
Timo Brauer
Cedric Vennemann

Angriff:
Marco Fiore
Dominique Wassi
Patrick Reinsch
Pascal Testroet
David Loheider

Trainer:
Norbert Elgert

Abgänge: Giuseppe Pisano, Marc Lorenz, Maurice Kühn, Nedim Hasanbegovic, Nurullah Can (alle S04 II), Vargin Der (Twente Enschede/Niederlande), Dennis Krupke (Spvgg. Erkenschwick), Sören Velling (Preußen Münster), Youssef Yesilmen, Florim Zeciri, Pier Schulz, Tayfun Pektürk, Bülent Gündüz (Ziel unbekannt)

U17 (B-JUNIOREN)

Tor:
Marcel Lenz
Tim Hohmann

Abwehr:
Joel Matip
Jan Temme
Timo Achenbach
Richard Weber
Tobias Thöne
Kamil Waldoch
Nurettin Kayoglu
Jonas Gütering
Fabian Gombarek (Wattenscheid 09)

Mittelfeld:
Tim Bothen (Preußen Münster)
Predrag Stevanovic
Fatmir Ferati
Marvin Warnaß
Demir Tumbul
Ufuk Özbek

Angriff:
Salvatore Carlino
Sebastian Czajkowski (RW Essen)
Andreas Wiegel
Marius Walther
Gökhan Öztürk

Trainer:
Manfred Dubski

Abgänge: Jan Euler (Bayer Leverkusen), David Loheider, Patrick Reinsch, Pascal Testroet, Emir Bajric, Timo Brauer, Cedric Vennemann, Christopher Nas, Christian Melchner, Marvin Pachan, David Müller (alle eigene U19)

Das schönste am Sport ist die Erfrischung danach.

VELTINS ARENA

IRGENDWANN ERFRISCHT ES JEDEN.
FRISCHES VELTINS

GAZPROM UND SCHALKE 04
EIN STARKES TEAM IM REVIER

MIT DEM RUSSISCHEN UNTERNEHMEN GAZPROM, DEM WELTWEIT GRÖSSTEN ERDGASPRODUZENTEN UND -EXPORTEUR, HAT SCHALKE 04 IM JANUAR 2007 EINEN NEUEN HAUPTSPONSOR GEWONNEN, DER SICH HIER LANGFRISTIG ENGAGIEREN MÖCHTE UND ES SICH ZUM ZIEL GEMACHT HAT, DIESES ENGAGEMENT AUCH DAUERHAFT ZU BELEBEN. DER NAME GAZPROM BEDEUTET FÜR VIELE SCHALKER NACH NUR WENIGEN MONATEN WEIT MEHR ALS DIESE SIEBEN BUCHSTABEN. ER STEHT HIER SYMBOLISCH FÜR GEMEINSAMKEIT, AKZEPTANZ, ZUSAMMENHALT, PARTNERSCHAFT, RESPEKT, OPTIMISMUS UND MITEINANDER. FÜR WERTE, DIE VON BEIDEN SEITEN GLEICHERMASSEN GELEBT WERDEN. DAS UNTERNEHMEN HAT IN DIESER KURZEN ZEIT SCHON GEZEIGT, MIT WIE VIEL ENGAGEMENT ES SEIN SPONSORING BEI SCHALKE 04 ANGEHT.

Das Unternehmen

GAZPROM Germania GmbH Markgrafenstraße 23, 10117 Berlin | **Geschäftsführung:** Hans-Joachim Gornig | **Slogan:** „energy for the planet"
Geschichte: Die GAZPROM Germania GmbH ist 1990 in Berlin gegründet worden, um russisches Erdgas in Deutschland zu vermarkten. Im Laufe der Jahre hat sich das Unternehmen zu einer international agierenden Gashandelsgruppe entwickelt. Mit vielen Partnern investiert es in die Versorgungssicherheit für Europa. | **Sponsoring:** Die GAZPROM Germania GmbH engagiert sich als Sponsor in den Bereichen Kultur, Soziales, Bildung und Sport. Ziel dieses Engagements ist es, den Dialog zwischen Russland und Deutschland zu fördern.
Internet: www.gazprom-germania.de | www.gazprom-sport.de

WERBEBANDE

Warum hat sich GAZPROM Germania für ein Engagement bei Schalke 04 entschieden? Lasst uns an dieser Stelle einen kleinen Schwenk machen. Es gibt eine Legende über Sibirien, dort wo wir einen großen Teil unseres Erdgases fördern, die wir hier kurz erzählen möchten. Auf das Wesentliche zusammengefasst besagt sie, dass Gott als er die Erde schuf beim Flug über Sibirien aufgrund der eisigen Kälte viele Bodenschätze fallen ließ. Das als kleiner Exkurs zu unserem Engagement bei Schalke 04. Denn auch hier haben wir etwas gefunden, was wir gern als einzigartig und unverwechselbar bezeichnen. In unseren Augen ist der FC Schalke 04 ein Verein, dessen Image, Geschichte und Ambitionen sehr gut zu uns passen. Hier finden wir eine besondere Fankultur und ein Umfeld, in dem wir unser Unternehmen positiv präsentieren können. Der Traditionsverein ist im Herzen des Ruhrgebiets und damit im Zentrum der Energiewirtschaft beheimatet. Außerdem steht er wie kein anderer Bundesliga-Club für leidenschaftlichen Fußball und ist in der Region und darüber hinaus stark verwurzelt. Unser Engagement bei Schalke 04 sehen wir auch als einen Beitrag zum besseren Kennenlernen, auch der russischen Lebensweise und Kultur in Deutschland.

Welche Aktionen wurden bisher durchgeführt? Zuerst einmal können wir sagen, dass unser Eindruck vom Verein und vor allem von den Fans überaus positiv ist und wir in der Zwischenzeit gemeinsam schon viel bewegt haben. Wir sind Schritt für Schritt dabei, eine enge Beziehung zwischen uns und den Anhängern der Königsblauen zu entwickeln. Begonnen hat alles mit dem Freundschaftsspiel gegen Zenit St. Petersburg im Januar dieses Jahres. Nach diesem furiosen Auftakt war es uns wichtig, den Begriff Partnerschaft dauerhaft mit Leben zu erfüllen - natürlich mit den Fans im Mittelpunkt des Geschehens. Ein Höhepunkt war zum Beispiel die von uns organisierte Fanreise für insgesamt 120 Anhänger des S04 nach St. Petersburg zu einem Ligaspiel von Zenit. Für viele Fans wird diese Reise ein besonderes Erlebnis mit vielen neuen und unvergesslichen Eindrücken bleiben. Weiterhin haben wir die Internetseite www.gazprom-sport.de eingerichtet, die allen Fans als Kommunikationsplattform zur Verfügung steht. Wir berichten hier über unsere Aktionen, führen Gewinnspiele durch und veröffentlichen Spielerinterviews. Die hohen Besucherzahlen zeigen uns, dass die Seite stark angenommen wird und wir damit auf dem richtigen Weg sind.

Unser jüngstes Projekt, welches wir zusammen mit dem FC Schalke 04 angehen, trägt den Namen „Gib Gas gegen Gewalt". Mit diesem Projekt wollen wir gemeinsam ein Zeichen gegen Gewalt im Fußball setzen, soziale Verantwortung übernehmen und gesellschaftliches Engagement zeigen. Wir machen mit dieser Aktion deutlich, dass Gewalt in und um die Stadien den guten Ruf des gesamten Fußballs beschädigt und zukünftig eine Rückbesinnung auf Fairness, positive Emotionalität und partnerschaftliches Verhalten erfolgen muss.

Auch außerhalb der unmittelbaren Fan-Welt haben wir einige Aktionen durchgeführt, auf die wir sehr stolz sind. Beispielsweise haben wir 10.000 € für das „Kleine Museum" der stillgelegten Zeche Hugo gespendet und damit geholfen, ein wichtiges Stück Bergbauhistorie des Ruhrgebiets zu erhalten. Wir freuen uns, einen Beitrag zum Erhalt dieser Tradition leisten zu können. Darüber hinaus haben wir dem Theaterprojekt „RepuBlick auf Schalke", bei dem Jugendliche gegen Rassismus im Fußball Stellung beziehen, mit einer kleinen Spende finanziell unter die Arme gegriffen.

Und was plant man für die kommende Saison? Wir möchten an dieser Stelle betonen, dass wir als Hauptsponsor des FC Schalke 04 dem Fußball viel zu verdanken haben, indem er es uns ermöglicht, unser Unternehmen sympathisch einem breiten Publikum zu präsentieren. Diese Chance wollen und werden wir auch weiterhin nutzen. Das heißt, dass wir die Fans auch in der kommenden Saison und darüber hinaus mit einigen Aktionen überraschen werden. Um nicht schon zu viel zu verraten, können wir sagen, dass wir auf unserer Internetseite www.gazprom-sport.de Ticketverlosungen für jedes Heimspiel durchführen und auch die Möglichkeit anbieten werden, an einem Bundesligatippspiel teilzunehmen.

SPIELE DER BUNDESLIGA-SAISON 2006|07

PL	Verein	Sp.	g.	u.	v.	Tore	Diff.	Pkt.	Sp.	g.	u.	v.	Tore	Pkt.	Sp.	g.	u.	v.	Tore	Pkt.
										ZU HAUSE						AUSWÄRTS				
1.	VfB Stuttgart	34	21	7	6	61:37	+24	70	17	12	3	2	30:13	39	17	9	4	4	31:24	31
2.	FC Schalke 04	34	21	5	8	53:32	+21	68	17	13	2	2	30:11	41	17	8	3	6	23:21	27
3.	Werder Bremen	34	20	6	8	76:40	+36	66	17	11	1	5	33:18	34	17	9	5	3	43:22	32
4.	Bayern München	34	18	6	10	55:40	+15	60	17	11	4	2	29:14	37	17	7	2	8	26:26	23
5.	Bayer Leverkusen	34	15	6	13	54:49	+5	51	17	8	3	6	28:23	27	17	7	3	7	26:26	24
6.	1. FC Nürnberg	34	11	15	8	43:32	+11	48	17	8	7	2	26:16	31	17	3	8	6	17:16	17
7.	Hamburger SV	34	10	15	9	43:37	+6	45	17	4	9	4	22:19	21	17	6	6	5	21:18	24
8.	VfL Bochum	34	13	6	15	49:50	-1	45	17	7	1	9	23:30	22	17	6	5	6	26:20	23
9.	Borussia Dortmund	34	12	8	14	41:43	-2	44	17	6	6	5	19:17	24	17	6	2	9	22:26	20
10.	Hertha BSC	34	12	8	14	50:55	-5	44	17	8	3	6	29:25	27	17	4	5	8	21:13	17
11.	Hannover 96	34	12	8	14	41:50	-9	44	17	5	6	6	23:24	21	17	7	2	8	18:26	23
12.	Arminia Bielefeld	34	11	9	14	47:49	-2	42	17	8	4	5	29:24	28	17	3	5	9	18:25	14
13.	Energie Cottbus	34	11	8	15	38:49	-11	41	17	6	5	6	21:22	23	17	5	3	9	17:27	18
14.	Eintracht Frankfurt	34	9	13	12	46:58	-12	40	17	5	5	7	21:30	20	17	4	8	5	15:28	20
15.	VfL Wolfsburg	34	8	13	13	37:45	-8	37	17	6	6	5	22:22	24	17	2	7	8	15:23	13
16.	FSV Mainz 05	34	8	10	16	34:57	-23	34	17	6	4	7	20:28	22	17	2	6	9	14:29	12
17.	Alemannia Aachen	34	9	7	18	46:70	-24	34	17	5	4	8	28:37	19	17	4	3	10	18:33	15
18.	Borussia M'gladbach	34	6	8	20	23:44	-21	26	17	5	6	6	15:16	21	17	1	2	14	8:28	5

12.8.2006

FC Schalke 04 – Eintracht Frankfurt   1:1 (1:0)

Schalke: Rost – Varela, Bordon, Rodriguez, Kobiashvili – Hamit Altintop (80. Özil), Bajramovic – Lincoln – Halil Altintop, Kuranyi, Løvenkrands (75. Asamoah) | Frankfurt: Pröll – Cimen (67. Ochs), Vasoski, Rehmer, Spycher – Streit, Meier (46. Reinhard), Russ, Köhler – Amanatidis, Thurk (80. Preuß) | Schiedsrichter: Stark (Ergolding) | Tore: 1:0 Halil Altintop (30.), 1:1 Amanatidis (72.) | Zuschauer: 61.482 (ausverkauft) | Gelbe Karten: Hamit Altintop – Cimen, Amanatidis | Bes. Vorkommnis: Pröll hält Foulelfmeter von Lincoln (50.).

19.8.2006

Alemannia Aachen – FC Schalke 04   0:1 (0:0)

Aachen: Straub – Pinto, Klitzpera, Sichone, Leiwakabessy – Dum (71. Reghecampf), Plaßhenrich (76. Koen), Fiel – Rösler – Schlaudraff, Ebbers (68. Ibisevic) | Schalke: Neuer – Rafinha, Bordon, Krstajic, Kobiashvili – Ernst, Bajramovic – Lincoln – Halil Altintop, Kuranyi (46. Hamit Altintop), Løvenkrands (80. Asamoah) | Schiedsrichter: Fandel (Kyllburg) | Tor: 0:1 Rodríguez (53.) | Zuschauer: 21.300 (ausverkauft) | Rote Karte: Krstajic (29./grobes Foulspiel) | Gelbe Karten: Dum, Pinto, Sichone, Ibisevic, Koen – Lincoln, Ernst

25.8.2006

FC Schalke 04 – Werder Bremen   2:0 (1:0)

Schalke: Neuer – Rafinha, Bordon, Rodriguez, Kobiashvili - Ernst, Lincoln, Bajramovic – Halil Altintop (64. Asamoah), Kuranyi (69. Hamit Altintop), Løvenkrands (84. Varela) | Bremen: Wiese – Fritz, Pasanen (56. Hunt), Naldo, Wome (56. Schulz) – Baumann (71. Zidan) – Frings, Borowski – Diego, Klose, Hugo Almeida | Schiedsrichter: Kircher (Rottenburg) | Tore: 1:0 Kuranyi (7.), 2:0 Hamit Altintop (72.) | Zuschauer: 61.482 (ausverkauft) | Gelbe Karten: Ernst (2), Rafinha, Kobiashvili – Borowski (2), Frings, Fritz

17.9.2006

Hertha BSC – FC Schalke 04   2:0 (1:0)

Berlin: Fiedler – Friedrich, van Burik, Simunic, Fathi – Dardai – Boateng, Bastürk (89. Neuendorf), Gilberto (74. Ebert) – Gimenez (79. Okoronkwo), Pantelic | Schalke: Rost – Rafinha, Bordon, Rodríguez, Varela – Ernst, Bajramovic (59. Hamit Altintop) – Lincoln – Halil Altintop (71. Larsen), Kuranyi, Løvenkrands (59. Özil) | Schiedsrichter: Gagelmann (Bremen) | Tore: 1:0 Gimenez (39.), 2:0 Gimenez (52.) | Zuschauer: 60.547 | Gelbe Karten: Boateng – Bajramovic, Rodriguez, Hamit Altintop, Larsen

SAISON 2006|07

23.9.2006
FC Schalke 04 – VfL Wolfsburg 2:0 (0:0)
Schalke: Rost - Rafinha (85. Abel), Bordon, Rodriguez, Kobiashvili - Ernst, Bajramovic - Lincoln - Halil Altintop (77. Asamoah), Kuranyi, Løvenkrands (46. Özil) | **Wolfsburg:** Jentzsch - Möhrle, Madlung, Hofland (60. Stegmayer), Sarpei - Makiadi, Santana (71. Karhan), van der Leegte, Krzynowek - Hanke, Hoogendorp (46. Menseguez) | **Schiedsrichter:** Gräfe (Berlin) | **Tore:** 1:0 Kuranyi (57.), 2:0 Lincoln (89.) | **Zuschauer:** 60.404 | **Gelbe Karten:** Bajramovic (2), Rodriguez (2), Bordon - Hofland (3), Hanke

1.10.2006
Bayer 04 Leverkusen – FC Schalke 04 3:1 (2:1)
Leverkusen: Butt - Haggui, Madouni (40. Kießling), Juan, Castro - Ramelow, Rolfes - Freier (68. Schwegler), Schneider - Voronin (90. Babic), Barbarez | **Schalke:** Rost - Varela (63. Hamit Altintop), Bordon, Rodriguez, Krstajic - Bajramovic (72. Özil), Ernst, Kobiashvili (59. Løvenkrands) - Lincoln - Halil Altintop, Kuranyi | **Schiedsrichter:** Wack (Biberbach) | **Tore:** 0:1 Bordon (6.), 1:1 Castro (28.), 2:1 Castro (47.), 3:1 Ramelow (56.) | **Zuschauer:** 22.500 (ausverkauft) | **Gelbe Karten:** Madouni, Freier, Castro - Bordon

14.10.2006
Hamburger SV – FC Schalke 04 1:2 (1:1)
Hamburg: Kirschstein - Benjamin, Wicky, Mathijsen, Sorin - de Jong (46. Feilhaber) - Jarolim, Laas (69. Guerrero), Trochowski - Ljuboja (46. Fillinger), Sanogo | **Schalke:** Rost - Rafinha, Bordon, Rodriguez, Krstajic - Hamit Altintop (81. Varela), Bajramovic, Kobiashvili - Lincoln (90. Løvenkrands) - Kuranyi, Halil Altintop (69. Özil) | **Schiedsrichter:** Brych (München) | **Tore:** 0:1 Halil Altintop (16.), 1:1 Trochowski (30.), 1:2 Bordon (53.) | **Zuschauer:** 57.000 (ausverkauft) | **Gelb-Rote Karte:** Jarolim (43./wiederholtes Foulspiel) | **Gelbe Karte:** de Jong, Sorin - Kobiashvili, Rafinha | **Bes. Vorkommnis:** Rost hält Elfmeter von Sanogo (49.)

21.10.2006
FC Schalke 04 – Hannover 96 2:1 (2:0)
Schalke: Rost - Rafinha, Rodriguez, Hoogland, Krstajic - Hamit Altintop (84. Varela), Bajramovic, Kobiashvili - Lincoln - Halil Altintop (90.+1 Boenisch), Kuranyi (72. Løvenkrands) | **Hannover:** Enke - Cherundolo, Fahrenhorst, Zuraw, Tarnat (80. Jendrisek) - Vinicius (66. Schröter) - Balitsch (46. Yankov) - Rosenthal, Huszti - Stajner, Hashemian | **Schiedsrichter:** Dr. Fleischer (Sigmertshausen) | **Tore:** 1:0 Bajramovic (18.), 2:0 Kobiashvili (27.), 2:1 Rosenthal (52.) | **Zuschauer:** 61.031 | **Gelbe Karten:** Bajramovic (3), Rodriguez (3), Lincoln (2) - Balitsch, Fahrenhorst (2), Tarnat, Stajner (2)

29.10.2006
VfB Stuttgart – FC Schalke 04 3:0 (1:0)
Stuttgart: Hildebrandt - Osorio, Tasci, Delpierre, Boka (77. Magnin) - Pardo - Hilbert, Khedira (64. Hitzlsperger) - da Silva - Gomez, Cacau (76. Streller) | **Schalke:** Rost - Rafinha, Bordon, Rodriguez, Krstajic - Varela, Bajramovic, Hamit Altintop (66. Baumjohann), Boenisch (59. Kuranyi) - Løvenkrands, Halil Altintop | **Schiedsrichter:** Stark (Ergolding) | **Tore:** 1:0 Khedira (32.), 2:0 Khedira (46.), 3:0 Tasci (75.) | **Zuschauer:** 52.000 | **Gelbe Karten:** Khedira, Boka - Boenisch, Halil Altintop, Bordon, Varela, Bajramovic

5.11.2006
FC Schalke 04 – FC Bayern München 2:2 (2:1)
Schalke: Neuer - Rafinha, Bordon (56. Hoogland), Krstajic, Rodriguez (72. Pander) - Varela (78. Hamit Altintop), Bajramovic, Kobiashvili - Halil Altintop, Kuranyi, Løvenkrands | **München:** Kahn - Sagnol, Demichelis, van Buyten, Lahm - van Bommel (82. Karimi), Ottl, Schweinsteiger - Santa Cruz (80. Salihamidzic), Makaay, Pizarro | **Schiedsrichter:** Kircher (Rottenburg) | **Tore:** 1:0 Løvenkrands (13.), 2:0 Kobiashvili (20.), 2:1 Ottl (45.), 2:2 Makaay (52.) | **Zuschauer:** 61.482 (ausverkauft) | **Gelbe Karten:** Bordon (4) - Ottl, van Bommel (2), van Buyten

8.11.2006
Borussia M'gladbach – FC Schalke 04 0:2 (0:2)
Gladbach: Keller - Rubink (46. Fleßers), Levels, Zé Antonio, Compper - Delura (78. Sonck), Thijs, Polanski, Kluge (67. D. Degen) - Neuville, Sverkos | **Schalke:** Neuer - Rafinha, Rodriguez, Krstajic, Pander (73. Boenisch) - Varela (69. Hamit Altintop), Bajramovic (89. Hoogland), Kobiashvili - Halil Altintop, Kuranyi, Løvenkrands | **Schiedsrichter:** Sippel (München) | **Tore:** 0:1 Zé Antonio (11./Eigentor), 0:2 Varela (31.) | **Zuschauer:** 52.018 | **Gelbe Karten:** Polanski, Compper - Bajramovic, Kuranyi

49

11.11.2006

FC Schalke 04 – 1. FSV Mainz 05 4:0 (3:0)

Schalke: Neuer – Rafinha, Rodriguez (46. Hoogland), Krstajic, Pander (68. Boenisch) – Varela, Hamit Altintop (76. Özil), Kobiashvili – Halil Altintop, Kuranyi, Løvenkrands | **Mainz:** Wache – Gunesch, Friedrich, Noveski, Weigelt – Amri (68. Feulner), Pekovic, Babatz (46. Azaouagh), Gerber – Szabics, Diakite (68. Edu) | **Schiedsrichter:** Perl (München) | **Tore:** 1:0 Kuranyi (13.), 2:0 Halil Altintop (22.), 3:0 Kuranyi (32.), 4:0 Halil Altintop (67.) | **Zuschauer:** 61.162 | **Gelbe Karten:** keine

18.11.2006

FC Energie Cottbus – FC Schalke 04 2:4 (2:2)

Cottbus: Piplica – Szelesi, McKenna, Mitreski, Ziebig – Rost (80. da Silva), Kukielka – Radu, Shao (66. Baumgart), Munteanu – Kioyo (76. Gunkel) | **Schalke:** Neuer – Rafinha, Rodriguez, Krstajic, Pander (77. Boenisch) – Hamit Altintop, Bajramovic, Kobiashvili – Halil Altintop (55. Ernst), Kuranyi, Løvenkrands (90. Heppke) | **Schiedsrichter:** Fandel (Kyllburg) | **Tore:** 0:1 Hamit Altintop (4.), 0:2 Kuranyi (15.), 1:2 Radu (28.), 2:2 Radu (31.), 2:3 Pander (51.), 2:4 Kobiashvili (83.) | **Zuschauer:** 17.210 | **Gelbe Karte:** Kukielka

24.11.2006

FC Schalke 04 – VfL Bochum 2:1 (2:0)

Schalke: Neuer – Rafinha, Rodriguez, Krstajic, Pander – Hamit Altintop, Bajramovic (72. Ernst), Kobiashvili – Halil Altintop (46. Lincoln), Kuranyi, Løvenkrands (88. Larsen) | **Bochum:** Skov-Jensen – Lense, Drsek, Butscher, Bönig (85. Meichelbeck) – Maltritz, Zdebel – Schröder (77. Dabrowski), Trojan (72. Bechmann) – Misimovic – Gekas | **Schiedsrichter:** Gräfe (Berlin) | **Tore:** 1:0 Rafinha (19.), 2:0 Løvenkrands (27.), 2:1 Gekas (49.) | **Zuschauer:** 61.482 (ausverkauft) | **Rote Karte:** Butscher (66./ Notbremse) | **Gelbe Karten:** Kobiashvili (3), Bajramovic (5/1) – Maltritz (4) | **Bes. Vorkommnis:** Skov-Jensen hält Foulelfmeter von Kobiashvili (67.)

3.12.2006

1. FC Nürnberg – FC Schalke 04 0:0

Nürnberg: Schäfer – Reinhardt, Wolf, Beauchamp, Pinola – Galasek – Kristiansen (82. Banovic) – Vittek, Schroth (78. Benko), Sajenko (87. Pagenburg) | **Schalke:** Neuer – Rafinha, Bordon, Krstajic, Pander – Hamit Altintop (67. Lincoln), Ernst, Kobiashvili – Halil Altintop (58. Varela), Kuranyi, Løvenkrands (76. Larsen) | **Schiedsrichter:** Weiner (Giesen) | **Zuschauer:** 43.424 | **Gelbe Karten:** Rafinha (3), Kuranyi (2), Bordon (5)

10.12.2006

FC Schalke 04 – Borussia Dortmund 3:1 (2:0)

Schalke: Neuer – Rafinha, Rodriguez, Krstajic, Pander – Ernst – Varela (81. Lincoln), Kobiashvili – Halil Altintop (64. Hamit Altintop, Kuranyi (81. Larsen), Løvenkrands | **Dortmund:** Weidenfeller – Degen, Amedick, Brzenska (58. Metzelder), Dede – Sahin, Tinga, Kringe – Valdez (23. Amoah), Frei (83. Tyrala), Smolarek | **Schiedsrichter:** Stark (Landshut) | **Tore:** 1:0 Pander (14.), 2:0 Kuranyi (25.), 3:0 Løvenkrands (47.), 3:1 Frei (82.) | **Zuschauer:** 61.482 (ausverkauft) | **Gelbe Karten:** Rodriguez (4) – Frei (5), Tinga (5), Degen (4)

16.12.2006

Arminia Bielefeld – FC Schalke 04 0:1 (0:0)

Bielefeld: Hain – Korzynietz (84. Vata), Bollmann, Westermann, Schuler (79. Gabriel) – Ndjeng, Kauf, Kucera, Böhme (73. Masmanidis) – Zuma, Wichniarek | **Schalke:** Neuer – Rafinha, Bordon, Krstajic, Pander – Ernst – Varela (57. Hamit Altintop, Kobiashvili (79. Bajramovic) – Halil Altintop (67. Özil), Kuranyi, Løvenkrands | **Schiedsrichter:** Wagner (Hofheim) | **Tor:** 0:1 Bajramovic (82.) | **Zuschauer:** 26.601 (ausverkauft) | **Gelbe Karten:** Schuler – Kobiashvili

27.1.2007

Eintracht Frankfurt – FC Schalke 04 1:3 (0:1)

Frankfurt: Pröll – Ochs, Kyrgiakos, Vasoski, Spycher – Jones (76. Thurk), Huggel – Streit, Meier, Amanatidis (68. Heller) – Takahara | **Schalke:** Neuer – Rafinha, Bordon, Krstajic, Rodriguez – Ernst – Varela (63. Løvenkrands), Kobiashvili (70. Bajramovic) – Lincoln – Kuranyi, Halil Altintop (76. Hamit Altintop) | **Schiedsrichter:** Fleischer (Sigmertshausen) | **Tore:** 0:1 Varela (16.), 1:1 Takahara (48.), 1:2 Kuranyi (70.), 1:3 Kuranyi (90.+2) | **Zuschauer:** 51.500 (ausv.| **Gelbe Karten:** Jones – Rafinha (4)

31.1.2007

FC Schalke 04 – Alemannia Aachen 2:1 (1:1)

Schalke: Neuer – Rafinha, Bordon, Krstajic, Rodriguez (46. Bajramovic) – Varela (62. Halil Altintop, Ernst, Kobiashvili – Lincoln (77. Hamit Altintop) – Kuranyi, Løvenkrands | **Aachen:** Straub – Pinto, Sichone, Klitzpera, Leiwakabessy – Lehmann – Reghecampf, Rösler (61. Dum), Fiel (79. Quotschalla) – Ebbers, Ibisevic | **Schiedsrichter:** Meyer (Burgdorf) | **Tore:** 0:1 Ibisevic (17.), 1:1 Rafinha (23./Handelfmeter), 2:1 Sichone (74./ Eigentor) | **Zuschauer:** 61.482 (ausverkauft) | **Gelbe Karte:** Rafinha (5) – Rösler (3)

4.2.2007
Werder Bremen – FC Schalke 04   0:2 (0:1)
Bremen: Reinke - Fritz, Mertesacker, Naldo, Womé - Borowski (64, Vranjes) - Jensen, Schulz (64. Hunt) - Diego - Klose, Almeida (64. Rosenberg) **Schalke:** Neuer - Hoogland, Bordon, Krstajic, Rodriguez - Ernst, Bajramovic (77. Hamit Altintop) - Lincoln (86. Boenisch) - Varela (70. Halil Altintop), Kuranyi, Løvenkrands | **Schiedsrichter:** Fandel (Kyllburg) | **Tore:** 0:1 Løvenkrands (20.), 0:2 Løvenkrands (73.) | **Gelbe Karten:** Jensen, Vranjes (2), Diego (5/2), Fritz (5/1) - Bajramovic (5/2), Varela (2), Krstajic, Neuer, Lincoln (3)

10.2.2007
FC Schalke 04 – Hertha BSC   2:0 (0:0)
Schalke: Neuer - Rafinha, Bordon (86. Hoogland), Krstajic, Rodriguez - Ernst, Bajramovic, Varela (71. Halil Altintop) - Lincoln - Kuranyi, Løvenkrands (81. Hamit Altintop) | **Berlin:** Fiedler - J. Boateng, Friedrich, van Burik, Fathi, Dardai, Dejagah (72. Ebert), Mineiro (67. Ede), Gilberto - Pantelic, Gimenez (80. C. Müller) | **Schiedsrichter:** Weiner (Giesen) | **Tore:** 1:0 Kuranyi (64.), 2:0 Løvenkrands (75.) | **Zuschauer:** 61.482 (ausv.) | **Gelbe Karten:** Løvenkrands – Gimenez, Gilberto, Pantelic, J. Boateng

17.2.2007
VfL Wolfsburg – FC Schalke 04   2:2 (0:2)
Wolfsburg: Jentzsch – Quiroga, Madlung, Möhrle, van der Heyden – van der Leegte - Menseguez (62. Makiadi), Krzynowek (79. Hill) - Marcelinho - Hanke (62. Boakye), Klimowicz | **Schalke:** Neuer – Rafinha, Bordon, Krstajic, Rodriguez (77. Hoogland) – Ernst, Bajramovic – Lincoln – Halil Altintop (88. Hamit Altintop), Kuranyi, Løvenkrands (62. Kobiashvili) | **Schiedsrichter:** Drees (Mainz) | **Tore:** 0:1 Kuranyi (10.), 0:2 Kuranyi (29.), 1:2 Klimowicz (56.), 2:2 Marcelinho (89.) | **Zuschauer:** 28.346 **Gelbe Karten:** Marcelinho, Madlung, Quiroga – Halil Altintop, Kobiashvili

25.2.2007
FC Schalke 04 – Bayer 04 Leverkusen   0:1 (0:0)
Schalke: Neuer - Rafinha, Bordon, Krstajic (68. Hoogland), Rodriguez - Ernst, Bajramovic - Lincoln - Halil Altintop (87. Erwig), Kuranyi, Hamit Altintop (72. Özil) | **Leverkusen:** Adler - Castro, Juan, Haggui, Babic - Ramelow, Rolfes - Freier (72. Kießling), Schneider, Barnetta (90. Schwegler) – Barbarez | **Schiedsrichter:** Gräfe (Berlin) | **Tor:** 0:1 Kießling (85.) | **Zuschauer:** 61.482 (ausverkauft) | **Rote Karte:** Lincoln (Tätlichkeit/nach Spielschluss) | **Gelbe Karten:** Rafinha (5/1), Bordon (5/1) - Barbarez (5), Schneider (3), Barnetta (3), Ramelow (3)

2.3.2007
FC Schalke 04 - Hamburger SV   0:2 (0:0)
Schalke: Neuer – Rafinha, Bordon, Krstajic, Rodriguez (75. Özil) – Ernst, Bajramovic, Kobiashvili – Hamit Altintop (70. Larsen), Kuranyi, Halil Altintop | **Hamburg:** Rost – Abel, Reinhardt, Mathijsen, Atouba - Demel (59. Mahdavikia), Jarolim, Laas, Trochowski (73. Sanogo) - van der Vaart (79. Wicky), Olic | **Schiedsrichter:** Stark (Landshut) | **Tore:** 0:1 van der Vaart (71.), 0:2 Olic (80.) | **Zuschauer:** 61.482 (ausverkauft) **Gelbe Karten:** Hamit Altintop (3), Rafinha (5/2), Ernst (3), Rodriguez (5) - Jarolim (10), Olic, Reinhardt (2)

10.3.2007
Hannover 96 – FC Schalke 04   1:1 (1:1)
Hannover: Enke - Cherundolo, Fahrenhorst, Vinicius, Tarnat - Lala, Balitsch - Rosenthal (90. Bruggink), Yankov (46. Schröter), Huszti - Thorvaldsson (71. Stajner) | **Schalke:** Neuer – Rafinha, Bordon, Krstajic, Boenisch - Bajramovic (75. Hamit Altintop), Ernst, Kobiashvili - Halil Altintop, Kuranyi (81. Larsen), Özil | **Schiedsrichter:** Kircher (Rottenburg) | **Tore:** 0:1 Halil Altintop (2.), 1:1 Tarnat (4.) | **Zuschauer:** 49.000 **Gelbe Karten:** Lala - Ernst, Kuranyi

17.3.2007
FC Schalke 04 – VfB Stuttgart   1:0 (0:0)
Schalke: Neuer - Rafinha, Bordon, Krstajic, Pander - Bajramovic, Ernst, Kobiashvili (71. Larsen) - Halil Altintop (76. Asamoah), Kuranyi (90.+2 Rodriguez), Özil | **Stuttgart:** Hildebrand - Osorio (80. Lauth), Meira, Delpierre, Magnin - Pardo - Hilbert, Farnerud (68. da Silva), Hitzlsperger (83. Khedira) - Cacau, Streller | **Schiedsrichter:** Dr. Fleischer (Sigmertshausen) | **Tor:** 1:0 Krstajic (76.) | **Zuschauer:** 61.482 (ausverkauft) | **Gelbe Karten:** Kobiashvili (5/1) – Hitzlsperger (4), Pardo (5/1)

31.3.2007
FC Bayern München – FC Schalke 04   2:0 (1:0)
München: Kahn – Sagnol, Lucio (85. Demichelis), van Buyten, Lahm - Salihamidzic, Ottl, Schweinsteiger (87. Lell), van Bommel - Podolski, Makaay (71. Pizarro) | **Schalke:** Neuer - Rafinha, Bordon, Krstajic, Pander - Bajramovic (65. Özil), Ernst, Kobiashvili - Halil Altintop (74. Asamoah), Kuranyi, Løvenkrands (35. Larsen) | **Schiedsrichter:** Fandel (Kyllburg) | **Tore:** 1:0 Makaay (3.), 2:0 Salihamidzic (78.) | **Zuschauer:** 69.000 (ausverkauft) | **Gelbe Karten:** Rafinha, Sagnol, Kahn – Krstajic, Ernst

7.4.2007

FC Schalke 04 – Borussia Mönchengladbach   2:0 (0:0)

Schalke: Neuer - Rafinha, Bordon, Krstajic, Pander - Bajramovic, Hamit Altintop (90. Hoogland), Kobiashvili - Asamoah (65. Halil Altintop), Kuranyi, Özil (90. Kunert) | **Mönchengladbach:** Keller - Bögelund, Gohouri, Ze Antonio, Jansen - Svärd (35. Polanski), El Fakiri, Insua, Compper (46. Thygesen) - Lamidi (68. Neuville), Rafael | **Schiedsrichter:** Meyer (Burgdorf) | **Tore:** 1:0 Asamoah (57.), 2:0 Kuranyi (71.) | **Zuschauer:** 61.482 (ausverkauft) | **Gelbe Karten:** Svärd, Gohouri (3)

14.4.2007

1. FSV Mainz 05 – FC Schalke 04   0:3 (0:2)

Mainz: Wache - Demirtas, Friedrich, Noveski, Rose - Gerber, Andreasen (79. Pekovic), Azaouagh, Feulner (59. Vrancic) - Ruman (46. Jovanovic), Zidan | **Schalke:** Neuer - Rafinha, Bordon, Krstajic, Pander - Hamit Altintop, Ernst - Lincoln (80. Bajramovic) - Asamoah (59. Halil Altintop), Kuranyi, Özil (67. Kobiashvili) | **Schiedsrichter:** Weiner (Giesen) | **Tore:** 0:1 Kuranyi (10.), 0:2 Asamoah (34.), 0:3 Lincoln (73.) | **Zuschauer:** 20.300 (ausverkauft) | **Gelbe Karten:** Rose - Ernst

21.4.2007

FC Schalke 04 – Energie Cottbus   2:0 (0:0)

Schalke: Neuer - Rafinha, Bordon, Rodriguez, Pander (87. Bajramovic) - Hamit Altintop, Ernst - Lincoln - Asamoah (66. Halil Altintop), Kuranyi, Özil (73. Kobiashvili) | **Cottbus:** Piplica - da Silva, McKenna, Mitreski, Cvitanovic - Timo Rost, Kukielka - Baumgart (73. Gunkel), Munteanu - Kioyo (69. Skela), Radu (69. Shao) | **Schiedsrichter:** Gräfe (Berlin) | **Tore:** 1:0 T. Rost (59./Eigentor), 2:0 Bordon (64.) | **Zuschauer:** 61.058 | **Gelbe Karten:** Lincoln (4), Özil - Baumgart (4), Kioyo (2), Munteanu (4), da Silva (5/4)

27.4.2007

VfL Bochum – FC Schalke 04   2:1 (2:1)

Bochum: Drobny - Schröder, Maltritz, Yahia, Butscher - Misimovic, Dabrowski, Zdebel, Grote (69. Imhof) - Epalle (90.+2 Drsek) - Gekas | **Schalke:** Neuer - Rafinha (62. Kobiashvili), Bordon, Rodriguez, Pander - Hamit Altintop, Ernst - Lincoln - Asamoah (62. Halil Altintop), Kuranyi, Özil (81. Larsen) | **Schiedsrichter:** Knut Kircher (Rottenburg) | **Tore:** 0:1 Kuranyi (8.), 1:1 Misimovic (33.), 2:1 Gekas (41.) | **Zuschauer:** 31.328 (ausverkauft) | **Gelbe Karten:** Dabrowski (5/2), Grote (3), Maltritz (5/2), Zdebel (10/1) - Kuranyi (4), Asamoah, Hamit Altintop (3), Rodriguez (5/1)

5.5.2007

FC Schalke 04 – 1. FC Nürnberg   1:0 (0:0)

Schalke: Neuer - Rafinha, Bordon, Rodriguez, Pander - Ernst, Hamit Altintop - Lincoln (88. Varela) - Asamoah (67. Halil Altintop), Kuranyi, Kobiashvili (46. Özil) | **Nürnberg:** Schäfer - Beauchamp, Wolf, Galasek, Pinola (53. Reinhardt) - Spiranovic - Kristiansen (67. Pagenburg), Engelhardt - Polak (71. Mintal), Schroth, Saenko | **Schiedsrichter:** Meyer (Burgdorf) | **Tor:** 1:0 Kuranyi (64.) | **Zuschauer:** 61.482 (ausverkauft) | **Rote Karte:** Galasek (82./Notbremse) | **Gelbe Karten:** Bordon (5/2) - Beauchamp (2), Pinola (5/4)

12.5.2007

Borussia Dortmund – FC Schalke 04   2:0 (1:0)

Dortmund: Weidenfeller - Metzelder, Brzenska, Wörns, Dede - Kruska - Kringe, Tinga (71. Gordon) - Pienaar (71. Sahin) - Smolarek, Frei (83. Valdez) | **Schalke:** Neuer - Rafinha (73. Larsen), Bordon, Krstajic, Pander - Ernst, Hamit Altintop - Lincoln - Asamoah (63. Halil Altintop), Kuranyi, Özil (79. Kobiashvili) | **Schiedsrichter:** Fandel (Kyllburg) | **Tore:** 1:0 Frei (44.), 2:0 Smolarek (85.) | **Zuschauer:** 80.708 (ausverkauft) | **Gelbe Karten:** Brzenska (5/3), Dede (2), Weidenfeller (2), Smolarek (4) - Ernst (5/2), Hamit Altintop (4), Krstajic (3), Halil Altintop (3)

19.5.2007

FC Schalke 04 – Arminia Bielefeld   2:1 (2:0)

Schalke: Neuer - Rafinha, Bordon, Krstajic, Kobiashvili - Hamit Altintop, Ernst - Lincoln - Asamoah (46. Özil), Kuranyi (84. Larsen), Halil Altintop (78. Løvenkrands) | **Bielefeld:** Hain - Bollmann, Kucera, Gabriel, Westermann - Tesche (46. Kamper), Kauf, Böhme (70. Wichniarek), Rau - Eigler, Zuma (46. Marx) | **Schiedsrichter:** Dr. Brych (München) | **Tore:** 1:0 Lincoln (12.), 2:0 Halil Altintop (16.), 2:1 Kucera (90.+1) | **Zuschauer:** 61.482 (ausverkauft) | **Gelbe Karten:** keine

BL-RANGLISTE NACH EINSÄTZEN

Spieler	Einsätze	Tore	Spielminuten
Kevin Kuranyi	34	15	2889
Halil Altintop	34	6	2160
Hamit Altintop	31	2	2678
Rafinha	31	2	1690
Levan Kobiashvili	29	3	2142
Marcelo Bordon	28	3	2483
Manuel Neuer	27	0	2430
Mladen Krstajic	27	1	2346
Zlatan Bajramovic	27	2	1944
Fabian Ernst	26	0	2215
Darío Rodríguez	26	1	2078
Peter Løvenkrands	24	6	1577
Lincoln	23	3	1846
Mesut Özil	19	0	884
Gustavo Varela	18	2	1025
Christian Pander	16	2	1311
Gerald Asamoah	13	2	522
Søren Larsen	11	0	190
Tim Hoogland	9	0	301
Sebastian Boenisch	8	0	218
Frank Rost	7	0	630
Alexander Baumjohann	1	0	26
Mathias Abel	1	0	10
Christian Erwig	1	0	4
Markus Heppke	1	0	1
Timo Kunert	1	0	1

SCORER-LISTE

Spieler	Tore + Vorlage	Scorerpunkte
Kevin Kuranyi	15+11	26
Lincoln	3+8	11
Peter Løvenkrands	6+4	10
Halil Altintop	6+3	9
Hamit Altintop	2+5	7
Marcelo Bordon	3+2	5
Rafinha	2+3	5
Levan Kobiashvili	3+1	4
Gerald Asamoah	2+2	4
Christian Pander	2+2	4
Gustavo Varela	2+2	4
Zlatan Bajramovic	2+1	3
Mladen Krstajic	1+0	1
Darío Rodríguez	1+0	1
Manuel Neuer	0+1	1
Mesut Özil	0+1	1

DFB-LIGAPOKAL 2006

Viertelfinale | 29.7.2006 (in Düsseldorf)
FC Schalke 04 – Bayer Leverkusen   1:1 (1:1) – 9:8 i.E.
Schalke: Rost – Varela (65. Boenisch), Bordon, Rodriguez (46. Abel), Kobiashvili – Hamit Altintop, Bajramovic – Özil (77. Baumjohann) – Halil Altintop, Larsen, Løvenkrands | **Leverkusen:** Butt – Castro, Haggui, Madouni, Stenman – Freier (65. Toure), Ramelow, Rolfes, Athirson (46. Babic) – Kießling, Barbarez | **Schiedsrichter:** Hamer (Luxemburg) | **Tore:** 0:1 Rodriguez (28./Eigentor), 1:1 Bordon (37.) | **Zuschauer:** 23.195 | **Gelbe Karten:** Castro, Rolfes, Madouni
Elfmeterschießen: Bajramovic schießt an den Pfosten, 0:1 Babic, 1:1 Boenisch, 1:2 Rolfes, Rost schießt an den Pfosten, Barbarez schießt über das Tor, 2:2 Kobiashvili, 2:3 Castro, 3:3 Larsen, Rost hält gegen Butt, 4:3 Halil Altintop, 4:4 Kießling, 5:4 Løvenkrands, 5:5 Toure, 6:5 Hamit Altintop, 6:6 Madouni, 7:6 Baumjohann, 7:7 Ramelow, 8:7 Abel, 8:8 Haggui, 9:8 Larsen, Babic verschießt

Halbfinale | 2.8.2006
FC Bayern München – FC Schalke 04   0:0 – 4:1 i.E.
Bayern: Rensing – Salihamidzic, Demichelis (46. Hummels), van Buyten, Lahm – Salihamidzic (70. Scholl), Ottl, Hargreaves, Schweinsteiger – Makaay, Podolski (76. Santa Cruz) | **Schalke:** Rost – Varela (90. Abel), Bordon, Rodriguez, Kobiashvili – Hamit Altintop, Bajramovic, Özil (46. Boenisch) – Halil Altintop, Larsen (67. Heppke), Løvenkrands | **Elfmeterschießen:** 1:0 Scholl, Rensing hält gegen Boenisch, 2:0 Hargreaves, Abel schießt übers Tor, 3:0 Santa Cruz, 3:1 Løvenkrands, 4:1 Sagnol | **Schiedsrichter:** Wagner (Hofheim) | **Zuschauer:** 40.000 | **Gelbe Karte:** Boenisch

DFB-POKAL 2006|07

1. Runde | 9.9.2006
Hansa Rostock II – FC Schalke 04   1:9 (0:5)
Rostock: Klandt – Kessler, Pohl, Jahn, Grundmann – Albert (85. Mauersberger), Anton Müller, Dojahn – Yelen (46. Pett) – Franke (55. Pieper), Buschke | **Schalke:** Rost – Rafinha, Abel, Bordon (65. Hamit Altintop), Krstajic – Varela, Lincoln, Ernst – Asamoah, Kuranyi (46. Halil Altintop), Løvenkrands (46. Larsen) | **Schiedsrichter:** Anklam (Hamburg) | **Tore:** 0:1 Kuranyi (12.), 0:2 Asamoah (15.), 0:3 Lincoln (21.), 0:4 Kuranyi (31.), 0:5 Asamoah (35.), 1:5 Franke (47.), 1:6 Bordon (56.), 1:7 Halil Altintop (63.), 1:8 Lincoln (73.), 1:9 Varela (83.) | **Zuschauer:** 3500 | **Gelbe Karte:** Buschke

2. Runde | 24.10.2006
1. FC Köln – FC Schalke 04   4:2 n.V. (2:2, 2:0)
Köln: Wessels – Haas, Mitreski, Alpay, Ehret (100. Cullmann) – Lagerblom – Gambino (91. Madsen), Broich, Cabanas – Scherz (75. Chihi), Novakovic | **Schalke:** Rost – Rafinha (106. Özil), Bordon (95. Hoogland), Rodriguez, Krstajic – Bajramovic – Hamit Altintop, Kobiashvili – Lincoln – Kuranyi (46. Løvenkrands), Halil Altintop | **Schiedsrichter:** Fandel (Kyllburg) | **Tore:** 1:0 Rodríguez (34./Eigentor), 2:0 Novakovic (36.), 2:1 Løvenkrands (55.), 2:2 Rodríguez (75.), 3:2 Broich (98.), 4:2 Chihi (111.) | **Zuschauer:** 50.000 (ausverkauft) | **Rote Karte:** Bajramovic (69./Tätlichkeit) | **Gelbe Karten:** Ehret, Novakovic – Rafinha, Rodríguez, Lincoln, Hamit Altintop

UEFA-CUP 2006|07

1. Runde | 13.9.2006
FC Schalke 04 – AS Nancy   1:0 (0:0)
Schalke: Rost – Rafinha (77. Hamit Altintop), Bordon, Rodriguez, Varela – Ernst, Bajramovic, Lincoln – Asamoah (63. Halil Altintop), Kuranyi, Løvenkrands (72. Larsen) | **Nancy:** Sorin – Chretien, Diakhate, Puygrenier, Sauget – Luiz – Duchemin (59. Nguemo/89. Biancalani), Berenguer, Brison – Zerka, Kim (57. Curbelo) | **Schiedsrichter:** Nicolai Vollquartz (Dänemark) | **Tor:** 1:0 Larsen (86.) | **Zuschauer:** 45.878 | **Gelbe Karten:** Ernst, Kuranyi – Sauget, Duchemin, Nguemo

28.9.2006
AS Nancy – FC Schalke 04   3:1 (2:0)
Nancy: Sorin – Chretien, Diakhate, Puygrenier, Sauget – Gavanon, Andre Luiz – Zerka (62. Duchemin), Dia (86. Biancalani), Kim (52. Berenguer) – Curbelo | **Schalke:** Rost – Rafinha (46. Asamoah/66. Løvenkrands), Bordon, Rodriguez, Kobiashvili – Hamit Altintop, Bajramovic, Lincoln, Özil (78. Varela) – Halil Altintop, Kuranyi | **Schiedsrichter:** Eduardo Iturralde Gonzalez (Spanien) | **Tore:** 1:0 Andre Luiz (19.), 2:0 Curbelo (25.), 3:0 Dia (70.), 3:1 Bordon (77.) | **Zuschauer:** 18.029 | **Gelb-Rote Karte:** Gavanon (90.+1./unsportliches Verhalten) | **Gelbe Karten:** Diakhate, Curbelo, Dia, Puygrenier – Rafinha, Kuranyi

Freunde, die zusammenstehen...

Schalke 04 und Phardol® Schmerz-Gel
mit dem bewährten Wirkstoff Ketoprofen:

- schmerzstillend, entzündungshemmend
- lässt Schwellungen wieder abklingen

Phardol® Schmerz-Gel zur gezielten Schmerzlinderung.

Phardol®Schmerz-Gel Wirkstoff: Ketoprofen **Anwendungsgebiete:** Zur äußerlichen Behandlung bei: schmerzhaften Schwellungen und Entzündungen der gelenknahen Weichteile (z.B. Sehnen, Sehnenscheiden, Bänder und Gelenkkapsel), insbesondere im Bereich der Schulter und des Ellenbogens, Sport- und Unfallverletzungen wie Prellungen, Verstauchungen, Zerrungen. **Pflichthinweis:** Zu Risiken und Nebenwirkungen lesen Sie die Packungsbeilage und fragen Sie Ihren Arzt oder Apotheker. **Stand der Information** September 2005. Apothekenpflichtig. Chemische Fabrik Kreussler & Co. GmbH, D-65203 Wiesbaden. www.kreussler.com

kreussler PHARMA

TESTSPIELE 2006 | 07

7.7.2006
SV Lippstadt 08 – FC Schalke 04   **1:3 (0:1)**
Schalke: Neuer (46. Lamczyk) – Heppke, Hoogland, Bordon (46. Rodriguez), Boenisch – Hamit Altintop (46. Kunert), Lincoln (46. Baumjohann), Bajramovic (46. Özil) – Halil Altintop (46. Larsen), Kuranyi, Kobiashvili | **Tore:** 0:1 Kuranyi (38.), 1:1 Mainka (74.), 1:2 Kobiashvili (77.), 1:3 Rodriguez (89.) | **Zuschauer:** 3000

12.7.2006 (in Karlsdorf)
FC Schalke 04 – Karlsruher SC   **2:0 (0:0)**
Schalke: Rost – Hoogland (46. Heppke), Abel, Bordon (46. Rodriguez), Boenisch (46. Kunert) – Bajramovic, Hamit Altintop (46. Baumjohann), Kobiashvili, Lincoln (46. Özil) – Halil Aliontop, Larsen (46. Kuranyi) | **Tore:** 1:0 Halil Altintop (48.), 2:0 Kobiashvili (62./Foulelfmeter) | **Zuschauer:** 5000

15.7.2006 (in Bad Radkersburg I AUT)
FC Schalke 04 – Sigma Olmütz   **0:1 (0:0)**
Schalke: Neuer – Abel, Bordon (67. Hoogland), Rodriguez (67. Heppke), Boenisch (46. Kunert) – Hamit Altintop (70. Klinger), Bajramovic (46. Özil), Kobiashvili – Lincoln (67. Baumjohann) – Halil Altintop, Kuranyi (46. Larsen) | **Tore:** 0:1 M. Hubnic (61.) | **Zuschauer:** 1000

19.7.2006
NK Maribor – FC Schalke 04   **1:1 (0:1)**
Schalke: Rost – Abel (70. Hoogland), Bordon (46. Varela), Rodriguez (82. Klinger), Boenisch – Bajramovic (46. Hamit Altintop), Lincoln (46. Özil), Kobiashvili (70. Kunert) – Halil Altintop (82. Baumjohann) – Kuranyi (46. Larsen), Løvenkrands (70. Heppke) | **Tore:** 0:1 Løvenkrands (16.), 1:1 Rakic (64.) | **Zuschauer:** 5000

23.7.2006
FC Schalke 04 – Ebbes Meister der Herzen   **5:2 (2:2)**
Schalke: Rost (46. Neuer) – Varela (46. Heppke), Bordon (46. Abel), Rodriguez (46. Hoogland), Boenisch (46. Klinger)– Hamit Altintop, Kobiashvili (46. Bajramovic) – Lincoln (46. Baumjohann) – Halil Altintop, Kuranyi (46. Larsen), Løvenkrands (46. Özil) | **Ebbes Meister der Herzen:** Reck (56. Lamczyk) – Latal, de Kock, Waldoch, Anderbrügge (60. Kmetsch) – Cziommer (68. Mulder), Thon – Seitz (80. Büskens), Wilmots (46. Glieder), Böhme (60. Möller) – Sand | **Tore:** 1:0 Lincoln (23.), 1:1 Sand (28.), 1:2 Anderbrügge (35.), 2:2 Kuranyi (45.), 3:2 Hoogland (50.), 4:2 Larsen (68.), 5:2 Larsen (72.) | **Zuschauer:** 59.919

25.7.2006 (in Baunatal)
FC Schalke 04 – Girondins Bordeaux   **3:1 (2:0)**
Schalke: Rost – Varela, Bordon (70. Hoogland), Rodriguez (61. Abel), Kobiashvili (70. Boenisch) – Hamit Altintop (61. Özil), Bajramovic (61. Kunert) – Lincoln – Halil Altintop (61. Larsen), Kuranyi (70. Heppke), Løvenkrands | **Tore:** 1:0 Varela (27.), 2:0 Halil Altintop (36.), 2:1 Darcheville (63.), 3:1 Løvenkrands (88.) | **Zuschauer:** 5000

7.8.2006
MSV Duisburg – FC Schalke 04   **1:2 (1:0)**
Schalke: Neuer – Rafinha (46. Varela), Abel, Krstajic (67. Hoogland), Boenisch (31. Klinger) – Ernst, Kunert (56. Özil), Lincoln – Asamoah (67. Heppke), Kuranyi, Løvenkrands (46. Halil Altintop) | **Tore:** 1:0 Lavric (24.), 1:1 Heppke (68.), 1:2 Kuranyi (83.) | **Zuschauer:** 16.103

15.8.2006 (2 x 35 Minuten)
FC Schalke 04 – Naumburger SV 05 4:1 (1:0)
Schalke: Lamczyk – Rafinha, Abel, Krstajic, Klinger (36. Kunert) – Hoogland, Ernst – Heppke, Baumjohann, Özil – Kuranyi (36. Lewejohann) | **Tore:** 0:1 Krause (24.), 1:1 Heppke (33.), 2:1 Lewejohann (60.), 3:1 Lewejohann (63.), 4:1 Özil (65.) | **Zuschauer:** 600

10.1.2007
KFC Uerdingen – FC Schalke 04 1:2 (0:0)
Schalke: Neuer (46. Fährmann) – Rafinha (46. Pander), Abel, Krstajic (46. Hoogland), Boenisch – Kobiashvili (46. Varela), Ernst, Hamit Altintop – Halil Altintop (46. Özil), Kuranyi, Løvenkrands | **Tore:** 1:0 Boenisch (47./Eigentor), 1:1 Pander (78.), 1:2 Varela (82.) | **Zuschauer:** 5123

14.1.2007
FC Utrecht – FC Schalke 04 1:1 (1:1)
Schalke: Fährmann (46. Neuer) – Rafinha, Bordon (46. Abel), Krstajic (46. Rodriguez), Pander (46. Boenisch) – Varela, Ernst (46. Hoogland), Özil, Lincoln (46. Hamit Altintop)– Halil Altintop, Kuranyi | **Tore:** 1:0 Nelisse (2.), 1:1 Varela (25.) | **Zuschauer:** 6000

17.1.2007
SSV Reutlingen – FC Schalke 04 1:4 (1:1)
Schalke: 1. Halbzeit: Neuer – Boenisch, Abel, Rodriguez, Pander – Hamit Altintop, Bajramovic, Kobiashvili – Varela, Kuranyi, Løvenkrands 2. Halbzeit: Fährmann – Hoogland, Abel, Krstajic, Rodriguez – Hamit Altintop, Ernst – Özil – Varela, Kuranyi, Boenisch | **Tore:** 0:1 Rodríguez (11.), 1:1 Haas (12.), 1:2 Hoogland (77.), 1:3 Varela (83.), 1:4 Özil (85.) **Zuschauer:** 10.000

20.1.2007
FC Schalke 04 – Zenit St. Petersburg 2:1 (2:1)
Schalke: Neuer – Rafinha, Bordon (46. Abel), Krstajic (46. Rodriguez), Pander (69. Boenisch) – Ernst (46. Bajramovic/69. Hoogland) – Varela (46. Hamit Altintop), Kobiashvili, Lincoln – Kuranyi, Halil Altintop (69. Özil) | **St. Petersburg:** Malafeev – Anukov (69. Panov), Hagen, Skrtel, Kim Dong (46. Lee Ho) – Radimov (46. Gorshkov) – Ricksen (46. Maximov), Sirl – Dominguez (30. Denisov) – Arshavin, Pogrebnyak | **Schiedsrichter:** Fischer (Hemer) | **Tore:** 1:0 Bordon (9.), 1:1 Pogrebnyak (19.), 2:1 Kuranyi (31.) | **Zuschauer:** 61.482 (ausverkauft)

LOGBUCH DER SAISON 2006|07

JULI

10.7. Gerald Asamoah unterstreicht bei der Verabschiedung der Nationalmannschaft auf der Berliner Fanmeile seinen Ruf als DJ des WM-Teams. Zusammen mit David Odonkor und Lukas Podolski stimmt er „Marmor, Stein und Eisen bricht" an und sorgt somit für Stimmung.

13.7. Im österreichischen Bad Radkersburg beziehen die Knappen ein achttägiges Trainingslager.

17.7. Marcelo Bordon übernimmt die Kapitänsbinde von Ebbe Sand. Der Mannschaftsrat, der aus Frank Rost, Fabian Ernst, Mladen Krstajic, Marcelo Bordon und Lincoln besteht, folgt der Empfehlung des Chef-Trainers Mirko Slomka. Stellvertretender Kapitän ist Fabian Ernst.

20.7. Die Zuschauer-Kapazität der VELTINS-Arena verringert sich um 42 Plätze auf 61.482. Der Grund für die Reduzierung liegt in einer Verbesserung des Komforts für Rollstuhlfahrer.

20.7. Vorstandsmitglied Peter Peters wird in den UEFA Ausschuss für Stadionbau und -management berufen.

23.7. Der „Schalke-Tag", der traditionelle Tag der offenen Tür der Knappen, findet seinen Höhepunkt im Abschiedsspiel für Ebbe Sand vor ausverkauftem Haus. Der Torjäger verabschiedet sich mit einem sehenswerten Treffer. Insgesamt kommen 100.000 Menschen in die VELTINS-Arena und sorgen so für einen neuen Besucherrekord. Der Schalker Fan-Club Verband wählt Rafinha (9083 Stimmen) vor Ebbe Sand (5173) und Marcelo Bordon (3247) zum „Spieler des Jahres".

29.7. Charly Neumann, der seit 30 Jahren Mannschaftsbetreuer bei den Knappen ist, wird 75 Jahre alt. Ihm wird eine besondere Ehre zuteil: Die Brücke, die vom Reha-Zentrum Medicos zur VELTINS-Arena führt, trägt künftig seinen Namen.

AUGUST

12.8. Doppeljubiläum für die VELTINS-Arena: einen Tag vor ihrem fünften Geburtstag begrüßt man zum Bundesliga-Auftakt gegen Eintracht Frankfurt den Stuttgarter S04-Fan Carsten Giesler als 10.000.000. Besucher der multifunktionalen Spielstätte.

22.8. Die Kampagne „Schalke spielt fair" zur Förderung der Idee des fairen Handels bleibt auch in der Saison 06/07 am Ball. In der vergangenen Spielzeit wurden vier Tonnen fair gehandelter Schalke-Kaffee abgesetzt.

22.8. Die Königsblauen erweitern ihren Trainerstab. Rouven Schirp stößt als zusätzlicher Konditionstrainer hinzu.

31.8. Mario Klinger verlässt den FC Schalke 04. Er wechselt zum KSV Hessen Kassel.

SEPTEMBER

11.9. Die Nationalmannschaft der Menschen mit Behinderung trainiert auf Schalke.

14.9. Acht Mitglieder der Pokalsiegerelf von 1972 sind Gäste des Vereins beim 1:0-Heimsieg im UEFA-Cup gegen den AS Nancy.

21.9. Das Fanprojekt „Schalke-Kids On Tour", das Jugendliche an Auswärtsfahrten mit den Knappen heranführt, feiert sein zehnjähriges Bestehen.

24.9. „NRW sagt Danke": Unter diesem Motto findet in der VELTINS-Arena ein letztes großes Fest zur Fußball-Weltmeisterschaft statt. Ministerpräsident Jürgen Rüttgers dankt den WM-Helfern für ihr Engagement. Gerald Asamoah erhält die Sportlerehrenmedaille des Landes NRW für herausragende Leistung bei Welt- und Europameisterschaften.

OKTOBER

6.10. Der FC Schalke 04 gewinnt mit dem russischen Erstligisten FC Zenit St. Petersburg einen neuen sportlichen Partner. Die weitreichende Kooperation beinhaltet neben der sportlichen Zusammenarbeit auch den Austausch von Know-how auf allen Gebieten.

10.10. Gazprom wird ab dem 1. Januar neuer Hauptsponsor. Der Vertrag mit dem weltweit größten Erdgaslieferanten läuft bis zum 30. Juni 2012. Möglich wird dieser Schritt auch durch den freiwilligen Rückzug des bisherigen Hauptsponsors Victoria, der dem Club als Co-Sponsor erhalten bleibt. „Wir sind sehr stolz darauf, dass sich einer der größten Energiekonzerne der Welt bewusst dafür entschieden hat, eine langfristige Verbindung mit Schalke 04 einzugehen, von der sich unser Partner großen Nutzen verspricht. Dies ist ein Beleg für das Ansehen, das unser Club in den vergangenen Jahren gerade auf internationaler Ebene gewonnen hat", sagt der 1. Vorsitzende Gerhard Rehberg.

21.10. Der ehemalige Zeug- und Platzwart der Glückauf-Kampfbahn Heinz Römer verstirbt im Alter von 77 Jahren. Über 35 Jahre war er für die Königsblauen tätig.

21.10. „Zeig Rassismus die rote Karte" heißt es in der VELTINS-Arena. Es ist ein besonderes Anliegen von Schalke 04 die Aktionen des deutschen Profifußballs gegen Rassismus und Diskriminierung zu unterstützen.

29.10. Jürgen Klein, der für die Knappen 27 Bundesligaspiele absolvierte, ist im Alter von 56 Jahren gestorben.

NOVEMBER

8.11. Peter Peters engagiert sich im Kampf gegen Rassismus. Der Geschäftsführer der Knappen wird die gemeinsam mit dem DFB gegründete Task Force gegen Gewalt und Rassismus unterstützen.

24.11. Der Mannschaftsbus fährt beim Heimspiel gegen den VfL Bochum erstmals eine spezielle königsblaue Route in die VELTINS-Arena. Der Mannschaftsbus steuert nicht wie üblich den Parkplatz P4 hinter der Südtribüne an, sondern fährt auf dem Arenaring innerhalb des Stadions bis zum Haupteingang vor. Durch das mobile Bad in der Menge nehmen die Spieler jede Menge zusätzliche positive Eindrücke auf dem Weg in die Kabine mit.

24.11. Schalke 04 setzt ein weiteres Signal gegen Diskriminierung auf dem Fußballplatz: Der Club unterstützt eine Aktion der Schalker Fan-Initiative e.V., des Supporters Club e.V. und des Schalker Fan-Club Verbandes anlässlich der FARE-Aktionswoche 2006, die mit einer Poster-Kampagne zu Toleranz gegenüber Homosexuellen aufruft.

29.11. Schalkes ehemaliger Trainer Max Merkel stirbt im Alter von 87 Jahren.

DEZEMBER

10.12. Die Partnerschaft mit Gazprom wird in der VELTINS-Arena sichtbar. Die Osttribüne des modernsten europäischen Stadions heißt nun Gazprom-Tribüne.

18.12. Der Innenverteidiger Gustavo Franchin Schiavolin, genannt Gustavo, gibt seine Zusage, zu den Knappen zu wechseln. Der 24-jährige Brasilianer unterschreibt einen Vertrag bis zum 30. Juni 2009.

21.12. Die Knappen stehen im Guinessbuch der Rekorde 2007. Die VELTINS-Arena war im Mai letzten Jahres Austragungsort des größten Kicker-Turniers der Welt. Insgesamt nahmen 1564 Spieler am Turnier in Gelsenkirchen teil.

JANUAR

4.1. Mirko Slomkas Bilanz nach einem Jahr als Chef-Trainer kann sich sehen lassen: 66 Punkte im Jahr 2006 sowie die Halbfinalteilnahme im Europapokal. Des Weiteren spielt die Slomka-Elf in dieser Saison die zweitbeste Hinserie in der Schalker Bundesliga Geschichte.

4.1. Alexander Baumjohann verlässt die Knappen. Er spielt fortan für Borussia Mönchengladbach.

4.1. Gustavo bekommt kalte Füße. Der Abwehrspieler erklärt, nun doch nicht für Schalke 04 spielen zu wollen.

5.1. Nach viereinhalb Jahren wechselt Torhüter Frank Rost vom FC Schalke 04 zum Hamburger SV.

9.1. Gazprom verzichtet bei den Testspielen auf die Trikotwerbung und schenkt die wertvolle Schalke-Brust dem Verein „Ein Herz für Kinder". Das Unternehmen spendet zudem 5000 Euro für jedes Tor, das in den Vorbereitungsspielen fällt.

15.1. Für ihr Engagement gegen Rassismus wird die königsblau angehauchte Initiative „dem ball iss egal, wer ihn tritt" vom Deutschen Fußball-Bund mit dem Julius-Hirsch-Preis 2006 ausgezeichnet. Die Preisträger hatten die Jury unter anderem mit ihrem Engagement im Rahmen des Fanprogramms zur WM 2006 sowie der Durchführung der Kampagne „Rote Karte gegen Rassismus" überzeugt.

18.1. www.schalke04.de ist nun neben der deutschen und englischen Sprache auch auf russisch abrufbar.

20.1. Die Partnerschaft zwischen dem Energie-Konzern Gazprom und dem FC Schalke 04 wird feierlich besiegelt. Schon vor dem Freundschaftsspiel gegen den FC Zenit St. Petersburg erfolgt das Highlight. Ein überdimensionales Trikot mit dem Schriftzug des neuen Hauptsponsors, dessen Oberkante unter dem Videowürfel befestigt ist, wird den Fans übergeben.

24.1. Anpfiff auf Abruf: Schalke 04 TV nimmt seinen Sendebetrieb auf. Spielzusammenfassungen sowie aktuelle Berichte sind ab sofort im Internet über die Video-on-Demand-Plattform Maxdome abrufbar.

30.1. Die VELTINS-Arena feiert ein weiteres Jubiläum: Das Heimspiel gegen Alemannia Aachen ist die 200. Veranstaltung in der multifunktionalen Spielstätte. Dabei wurden 10,825 Millionen Besucher seit 2001 gezählt.

31.1. Mathias Abel wird bis zum Saisonende an den Hamburger SV ausgeliehen.

FEBRUAR

8.2. Nach der WM-Enttäuschung krönt Kevin Kuranyi seine Rückkehr in die Nationalmannschaft beim 3:1 gegen die Schweiz mit einem Tor.

14.2. Hamit Altintop gibt bekannt, dass er die Knappen zum Saisonende verlassen wird und zu Bayern München wechselt.

26.2. Die Schalker U 19 wird als Mannschaft des Jahres ausgezeichnet. Die Nachwuchskicker der U 17 Andreas Wiegel und Marvin Pachan erhalten eine Stadtsportmedaille.

27.2. Gerald Asamoah ist zu schnell mit dem Auto unterwegs und wird geblitzt. Die Eile des Nationalspielers ist verständlich: Asamoah ist dem Weg zu seiner Ehefrau Linda, die gerade die Zwillinge Jada und Jaden zur Welt bringt.

MÄRZ

13.3. Heinz van den Berg wird das 60.000 Vereinsmitglied der Knappen.

15.3. Die Knappen verlängern den Vertrag mit Chef-Trainer Mirko Slomka bis zum 30. Juni 2009.

15.3. Schalkes Vorstandsmitglied Peter Peters wird zum Vizepräsidenten der Deutschen Fußball-Liga gewählt.

22.3. Eine Schalker Delegation mit dem gesamten Vorstand, dem Aufsichtsrats-Vorsitzenden Clemens Tönnies sowie Chef-Trainer Mirko Slomka und Spielmacher Lincoln besucht auf einer viertägigen Russland-Reise Sponsor Gazprom in Moskau sowie dessen Erdgas-Produktionsstätten in Sibirien.

24.3. Gerhard Rehberg gibt auf der Reise bekannt, dass er sein Amt auf der Jahreshauptversammlung am 18. Juni niederlegt. Clemens Tönnies erklärt, dass der Aufsichtsrat Josef Schnusenberg zu dessen Nachfolger bestellen wird.

27.3. Gute Nachricht für die Knappen: Rafinha verlängert seinen Vertrag vorzeitig bis zum 30. Juni 2011.

28.3. Torwart Heinz Kersting verstirbt im Alter von 83 Jahren. Er hütete von 1950 bis 1954 den Kasten der Königsblauen und bestritt 72 Oberligaspiele.

APRIL

5.4. Die Hörzeitung „Attacke S04" erweitert das Serviceangebot für blinde und sehbehinderte Fans.

15.4. Die U16- und die U17-Nachwuchsmannschaft des russischen Erstligisten Zenit St. Petersburg sind zehn Tage zu Gast auf Schalke.

16.4. Die Gesamtschule Berger Feld wird vom Deutschen Fußball-Bund zur Eliteschule des Fußballs ernannt. Die Schule ist enger Kooperationspartner der Knappen.

17.4. Eigengewächs Mathias Schober kehrt zurück. Der Torwart hat einen Vierjahresvertrag bis zum 30. Juni 2011 unterschrieben.

19.4. Die Vereinspolitik der vergangenen Jahre findet internationale Anerkennung: Laut dem US-Wirtschaftsmagazin Forbes ist der FC Schalke 04 der zehntwertvollste Verein der Welt. Die Wirtschaftsberatungsgesellschaft Deloitte führt die Knappen auf Platz 14 der umsatzstärksten Clubs.

19.4. Der „Blaue Brief", der Newsletter des FC Schalke 04, der seit Ende August 2006 erscheint, wird zum 50. Mal verschickt.

20.4. Die DFL erteilt Schalke 04 die Lizenz für die Saison 2007/08 ohne Auflagen und Bedingungen.

MAI

1.5. Der Schalker Vorstand, Clemens Tönnies sowie 120 Fans reisen zum russischen Partner Zenit St. Petersburg. Dort verfolgt man das 1:1 von Zenit im Heimspiel gegen Krylja Sovjetov.

7.5. Als „Koordinator für Leistungsdiagnostik, Konditionstraining und Reintegration verletzter Spieler" wird Professor Dr. Jürgen Freiwald den FC Schalke 04 ab sofort in offizieller Funktion beraten.

12.5. Derby Viewing ohne Happyend: Schalke 04 verliert mit einem 0:2 beim BVB die Tabellenführung. 61.000 (!) Fans drücken in der VELTINS-Arena vergeblich die Daumen.

21.5. Schalke 04 feiert mit den Eurofightern den 10. Jahrestag des UEFA-Cup-Sieges. Ob Jens Lehmann, Marc Wilmots, Youri Mulder oder Huub Stevens, die Eurofighter folgten der Einladung des Vereins in die VELTINS-Arena.

23.5. Zwei Tage nach Saisonschluss sind alle verfügbaren 43.935 Dauerkarten für die kommende Spielzeit vergriffen.

24.5. Das Theaterstück „RepuBlick AufSchalke" wird zum ersten Mal aufgeführt. Schirmherr des Projektes ist Schalkes 1. Vorsitzender Gerhard Rehberg.

25.5. Ein neuer Rekord: Die VELTINS-Arena knackt wieder die Millionenmarke. Seit dem Umzug in die neue Arena durfte der FC Schalke 04 zum sechsten Mal in Folge mehr als eine Million Zuschauer bei seinen 17 Bundesligaspielen begrüßen.

29.5. Manuel Neuer wird von seinen Bundesligakollegen zum besten Torhüter der abgelaufenen Spielzeit gewählt.

JUNI

4.6. Für einen guten Freund schnürt Tomasz Waldoch noch einmal die Fußballschuhe. Der Kapitän der Schalker Pokalsiegermannschaften 2001 und 2002 tritt drei Mal für den polnischen Zweitligisten Jagiellonia Bialystok an. Nach drei Siegen ist der Aufstieg perfekt und Waldoch kehrt nach Schalke zurück.

6.6. Dr. Thorsten Rarreck beendet nach acht Jahren seine Tätigkeit als Mannschaftsarzt des FC Schalke 04.

18.6. Bei der Jahreshauptversammlung wird Gerhard Rehberg mit stehenden Ovationen als 1. Vorsitzender verabschiedet und ohne Gegenstimme und Enthaltung zum Ehrenvorsitzenden gewählt. Josef Schnusenberg tritt am selben Abend Rehbergs Nachfolge an.

21.6. Um der starken Nachfrage nach einem Angebot auch für Fußballerinnen gerecht zu werden, schließt der FC Schalke 04 eine Kooperation mit dem 1. FFC Recklinghausen. Die Zusammenarbeit mit dem Frauenfußball-Verbandsligisten (4. Liga) wird zunächst für drei Jahre bis zum 30. Juni 2010 vereinbart.

DER AUFSICHTSRAT

VORSITZENDER

Clemens Tönnies
Von der Mitgliederversammlung bis 2010 gewählt. Geschäftsführender Gesellschafter Fa. Tönnies Fleisch, Rheda-Wiedenbrück.

STELLVERTRETENDER VORSITZENDER

Hans-Joachim Burdenski
Vom Sportbeirat bis 2010 berufen. Städtischer Verwaltungsdirektor, Leiter des städtischen Amts für Liegenschaften, Wohnungswesen und Sport, Gelsenkirchen.

WEITERE MITGLIEDER

Karl-Heinz Beul jun.
Vom Aufsichtsrat bis 2008 kooptiert. Geschäftsführer, Attendorn.

Dr. Jens Buchta
Von der Mitgliederversammlung bis 2008 gewählt. Rechtsanwalt, Kaarst.

Peter Lange
Von der Mitgliederversammlung bis 2009 gewählt. Unternehmensberater, Mühlheim/Ruhr.

Detlef Ernsting
Von der Mitgliederversammlung bis 2010 gewählt. Kapitalanlagen-Controler, Metelen.

Horst Poganaz
Vom Aufsichtsrat bis 2008 kooptiert. Generalbevollmächtigter Sportsponsoring der Victoria Versicherung, Düsseldorf.

Rolf Rojek
Vom Schalker Fan-Club Verband bis 2010 berufen. Selbstständiger Kaufmann, Gelsenkirchen.

Dr. Carl Albrecht Schade
Von der Mitgliederversammlung bis 2009 gewählt. Geschäftsführer Dr. Schade GmbH & Co. KG, Düsseldorf.

Olaf Thon
Von der Mitgliederversammlung bis 2008 gewählt. Ex-Nationalspieler, Fußball-Lehrer und Unternehmensberater.

VEREIN

VEREINSGREMIEN DES FC SCHALKE 04

EHRENPRÄSIDIUM

EHREN-VORSITZENDER

Gerhard Rehberg

Peter Post

STELLV. VORSITZENDER

Herbert Schmitz

Dr. Ingo Westen

STELLV. VORSITZENDER

Günter Siebert

EHRENRAT

VORSITZENDER

Hans-Joachim Dohm

STELLV. VORSITZENDER

Volker Stuckmann

Dieter Basdorf

Hans Kleine-Büning

Manfred Kreuz

Heiner Kördell

Dr. Peter Paziorek

Charly Neumann

Dr. Herbert Tegenthoff

WAHLAUSSCHUSS

VORSITZENDE

Dr. Eva-Maria John

MITGLIEDER

Wolfgang Berger

Eberhard Bergjohann

Birgit Feldbrügge

Dirk Oberschulte-Beckmann

Lisa Sonntag

Klaus-Peter Wömpner

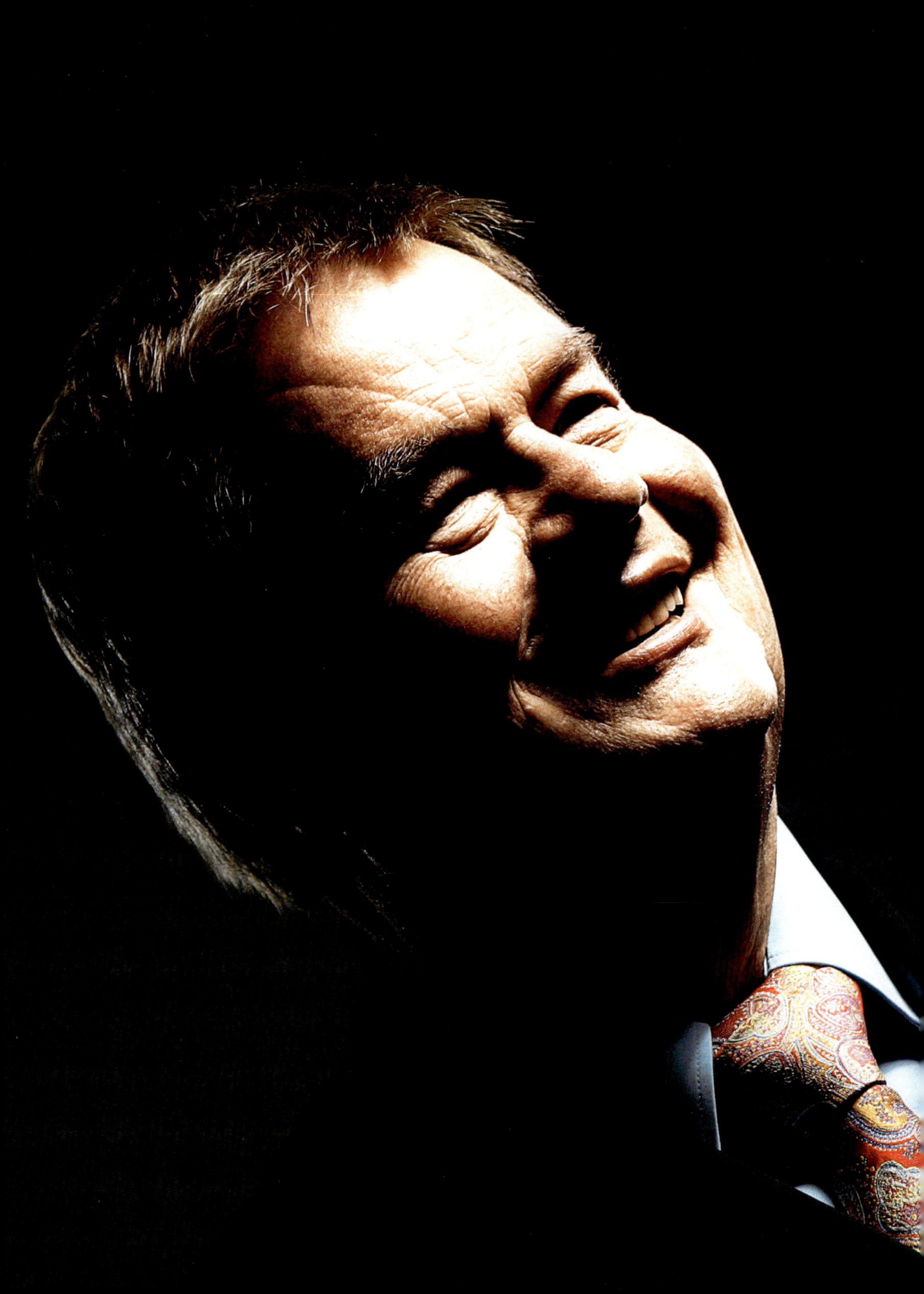

JOSEF SCHNUSENBERG ÜBER SEINE AUFGABE ALS VORSITZENDER DES FC SCHALKE 04

WOLLEN EIN GUT GEFÜHRTES UNTERNEHMEN MIT SOZIALER VERANTWORTUNG SEIN

ER IST NEU UND DABEI DOCH SCHON SO LANGE DABEI: SEIT 1994 FUNGIERT JOSEF SCHNUSENBERG ALS „FINANZMINISTER" IM VORSTAND DER KÖNIGSBLAUEN. SEIT DEM 18. JUNI 2007 HAT ER ZUDEM DAS AMT DES VORSITZENDEN BEIM FC SCHALKE 04 INNE. WELCHE ZIELE SICH DER 66-JÄHRIGE BEI SEINER NEUEN TÄTIGKEIT GESETZT HAT, WIE ER DEN VEREIN GRUNDSÄTZLICH AUFGESTELLT SIEHT UND WARUM SCHALKE SCHON SEIT FRÜHESTER KINDHEIT EINE ROLLE IN SEINEM LEBEN SPIELT, SCHILDERT JOSEF SCHNUSENBERG IN FOLGENDEM INTERVIEW.

Bei Ihrer Antrittsrede als Vorsitzender bei der Jahreshauptversammlung sagten Sie, für einen Fußballfunktionär gebe es nichts Höheres als dieses Amt bei Schalke 04 zu bekleiden. Wie viel eigenes Gefühlsleben steckte in diesem Satz? Sehr viel, denn es macht mich wirklich ungeheuer stolz, für diese Position als würdig erachtet zu werden. Als ich vor Jahrzehnten im Amateursport bei der TSG Rheda eine Aufgabe als Verantwortlicher übernommen habe, war es schon mein Ziel, im Sport auf dieser Ebene mehr zu tun. Dass ich einmal einer von 18 Präsidenten in der Bundesliga sein würde, so weit habe ich damals sicherlich nicht geplant. Aber ich bin ein gläubiger Mensch und halte es mit der Weisheit von Don Camillo: Wem Gott ein Amt gibt, dem traut er das auch zu.

Sie sind nun erster Mann eines großen Traditionsclubs, der für Millionen von Menschen wichtiger Lebensinhalt ist, Nachfolger großer Präsidenten wie Fritz Unkel und nun auch Gerhard Rehberg. Bekommt man ein wenig Ehrfurcht vor der Geschichte? Natürlich muss ich lernen, mit dieser Aufgabe umzugehen und habe großen Respekt vor der Lebensleistung meiner Vorgänger. Gerhard Rehberg wurde 1994 der Vorsitzende, als das Amt nach der Geschichte um Helmut Kremers einen denkbar schlechten Ruf hatte. Ohne ihn wäre der Club damals vermutlich nicht zu retten gewesen. Er war aufgrund seines Charakters und seiner Vita als Bürgermeister der Stadt die Idealfigur, um zu diesem Zeitpunkt wieder Vertrauen zum Verein aufzubauen. Auf der anderen Seite muss jeder sein Amt so ausführen, wie es für richtig hält. Ich bin nun bereits seit fast 13 Jahren im Vorstand als stellvertretender Vorsitzender tätig, habe die Geschicke des Vereins mitgestaltet und mich in den letzten sechs Jahren auch immer stärker ins Tagesgeschäft eingebracht. Ich habe bei Transferverhandlungen mitgewirkt und federführend die Stadionfinanzierung gemacht. Insofern ist der nun erfolgte Schritt für mich sicherlich nicht so groß wie er damals für Gerhard Rehberg war. >>

Haben Sie festgestellt, dass Sie in der neuen Funktion anders wahrgenommen werden? Ja, zum Beispiel, als ich mich beim Trainingsauftakt auf den Weg von der Geschäftsstelle zur Kabine machte. Da gab es Kommentare wie: „Guck mal, da ist der Neue!" (lacht) Aber ich hatte schon vorher ein hohes Standing bei unseren Fans und hätte mich auch unter den Spielregeln vor 1994 bei der Berufung zum 1. Vorsitzenden gerne dem Votum unserer Mitglieder gestellt. Und noch etwas ist mir aufgefallen: Gerade man meiner Heimat in Ostwestfalen hat man es mit sichtlichem Stolz registriert, dass einer von ihnen nun dieses Amt bei Schalke 04 ausübt.

Wann und wie haben Sie erfahren, dass Sie der Aufsichtsrat als neuen ersten Mann des Vereins ausgeguckt hatte? Es war ja bekannt, dass Gerhard Rehberg dieses Amt nach dem Rücktritt von Rudi Assauer im vergangenen Jahr nur noch bis zum Ende der Saison 06/07 ausüben würde. Ich hatte schon daran Interesse, zumal es ja nicht so schrecklich viele Alternativen gab. Mit dem Aufsichtsrats-Vorsitzenden Clemens Tönnies bespreche ich mich ja täglich. Eines Tages schob er beiläufig ein: „Josef, willst du nicht Präsident werden?" Ich sagte: „Ja." Und damit war das Gespräch zu diesem Thema an diesem Tag beendet und Clemens Tönnies schlug mich dem Aufsichtsrat als Nachfolger von Gerd Rehberg vor.

Nach dem Ausscheiden von Gerhard Rehberg gehören dem Vorstand nun drei Personen an. Was bedeutet dies für die Zusammenarbeit? Diese ändert sich grundsätzlich nichts. Jeder hat zunächst einmal seinen Arbeitsbereich, den er selbstständig führt. Peter Peters ist für Geschäftsführung und Marketing, Andreas Müller für den sportlichen Bereich und ich für die Finanzen und das Personal zuständig. In den 13 Jahren meiner Vorstandstätigkeit kann ich mich an keinen Beschluss erinnern, der nicht einvernehmlich getroffen wurde.

Wie würden Sie Ihre Regierungserklärung formulieren? Ich habe hohe Ziele. In Teamarbeit mit meinen Vorstandskollegen Peter Peters und Andreas Müller muss es unser Ziel sein, uns im sportlichen Bereich national dauerhaft in der Spitze zu etablieren und international noch bekannter zu machen als wir es ohnehin schon sind. In wirtschaftlicher Hinsicht werde ich weiterhin unermüdlich um Verständnis dafür werben, dass das, was wir tun, wohlüberlegt ist. Schalke 04 soll ein gut geführtes Wirtschaftsunternehmen bleiben, in dem Fußball die zentrale Rolle spielt. Aber ich will unsere soziale Aufgabe als Teil der Stadt Gelsenkirchen stärker betonen.

Wie? Wir haben eine gute Idee unseres Aufsichtsrats-Mitglieds Peter Lange umgesetzt und die Stiftung „Schalke hilft" gegründet. Durch Spenden und Einnahmen aus Freundschaftsspielen unserer Mannschaft wollen wir vor der eigenen Haustür helfen.

Die im Oktober 2006 geschlossene Partnerschaft mit dem Weltkonzern Gazprom sorgte für Aufsehen. Welches Zwischenfazit ziehen Sie nach den ersten neun Monaten der Zusammenarbeit? Diese Beziehung ist in jeder Hinsicht mit Leben erfüllt. Wir haben einen Vertrag mit Gazprom Germania geschlossen, deswegen sind unsere häufigsten Ansprechpartner Hans-Joachim Gornig und Dr. Claus Bergschneider – besser als mit ihnen kann eine Zusammenarbeit nicht funktionieren. Da wird nichts aufgezwungen, man hört auf unsere Ratschläge und erarbeitet gemeinschaftlich die nächsten Projekte. Nicht anders ist es, wenn wir mit Gazprom-Chef Alexej Miller, Alexander Medvedev oder Sergej Fursenko, der auch Präsident von Zenit St. Petersburg ist, zusammentreffen. Was die Zusammenarbeit mit einem in Russland beheimateten Unternehmen betrifft, hatte ich persönlich ohnehin nie Skepsis. Russland ist für mich das Volk großer Schriftsteller wie Fjodor Dostojewski und Leo Tolstoi. Auch wenn der Weg aufgrund der Geschichte des Landes sicherlich ein beschwerlicher ist: In Russland wächst ein zartes Pflänzchen der Freiheit, das es nun zu pflegen gilt. Eine Zusammenarbeit von Gazprom und Schalke ist da aus meiner Sicht hilfreich.

Was bedeutet ein so großer Partner wie Gazprom für die mittelfristige sportliche Strategie von Schalke 04? Der Vertrag mit Gazprom gibt uns Planungssicherheit bis 2012, eine Teilnahme an der Champions League nur für eine Saison. Man sollte aber nicht vergessen, dass wir dank der hervorragenden Arbeit unseres Marketingleiters Andreas Steiniger auch mit wichtigen großen Partnern wie Victoria, Veltins und adidas langfristige Verträge geschlossen haben. Das alles muss man bedenken, wenn man plant und z.B. Toptransfers in Erwägung zieht. Hier gibt es jedoch eine Schmerzgrenze, über die wir nicht hinausgehen. In zwei, drei Jahren werden wir diese sicherlich wieder ein wenig zu unseren Gunsten verschoben haben. Das wird auch nötig sein, denn in unserem Kader gibt es zwei große Gruppen: zum einen erfahrene Leistungsträger wie Marcelo Bordon oder Mladen Krstajic. Auch Levan Kobiashvili zähle ich dazu. Dazu verfügen wir über sehr viele hoffnungsvolle junge Spieler aus dem eigenen Nachwuchs wie Manuel Neuer, Christian Pander,

Mesut Özil oder Sebastian Boenisch, aber auch Jungs mit großem Potenzial von außen wie Rafinha, Halil Altintop oder die Neuzugänge Heiko Westermann, Ivan Rakitic und Jermaine Jones. Das ist eine gute Mischung von Jung und Alt, zu der wir künftig gern den ein oder anderen internationalen Klassemann hinzufügen würden, um auch in der Champions League eine gute Rolle spielen zu können.

Fürchten Sie, dass mögliche Nachwirkungen der verpassten Meisterschaft eine Belastung für die kommende Saison sein könnten? Nein. Die Situation ist mit der von 2001 nicht zu vergleichen. Damals gab es Spieler, die den schweren Schlag, mit dem letzten Schuss der Saison den Titel entrissen zu bekommen, bis zum Ende ihrer Karriere nie mehr richtig verkraftet haben. Die ersten Eindrücke der Vorbereitung haben mich bestärkt: Unsere heutige Mannschaft indes schaut nach vorn und nicht zurück. Und das muss auch so sein: Von zu viel Ärger bekommt man Magengeschwüre, von zu viel Weinen ein langes Gesicht. Beides ist nicht schön und hilft auch nicht weiter.

Hilft die Herausforderung Champions League bei diesem Prozess? Davon bin ich überzeugt. Bei unserem letzten Anlauf 2005 fehlte uns in den sechs Gruppenspielen nur ein weiteres Tor zum richtigen Zeitpunkt, um ins Achtelfinale zu kommen. Und es muss doch Spaß machen, sich mit den besten Mannschaften Europas messen zu dürfen, wenn ich allein daran denke, mit was für einem Angriff der FC Barcelona in der kommenden Saison antritt...

Sie sind 1. Vorsitzender geworden, aber Schalkes Finanzminister geblieben. Welche Kennzahlen muss man beachten, um die wirtschaftliche Lage zu beschreiben? Vor allem muss man bedenken, dass wir einen Finanzplan aufgestellt haben, den wir einhalten. Langfristige Investitionen werden langfristig finanziert. Das bedeutet für Schalke 04: Wir werden die verbliebenen 81 Millionen Euro für die Anleihe verabredungsgemäß bis 2027 tilgen, die 97 Millionen Euro für die Arena sind bis 2016 – zwei Jahre früher als ursprünglich geplant – abbezahlt. Dann gehören uns 70 Prozent der Anteile des Stadions, was unsere Liquidität zu diesem Zeitpunkt noch einmal erheblich ansteigen lässt. Dazu kommt eine Hypothek von sechs Millionen Euro auf die Geschäftsstelle, die wir in etwa zehn Jahren plangemäß abbezahlt haben. All dies kann Schalke 04 aufgrund seines Potenzials schultern und gleichzeitig eine Mannschaft stellen, die in der Lage ist, an der Spitze der Bundesliga mitzumischen. Am Ende dieses Prozesses haben wir erhebliche Werte für den Verein geschaffen, die tatsächlich auch ihm gehören.

Bleibt das in Zeiten eines Roman Abramovich, der den FC Chelsea besitzt, so? Das ist sogar eine Bedingung, von der ich meine Tätigkeit für Schalke abhängig mache. Schalke 04 darf nie ein Spielball großer Investoren werden. Ich kann mich noch genau daran erinnern, als wir mit unseren amerikanischen Partnern über die Anleihe sprachen. Deren erste Frage lautete: „To whom belongs this club?" Wem gehört der Verein? Die wollten die Antwort „niemand oder allen Mitgliedern und Fans, wie man es nimmt, aber man kann ihn nicht kaufen oder verkaufen" gar nicht glauben. Aber sie hatten Vertrauen zu uns und haben erkannt, dass es genau deswegen bei uns funktioniert.

Diesem Verein, der ihnen mittlerweile so ans Herz gewachsen ist, haben Sie sich erst sehr spät zugewandt. Dabei spielte Schalke bei Ihnen schon in ganz jungen Jahren eine gewisse Rolle. Tatsächlich hat mich unser verstorbener Präsident Bernd Tönnies mit den Worten „Wenn ich Präsident werde, wirst du mein Schatzmeister!" nach Schalke geholt. Aber die erste Berührung gab es unmittelbar nach dem Zweiten Weltkrieg 1946, als wir auf unserem Gut Gewekenhorst Evakuierte als Gelsenkirchen aufnehmen mussten, die Familie Magersuppe. Mit deren Jungs Werner und Dieter verstand ich mich sehr gut. Vor allem Dieter war ein richtig guter Fußballer und dessen Vater gab vor, bei Schalke gespielt zu haben. Als damals Schalke 04 – ich erinnere mich an Herbert Burdenski und Hans Klodt – zu einem der Kartoffelspiele bei der TSG Rheda antrat, war ich natürlich auch da. Dann wollten Dieter und Werner, dass ich mit ihnen gemeinsam in einen Fußballverein in Rheda eintrete. Für meine Mutter war die „Hemdsärmeligkeit" unserer Gelsenkirchener Untermieter allerdings zu gewöhnungsbedürftig. Deswegen hat sie mir den Fußballvereinseintritt mit den Magersuppe-Jungs untersagt. Unserer Freundschaft hat das allerdings keinen Abbruch getan. <

JOSEF SCHNUSENBERG
VORSITZENDER

JOSEF SCHNUSENBERG

Privates

Geburtsdatum:	16.2.1941
Sternzeichen:	Wassermann
Geburtsort:	St. Vit
Nationalität:	deutsch
Körpergröße:	1,89 m
Gewicht:	90 kg
Schuhgröße:	45 (10,5)
Frau:	Elsbeth
Kinder:	Stefanie, Oliver
Schulabschluss:	Abitur
Erlernter Beruf:	Dipl.-Finanzwirt

Beruflicher Werdegang:
1961-1964 Landesfinanzakademie NRW Nordkirchen
1964-1966 Finanzverwaltung NRW
Seit 15.5.1969 selbstständiger Steuerberater mit eigener Kanzlei, 2004 Einstieg von Tochter Stefanie als gleichberechtigte Partnerin

Sportliches:

Funktion: Vorsitzender

Auf Schalke seit: 12.12.1994
Ende der Amtszeit: 30.9.2010

Tätigkeit auf Schalke:
1994-2007 Stellvertretender Vorsitzender

Was war für Sie der beste Moment der vergangenen Saison? Der Sieg bei Werder Bremen im Weserstadion. Das war das beste Spiel unserer Mannschaft in der vergangenen Saison.
... und außerhalb des Platzes? Als ich am 18. Juni Präsident von Schalke 04 wurde.
Was macht für Sie den Reiz der Champions League aus? Die Champions League ist etwas ganz Besonderes. Es ist das Höchste im europäischen Fußball – und wir gehören dazu. Außerdem ist die Atmosphäre in der Königsklasse immer einmalig.
Wie sieht Ihre Taktik beim Fußball an der PlayStation aus? Meine Enkeltochter, die acht Jahre alt ist, hat sich vorgenommen, mir im Urlaub das Spielen an der PlayStation beizubringen.
Welche DVD ist so gut, dass Sie sich diese häufiger anschauen? „Stirb langsam": Die Filme haben zwar nichts mit der Realität zu tun, aber durch die Action und die Sprüche kann ich besonders gut entspannen.
Ein perfekter freier Tag sieht für mich so aus: Ich stehe wie gewöhnlich um 6.30 Uhr auf und frühstücke zusammen mit der ganzen Familie. Anschließend unternehme ich etwas mit meinen Enkelkindern. Am Nachmittag lese ich ein gutes Buch oder schaue mir einen Film an. Abends gehe ich dann mit meiner Familie gut essen.
An welche SMS können Sie sich gut erinnern? Als ich vom Aufsichtsratsvorsitzenden gefragt wurde, ob er mich nun tatsächlich als Präsidenten vorschlagen darf.
Was war Ihr erstes Auto? Ein gelber VW-Käfer: Ich habe ihn mir 1969 für 2600 DM gekauft. Das Geld musste ich mir von meinem Schwiegervater leihen.
Welches Konzert hat Sie zuletzt begeistert? Das war ein Literatur- und Musikabend in der Fürstlichen Orangerie in Rheda.
Über welches Geschenk, das Ihnen gemacht wurde, haben Sie sich am meisten gefreut? Besonders habe ich mich über ein selbst gemaltes Bild meiner Enkeltöchter gefreut. Das Bild zeigt die ganze Familie.
Welches Gericht können Sie am besten kochen? Ich kann überhaupt nicht kochen. Ich bin da etwas konservativ.
Was ist schlimmer als 50 Jahre ohne Meisterschaft? Es gibt nichts Schlimmeres, aber vielleicht kommt es ja gar nicht dazu...
Welchen Klingelton haben Sie auf Ihrem Handy? Ich habe einen ganz normalen Klingelton, nichts Besonderes.

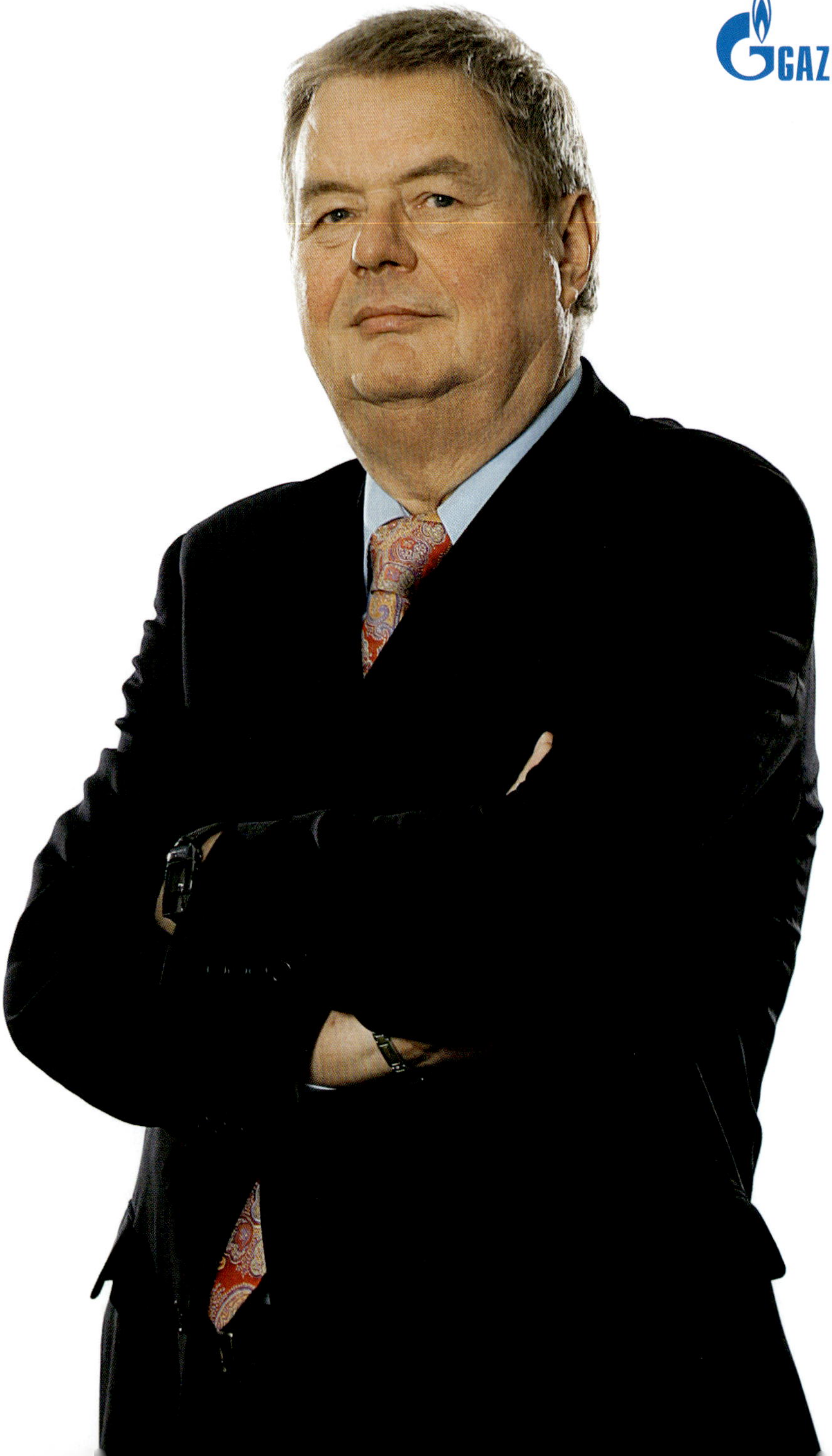

GAZPROM

PETER PETERS
GESCHÄFTSFÜHRER

PETER PETERS

Privates

Geburtsdatum:	21.6.1962
Sternzeichen:	Zwilling
Geburtsort:	Ochtendung
Nationalität:	deutsch
Körpergröße:	1,83 m
Gewicht:	82 kg
Schuhgröße:	42 (8)
Frau:	Sabine
Kinder:	Sonja, Fabian
Schulabschluss:	Abitur
Erlernter Beruf:	Diplom-Kaufmann, Redakteur

Beruflicher Werdegang:
1987-1989 Fußballchef RevierSport
1989-1990 Volontariat Westfälische Rundschau
1990-1991 Sportredakteur WAZ Dortmund
1991-1993 Stellvertretender Geschäftsführer
1. FC Kaiserslautern
Seit dem 28. Juni 1993 Geschäftsführer FC Schalke 04, seit 1994 hauptamtliches Vorstandsmitglied, seit 1998 Geschäftsführer der Arena-Gesellschaften

Sportliches:
Funktion: Geschäftsführer

Auf Schalke seit: 28.6.1993
Vertragsende: 30.9.2010

Was war für Sie der beste Moment der vergangenen Saison? Als Energie Cottbus am letzten Spieltag in Stuttgart in Führung ging. Da machte sich eine gigantische Stimmung voller Hoffnung in der Arena breit, die tief unter die Haut ging. Die Hoffnung auf die Meisterschaft war wieder da, leider nur für wenige Minuten.
... und außerhalb des Platzes? Das erste Tor meines Sohnes Fabian in einem F-Jugend-Spiel.
Was macht für Sie den Reiz der Champions League aus? Die einzigartige Atmosphäre in den Stadien. Jeder Teilnehmer gehört zu den Besten in Europa. Dass wird wieder dabei sind, macht mich als Schalker stolz.
Wie sieht Ihre Taktik beim Fußball an der PlayStation aus? Ich spiele nicht an der PlayStation. Fußball sehe ich am liebsten auf dem grünen Rasen.
Welche DVD ist so gut, dass Sie sich diese häufiger anschauen? Mir gefällt der Film „Der mit dem Wolf tanzt" sehr gut. Er strahlt ein Gefühl von unendlicher Freiheit aus. Ich hätte gern zu jener Zeit in Amerika gelebt.
Ein perfekter freier Tag sieht für mich so aus: Mit Freunden an einem lauen Sommerabend auf der Terrasse sitzen und gemeinsam ein kaltes Bier oder ein Gläschen Wein genießen. Und das Handy ist ausgeschaltet...
An welche SMS können Sie sich gut erinnern? Nach dem Sieg gegen Bielefeld habe ich eine SMS an Freunde und Bekannte geschrieben, die uns die Daumen gedrückt haben: Ich bin stolz auf meinen Verein!
Was war Ihr erstes Auto? Ein weißer VW Golf. Mein Vater hat ihn mir zum bestandenen Abitur geschenkt.
Welches Konzert hat Sie zuletzt begeistert? Udo Jürgens im Essener Grugapark: ohne Orchester, allein am Klavier. Der sehr persönliche Charakter hat mich und meine Frau Sabine entsprechend fasziniert.
Über welches Geschenk, das Ihnen gemacht wurde, haben Sie sich am meisten gefreut? Ich freue mich, dass ich für Schalke arbeiten darf. Das ist sozusagen mein permanentes Geschenk, das hoffentlich nie endet.
Welches Gericht können Sie am besten kochen? Ich bereite am besten Rührei am Sonntagmorgen zu.
Was ist schlimmer als 50 Jahre ohne Meisterschaft? Ist das überhaupt so schlimm wie viele tun und andere uns gern einreden möchten? Gemeinsam haben wir seit 1994 schon viele wunderschöne Erfolge und Titel gefeiert.
Welchen Klingelton haben Sie auf Ihrem Handy? Am liebsten hätte ich die Erkennungsmelodie von „Dalli-Dalli", weil mir mein Handy keinen anderen Auftrag erteilt. Mein derzeitiger Klingelton heißt „You'd better".

ANDREAS MÜLLER
MANAGER

ANDREAS MÜLLER

Privates

Geburtsdatum:	13.12.1962
Sternzeichen:	Schütze
Geburtsort:	Stuttgart
Nationalität:	deutsch
Körpergröße:	1,80 m
Gewicht:	78 kg
Schuhgröße:	44 (9,5)
Frau:	Petra
Kinder:	Mats Nicolas, Miles Niklas
Schulabschluss:	Abitur

Sportliches:

Funktion: Manager

Bisherige Vereine:

als Spieler:

1971-1974 TB Ruit
1974-1975 VfB Wolfschlugen
1975-1979 TB Neckarhausen
1979-1980 FV Nürtingen
1980-1987 VfB Stuttgart
1987-1988 Hannover 96
1988-2000 FC Schalke 04

als Verantwortlicher:

2000-2006 Teammanager FC Schalke 04

Auf Schalke seit: 1.7.1988
Vertragsende: 30.9.2008

Bundesliga:
338 Spiele | 32 Tore
für Schalke: 200 | 17
für Hannover: 27 | 2
für Stuttgart: 111 | 13
Europapokal:
25 Spiele | 0 Tore
für Schalke: 18 | 0
für Stuttgart: 7 | 0
Erfolge:
als Spieler:
UEFA-Cup-Sieger (1997)
Deutscher Meister (1984)
als Teammanager:
Deutscher Pokalsieger (2001, 2002)

Was war für Sie der beste Moment der vergangenen Saison? Kobis Tor gegen Bayern. Man kann ja anhand der Bilder im Fernsehen sehen: Das war auch für mich ein sehr emotionaler Moment.

... und außerhalb des Platzes? Endlich mal wieder zwei Wochen Sommerurlaub mit der Familie.

Was macht für Sie den Reiz der Champions League aus? Ein perfekt organisierter Wettbewerb, der uns die Top-Teams und Top-Spieler des Kontinents in die VELTINS-Arena bringt und der vom fußballerischen Niveau her das absolute Nonplusultra darstellt.

Welchen Beruf hätten Sie ergriffen, wenn Sie nicht Profifußballer geworden wären? Ich bin natürlich sehr früh Profifußballer geworden, aber als Kind wollte ich immer gerne Pilot werden.

Wie sieht Ihre Taktik beim Fußball an der PlayStation aus? Ich spiele so etwas nicht – und kann es demzufolge auch nicht.

Welche DVD ist so gut, dass Sie sich diese häufiger anschauen? Das Konzert von Robbie Williams live in Knebworth.

Ein perfekter freier Tag sieht für mich so aus: Freie Tage sind für mich ganz selten. Und wenn dann mal einer kommt, dann widme ich ihn ganz meiner Familie.

An welche SMS können Sie sich gut erinnern? Mir fällt keine besondere ein, dafür bekomme ich einfach zu viele.

Was war Ihr erstes Auto? Ein Ford Capri.

Welches Konzert hat Sie zuletzt begeistert? Das der Toten Hosen in deren Heimatstadt Düsseldorf. Dort war ich mit meinen beiden Söhnen und uns haben nicht nur die Lieder, z.B. „You'll never walk alone", gefallen, in denen es um Fußball ging.

Über welches Geschenk, das Ihnen gemacht wurde, haben Sie sich am meisten gefreut? Über einen Ring von meiner Frau.

Welches Gericht können Sie am besten kochen? Als Schwabe natürlich Spätzle.

Was ist schlimmer als 50 Jahre ohne Meisterschaft? Keine Leidenschaft für den Fußball zu spüren.

Welchen Klingelton haben Sie auf Ihrem Handy? Keinen besonderen.

GAZPROM

GAZPROM

ERIK STOFFELSHAUS
TEAMMANAGER

ERIK STOFFELSHAUS

Privates

Geburtsdatum:	14.12.1970
Sternzeichen:	Schütze
Geburtsort:	Mülheim an der Ruhr
Nationalität:	deutsch
Körpergröße:	1,83 m
Gewicht:	78 kg
Schuhgröße:	42 2/3 (8,5)
Freundin:	Doreen
Kind:	Jan Erik
Schulabschluss:	Abitur
Erlernter Beruf:	

Industriekaufmann
Sportstudium an der Ruhr-Universität Bochum

Sportliches

Funktion:	Teammanager

Sportliche Laufbahn:

1986 Deutscher Vizemeister (U16) im Amateurboxen

5 Einsätze für die deutsche Box-Junioren-Nationalmannschaft

1998-2000: Trainer U11/U12 Nachwuchsabteilung S04

2000-2006: Assistent Management der S04-Nachwuchsabteilung

Auf Schalke seit: 1.7.1998

Was war für Sie der beste Moment der vergangenen Saison? Von vielen guten Momenten war der beeindruckendste der am 5. November 2006 gegen Bayern: 19:04 Minuten Schweigen, wenig später hämmert Kobi den Ball in den Winkel! Die Arena tobt, absolute Gänsehaut-Atmosphäre!

... und außerhalb des Platzes? Als mein Sohn Jan Erik im Schwimmen das Seepferdchen machte.

Was macht für Sie den Reiz der Champions League aus? Zu sehen, wie die besten Teams Europas beim geilsten Club der Welt in unserer VELTINS-Arena antreten.

Welchen Beruf hätten Sie ergriffen, wenn Sie nicht im Profi-Fußball tätig wären? Durch mein Sportstudium bestimmt etwas im Bereich Sport. Meine größte Leidenschaft war der Job als Trainer im Nachwuchsbereich des S04. Junge Talente zu trainieren ist einfach großartig!

Wie sieht Ihre Taktik beim Fußball an der PlayStation aus? Fußball an der PlayStation gehört nicht unbedingt zu meinen Favoriten. Ich kann mich eher am Autorennspiel Gran Turismo 4 begeistern.

Welche DVD ist so gut, dass Sie sich diese häufiger anschauen? Spontan fällt mir „Pulp Fiction" ein. Ein cooler Film.

Ein perfekter freier Tag sieht für mich so aus: Sonne, Strand, Meer, Faulenzen: Malediven-Feeling...

An welche SMS können Sie sich gut erinnern? Immer nur an die letzte, weil es so viele sind.

Was war Ihr erstes Auto? Ein Fiat Uno 45.

Welches Konzert hat Sie zuletzt begeistert? Das beste von vielen Konzerten, die ich live gesehen habe, war das von Metallica Anfang der 90er Jahre: überragend und ist mir von allen am präsentesten.

Über welches Geschenk, das Ihnen gemacht wurde, haben Sie sich am meisten gefreut? Ich freue mich eigentlich über jedes Geschenk.

Welches Gericht können Sie am besten kochen? Meine Pastagerichte und Steaks sind ganz passabel.

Was ist schlimmer als 50 Jahre ohne Meisterschaft? Über eine Antwort auf diese Frage müsste ich mir, wenn überhaupt, erst am Abend des 17. Mai 2008 Gedanken machen.

Welchen Klingelton haben Sie auf Ihrem Handy? „Mas que nada" von Sergio Mendes und Black Eyed Peas.

MIRKO SLOMKA
CHEF-TRAINER

MIRKO SLOMKA

Privates

Geburtsdatum:	12.9.1967
Sternzeichen:	Jungfrau
Geburtsort:	Hildesheim
Nationalität:	deutsch
Körpergröße:	1,88 m
Gewicht:	87 kg
Schuhgröße:	44 2/3 (10)
Frau:	Gunda
Kinder:	Lilith, Luk
Schulabschluss:	Abitur
Erlernter Beruf:	Fußball-Lehrer

Sportliches:

Position: Chef-Trainer
Bisherige Vereine:
als Spieler:
1972-1983 ISG Nord
1983-1986 SC Harsum
1987 TuS Lühnde
1988 FC Stern Misburg
1989 TSV Fortuna Sachsenroß Hannover
1989-1991 Hannover 96
als Trainer:
1989-1999 Jugend-Trainer Hannover 96
1999-2000 A-Jugend-Trainer Tennis Bor. Berlin
2000-2001 Chef-Trainer Tennis Bor. Berlin
2001-2004 Co-Trainer Hannover 96
2004-2006 Co-Trainer FC Schalke 04

Auf Schalke seit: 4.10.2004
Vertragsende: 30.6.2009

Was war für Sie der beste Moment der vergangenen Saison? Der frenetische Jubel unserer Fans nach Kobis 2:0 gegen Bayern im vergangenen November. Ich kriege heute noch Gänsehaut, wenn ich daran denke. So etwas gibt es nur auf Schalke.

... und außerhalb des Platzes? Die Reise nach Russland. Das Land und seine Menschen kennen zu lernen war sehr faszinierend.

Was macht für Sie den Reiz der Champions League aus? Dass wir uns mit den besten Mannschaften Europas messen können.

Welchen Beruf hätten Sie ergriffen, wenn Sie nicht Fußball-Trainer geworden wären? Ich habe meinen Traumberuf als Trainer auf Schalke gefunden.

Wie sieht Ihre Taktik beim Fußball an der PlayStation aus? Ich mache nur kritische Anmerkungen aus dem Hintergrund. Gespielt habe ich selbst noch nie.

Welche DVD ist so gut, dass Sie sich diese schon öfters angeschaut haben? Unser 2:0 bei Werder Bremen. In diesem Spiel haben wir fast perfekten Fußball gezeigt.

Ein perfekter freier Tag sieht für mich so aus: Zeit mit meiner Familie zu verbringen.

An welche SMS können Sie sich gut erinnern? Glückwunsch, Bruderherz.

Was war Ihr erstes Auto? Ein grüner VW-Käfer. Im Winter war der nur mit Handschuhen, Mütze und Mantel zu fahren.

Welches Konzert hat Sie zuletzt begeistert? Herbert Grönemeyer in der VELTINS-Arena: super Musik, fantastische Stimmung.

Über welches Geschenk, das Ihnen gemacht wurde, haben Sie sich am meisten gefreut? Über meine Frau und meine beiden Kinder.

Welches Gericht können Sie am besten kochen? Das überlasse ich besser anderen.

Was ist schlimmer als 50 Jahre ohne Meisterschaft? Die Schalke-Familie hat es verdient, dass es nicht dazu kommt.

Welchen Klingelton haben Sie auf Ihrem Handy? Die moderne Technik macht es möglich, dass ich diesen häufiger wechseln kann.

GAZPROM

GAZPROM

OLIVER RECK
CO-TRAINER

OLIVER RECK

Privates

Geburtsdatum:	27.2.1965
Sternzeichen:	Fische
Geburtsort:	Frankfurt am Main
Nationalität:	deutsch
Körpergröße:	1,93 m
Gewicht:	95 kg
Schuhgröße:	44 (9,5)
Freundin:	Kerstin
Kinder:	Daniel, Pierre, Marc-Philip, Jenny, Gian-Luca, Etienne
Schulabschluss:	Mittlere Reife
Erlernter Beruf:	Industriekaufmann

Sportliches:

Position: Co-Trainer, dazu Torwart-Trainer
als Aktiver: Tor

Bisherige Vereine:

als Spieler:
1973-1979 SG Harheim
1979-1982 FSV Frankfurt
1982-1985 Kickers Offenbach
1985-1998 Werder Bremen
1998-2003 FC Schalke 04

als Trainer:
2003-2006 Torwart-Trainer FC Schalke 04

Auf Schalke seit: 1.7.1998
Vertragsende: 30.6.2009

Bundesliga:
471 Spiele | 1 Tor
für Offenbach: 14 | 0
für Bremen: 345 | 0
für Schalke: 112 | 1

Europapokal:
58 Spiele | 0 Tore
für Bremen: 52 | 0
für Schalke: 6 | 0

Erfolge:
Europapokalsieger der Pokalsieger (1992)
Deutscher Meister (1988, 1993)
Deutscher Pokalsieger (1991, 1994, 2001, 2002)
Europameister (1966)
Olympia-Bronze (1988)

Was war für Sie der beste Moment der vergangenen Saison? Als Gerald Asamoah nach seiner schweren Verletzung das erste Mal wieder am Training teilnehmen konnte und später auch sein erstes Spiel absolvierte.
... und außerhalb des Platzes? Dass mein kleiner Sohn Etienne, der zwei Jahre alt ist, trotz der verpassten Meisterschaft „Schalke 04" gefeiert hat.
Was macht für Sie den Reiz der Champions League aus? Der Reiz liegt darin, sich mit den Top-Mannschaften zu messen. Wir werden nach der Gruppenphase sehen, wo wir wirklich stehen.
Welchen Beruf hätten Sie ergriffen, wenn Sie kein Profi-Fußballer geworden wären? Ich wäre Polizeikommissar geworden. Ich halte mich für einen gerechten und sozial eingestellten Menschen. Außerdem helfe ich sehr gerne.
Wie sieht Ihre Taktik beim Fußball an der PlayStation aus? Nur kein Gegentor bekommen.
Welche DVD ist so gut, dass Sie sich diese häufiger anschauen? Ich schaue mir sehr gerne „Die Feuerzangenbowle" an. Der Film ist richtig lustig.
Ein perfekter freier Tag sieht für mich so aus: Etwas länger schlafen als gewöhnlich, gemeinsam mit meiner Frau frühstücken gehen, nachmittags Golf spielen und am besten mein Handicap verbessern und abends ein Musical besuchen.
An welche SMS können Sie sich gut erinnern? Als mein Sohn mir im Dezember mitgeteilt hat, dass er seine Führerscheinprüfung bestanden hat.
Was war Ihr erstes Auto? Mein erstes Auto war ein Mazda 626, Baujahr 1986. Das Auto war knallrot. Ich wollte unbedingt auffallen.
Welches Konzert hat Sie zuletzt begeistert? Das Grönemeyer-Konzert in der VELTINS-Arena. Er ist ein toller Musiker, hat als Mensch eine besondere Ausstrahlung und schaut über den Tellerrand hinaus.
Über welches Geschenk, das Ihnen gemacht wurde, haben Sie sich am meisten gefreut? Besonders habe ich mich über eine Halskette, die mir meine Frau geschenkt hat, gefreut. Man schenkt sich schließlich nicht so oft teuren Schmuck.
Welches Gericht können Sie am besten kochen? Nudelauflauf gelingt mir immer ganz gut. Den gibt's zwei- bis dreimal im Monat für die ganze Familie.
Was ist schlimmer als 50 Jahre ohne Meisterschaft? Noch nie Deutscher Meister gewesen zu sein.
Welchen Klingelton haben Sie auf Ihrem Handy? Ich habe ein Lied von PUR als Klingelton: „Weil du bei mir bist".

NESTOR EL MAESTRO
CO-TRAINER

NESTOR EL MAESTRO

Privates

Geburtsdatum:	25.3.1983
Sternzeichen:	Widder
Geburtsort:	Belgrad (Serbien)
Nationalität:	britisch
Körpergröße:	1,81 m
Gewicht:	70 kg
Schuhgröße:	43 (9)

Sportliches

Position: Co-Trainer, dazu Technik-Trainer
Bisherige Vereine:
2001-2002 Technik-Trainer Nachwuchs
　　　　　 West-Ham United (ENG)
2002-2004 Technik-Trainer Nachwuchs
　　　　　 Austria Wien (AUT)
2005-2006 Technik-Trainer
　　　　　 Valencia CF (ESP)

Auf Schalke seit: 1.7.2006
Vertragsende: 30.6.2009

Was war für Sie der beste Moment der vergangenen Saison? Für mich gab es zwei gute Momente: das Tor von Kobi gegen die Bayern und der Treffer von Krstajic gegen Stuttgart.

... und außerhalb des Platzes? Als ich meine Trainerlizenz in England erfolgreich erworben habe.

Was macht für Sie den Reiz der Champions League aus? Es ist einfach ein Traum, in den größten Stadien Europas zu spielen. Vor allem wegen der Historie. Man muss sich mal überlegen, welche internationalen Größen aus vergangenen Tagen auf dem Platz gestanden oder auf den Trainerbänken gesessen haben.

Welchen Beruf hätten Sie ergriffen, wenn Sie kein Trainer geworden wären? Ich hätte wohl Jura studiert.

Wie sieht Ihre Taktik beim Fußball an der PlayStation aus? Ich spiele immer mit der Taktik 4-3-3. Wichtig dabei ist, dass die zwei schnellsten Spieler der Mannschaft über außen kommen.

Welche DVD ist so gut, dass Sie sich diese häufiger anschauen? „Der Pate" – man kann unheimlich viel über das Leben lernen.

Ein perfekter freier Tag sieht für mich so aus: Da ich das sonst selten mache, schlafe ich erst einmal ganz lange aus. Anschließend mache ich etwas Ruhiges, z.B. schön essen und vielleicht ins Kino gehen.

An welche SMS können Sie sich gut erinnern? Nach schlechten Spielen bekomme ich immer sehr schöne und aufbauende SMS von meiner Familie und guten Freunden.

Was war Ihr erstes Auto? Das war ein weißer Ford Escort, der allerdings eine rostige Tür hatte. Das Auto hatte ich damals noch in London. Als ich nach Valencia gegangen bin, habe ich den Ford meinem besten Freund geschenkt.

Welches Konzert hat Sie zuletzt begeistert? Das beste Solo-Konzert war das von Mladen Krstajic in einer serbischen Disco.

Über welches Geschenk, das Ihnen gemacht wurde, haben Sie sich am meisten gefreut? Am meisten freue ich mich über Kleinigkeiten von Fans.

Welches Gericht können Sie am besten kochen? Ich kann generell ganz gut kochen. Mein Klassiker ist Schweinefleisch mit Kartoffeln.

Was ist schlimmer als 50 Jahre ohne Meisterschaft? 51 Jahre ohne Meisterschaft, nicht Champions League spielen zu dürfen oder gar Fan des FC Bayern zu sein.

Welchen Klingelton haben Sie auf Ihrem Handy? Ich habe einen Standard-Klingelton.

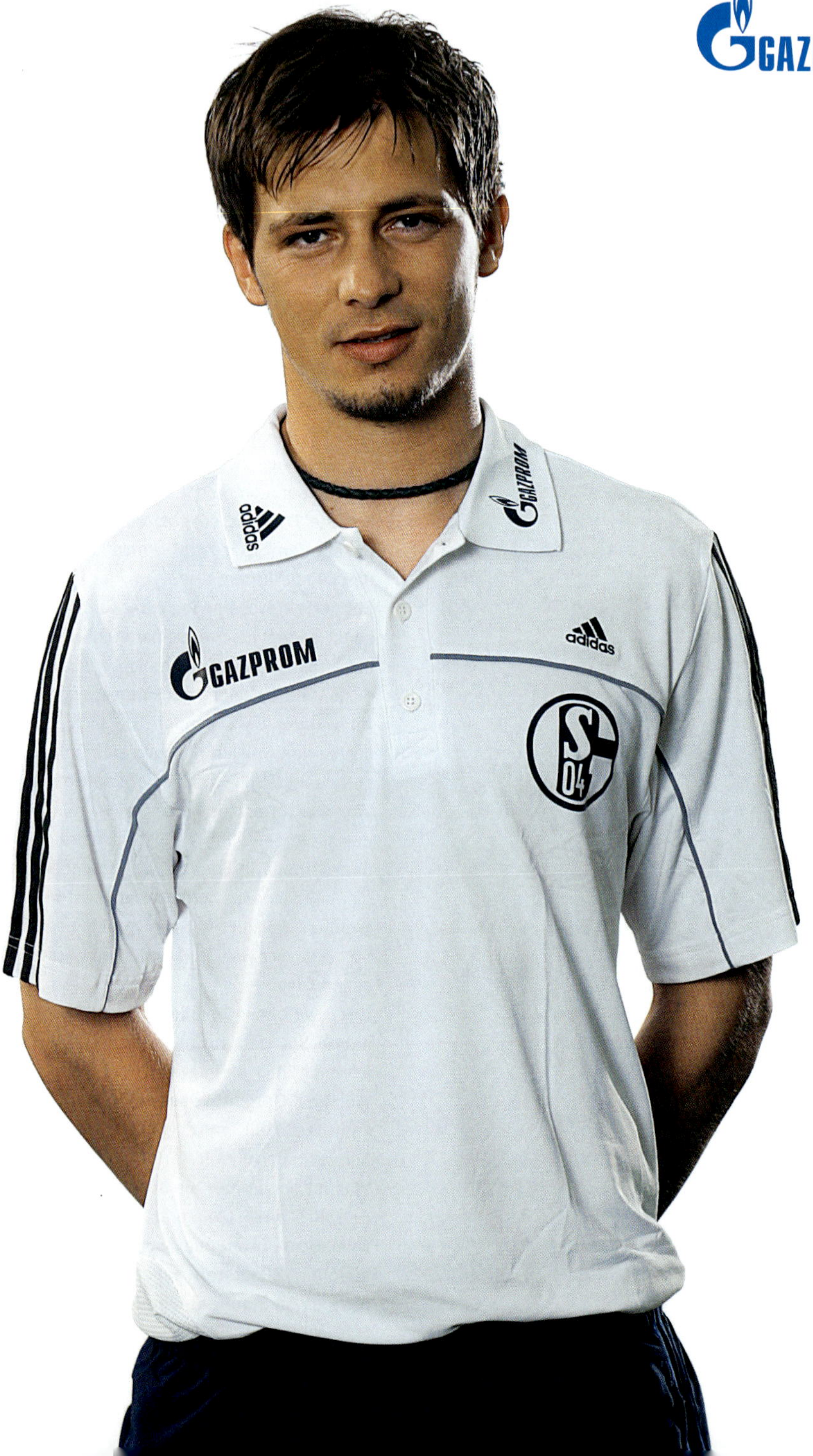
GAZPROM
adidas
GAZPROM
adidas
S04

TRAINER

DR. CHRISTOS PAPADOPOULOS
KONDITIONS- UND REHA-TRAINER

DR. CHRISTOS PAPADOPOULOS

Privates
Geburtsdatum:	7.10.1964
Sternzeichen:	Waage
Geburtsort:	Oberurbach
Nationalität:	griechisch
Körpergröße:	1,74 m
Gewicht:	62 kg
Schuhgröße:	40 2/3 (7)
Frau:	Antuscha
Kinder:	Pano, Niko, Georg
Schulabschluss:	Abitur

Erlernter Beruf:
Dipl.-Sportlehrer, Dipl.-Sportwissenschaftler (Master of Arts); lizenzierter Sporttherapeut (DVGS) in der Orthopädie, Traumatologie und Kardiologie; lizenzierter Trainer; Doktor der Sportwissenschaften

Sportliches:
Position: Konditions- und Reha-Trainer; Leiter der Konditions- und Reha-Abteilung

Vorherige Tätigkeit:
1990-1993 Konditionstrainer im Amateurfußball und Basketball
1993-2000 Reha-Trainer bei verschiedenen Bundesligamannschaften in den Sportarten Fußball, Handball, Basketball, Tennis, Fechten, Judo und Leichtathletik
1995-2000 Leiter der medizinischen Trainingstherapie im Bonner Zentrum für Ambulante Rehabilitation (BZfAR)
1997-2000 Freier Wissenschaftliche Mitarbeiter des Sportinstitutes der Uni Bonn
1998 Fachlicher und Wissenschaftlicher Leiter im BzfAR und im Bonner Zentrum für Wirbelsäulen-Therapie (BZfWT)

Auf Schalke seit: 1.7.2000

Erfolge:
Deutscher Pokalsieger (2001, 2002)

Was war für Sie der beste Moment der vergangenen Saison? Die besten Momente waren für mich die Sonntagabende an denen wir wussten, dass wir Tabellenführer sind.
... und außerhalb des Platzes? Die Geburt von Asas Zwillingen, denn nun wird er endlich gequält. Ich habe selber Zwillinge und habe ihm immer gesagt: Wenn du einmal Vater wirst, wünsche ich dir, dass ihr Zwillinge bekommt.
Was macht für Sie den Reiz der Champions League aus? Wir sind nun zum dritten Mal dabei. Zweimal haben wir nur Erfahrungen gesammelt, aber diesmal muss es mit dem Einzug ins Achtelfinale klappen.
Welchen Beruf hätten Sie ergriffen, wenn Sie nicht im Profifußball arbeiten würden? Ich wäre Mönch geworden.
Wie sieht Ihre Taktik beim Fußball an der PlayStation aus? PlayStation – was ist das?
Welche DVD ist so gut, dass Sie sich diese häufiger anschauen? Ich gucke meist Wiederholungen der Spiele unserer Mannschaft.
Ein perfekter freier Tag sieht für mich so aus: Zu lernen wie man PlayStation spielt und viele DVDs anschauen.
An welche SMS können Sie sich gut erinnern? Da ich mein Handy oft auf lautlos gestellt habe, steht in den SMS meist: „Ruf mich bitte zurück!"
Was war Ihr erstes Auto? Ein schwarzer Golf GTI, mit dem ich bestimmt 300.000 Kilometer gefahren bin. Bei meinem ersten Termin auf Schalke im Jahr 2000 ist der Auspuff auf der Autobahn liegen geblieben.
Welches Konzert hat Sie zuletzt begeistert? Ich habe in den letzten 20 Jahren kein Konzert besucht.
Über welches Geschenk, das Ihnen gemacht wurde, haben Sie sich am meisten gefreut? Ein Triathlon-Rad, das mir meine Frau geschenkt hat. Ich wollte es mir zuerst selber kaufen, aber es war mir zu teuer.
Welches Gericht können Sie am besten kochen? Eigentlich bin ich ja Grieche – und Griechen gehen nicht in die Küche.
Was ist schlimmer als 50 Jahre ohne Meisterschaft? 51 Jahre ohne Meisterschaft.
Welchen Klingelton haben Sie auf Ihrem Handy? Griechische Instrumentalmusik.

ROUVEN SCHIRP
KONDITIONS-TRAINER

ROUVEN SCHIRP

Privates

Geburtsdatum:	27.11.1975
Sternzeichen:	Schütze
Geburtsort:	Hagen
Nationalität:	deutsch
Körpergröße:	1,87 m
Gewicht:	103 kg
Schuhgröße:	43 (9)
Frau:	Wencke
Kind:	Jana
Schulabschluss:	Abitur

Erlernter Beruf:
Diplom-Sportwissenschaftler mit DLV-A-Lizenz, DFB-B-Lizenz und WTV-C-Lizenz

Sportliches

Position: Konditions-Trainer
Vorherige Tätigkeit:
1999-2006 Koordinations- und Schnelligkeitstrainer der Nachwuchsabteilung des FC Schalke 04

Auf Schalke seit: 1.7.1999
Vertragsende: 30.6.2009

Was war für Sie der beste Moment der vergangenen Saison? Ein besonderer Moment war das Tor von Kobi gegen die Bayern.

... und außerhalb des Platzes? Das war der Anruf nach dem ersten Spieltag, bei dem mir mitgeteilt wurde, dass ich vom Jugend- in den Profibereich wechseln kann.

Was macht für Sie den Reiz der Champions League aus? Dass man sich mit den Größten in Europa messen darf.

Welchen Beruf hätten Sie ergriffen, wenn Sie kein Trainer geworden wären? Wenn ich nicht Sport studiert hätte, dann wäre ich wohl Dachdecker geworden und hätte den Betrieb meines Vaters übernommen.

Wie sieht Ihre Taktik beim Fußball an der PlayStation aus? Ich spiele keine PlayStation.

Welche DVD ist so gut, dass Sie sich diese häufiger anschauen? Die alten Filme der Kriminalserie „Shaft". Ich finde den Schauspieler Richard Roundtree gut.

Ein perfekter freier Tag sieht für mich so aus: Zu einem perfekten freien Tag gehört für mich ein ausgedehntes Frühstück mit Lachs. Anschließend entscheide ich spontan, was ich mit dem Tag anstelle.

An welche SMS können Sie sich gut erinnern? Ich habe viele schöne SMS von meiner Frau bekommen.

Was war Ihr erstes Auto? Mein erstes Auto war ein roter Ford Fiesta.

Welches Konzert hat Sie zuletzt begeistert? Lionel Richie in Oberhausen war klasse. Besonders begeistert hat mich, dass er ohne große Show-Effekte auskam und es geschafft hat, das Publikum einfach mit seinem Gesang zu faszinieren.

Über welches Geschenk, das Ihnen gemacht wurde, haben Sie sich am meisten gefreut? Das schönste Geschenk für mich ist, dass meine Frau mir so viel Freiheit für meinen Beruf lässt.

Welches Gericht können Sie am besten kochen? Ich kann generell ganz gut kochen. Meine persönliche Spezialität sind allerdings Salate.

Was ist schlimmer als 50 Jahre ohne Meisterschaft? Über ungelegte Eier können wir erst sprechen, wenn es so weit ist.

Welchen Klingelton haben Sie auf Ihrem Handy? „Clocks" von Coldplay. Wenn Schalke-Mitarbeiter anrufen, höre ich „Blau und Weiß".

GAZPROM

GAZPROM

ELLIOT PAES ALVES JUNIOR
KONDITIONS- UND REHA-TRAINER

TRAINER

ELLIOT PAES ALVES JUNIOR

Privates
Geburtsdatum: 2.3.1962
Sternzeichen: Fische
Geburtsort: Laranjal Paulista – São Paulo (Brasilien)
Nationalität: brasilianisch
Körpergröße: 1,76 m
Gewicht: 67 kg
Schuhgröße: 42 (8)
Frau: Adriana
Schulabschluss: Abitur
Erlernter Beruf:
Abgeschlossenes Studium als Sportlehrer mit den Schwerpunkten Konditions- und Fitnesstraining, Physiotherapie und Pädagogik

Sportliches
Position: Konditions- und Reha-Trainer
Vorherige Tätigkeit:
1994-1998 Konditionstrainer Olympikus SC (BRA)
1999-2005 Konditionstrainer Atlético Mineiro (BRA)
2005-2006 Beratungen in Sachen Sportphysiologie bei verschiedenen Clubs in Frankreich

Auf Schalke seit: 25.6.2007
Vertragsende: 30.6.2009

Was war für Sie der beste Moment der vergangenen Saison? Der schönste Moment war, als Schalke 04 an mich herangetreten ist und mir das Jobangebot unterbreitet hat.
... und außerhalb des Platzes? Die Nachricht, dass meine Frau schwanger ist.
Was macht für Sie den Reiz der Champions League aus? Nicht nur für die Spieler ist die Champions League ein Non-Plus-Ultra, sondern auch für uns Trainer.
Welchen Beruf hätten Sie ergriffen, wenn Sie kein Fußball-Trainer geworden wären? Ich bin für den Sport geboren und war schon immer an der Athletik interessiert, so dass ich mir nie andere Gedanken gemacht habe.
Wie sieht Ihre Taktik beim Fußball an der PlayStation aus? Ich spiele keine PlayStation.
Welche DVD ist so gut, dass Sie sich diese öfters anschauen? Ich gucke keine Filme. Das einzige, was ich regelmäßig verfolge, sind Sportübertragungen.
Ein perfekter freier Tag sieht für mich so aus: An einem perfekten freien Tag treibe ich viel Sport und verbringe die übrige Zeit mit meiner Familie.
Was war Ihr erstes Auto? Mein erstes Auto war ein blauer VW-Käfer. Ich habe alles Mögliche von zu Hause verkauft und mir den Rest durch Eisverkäufe am Strand verdient, um mir das Auto leisten zu können.
Welches Konzert hat Sie zuletzt begeistert? Das war 1985 in Sao Paulo, als die New Yorker Philharmoniker im Nationaltheater spielten. Die klassische Musik hat mir sehr gut gefallen.
Über welches Geschenk, das Ihnen gemacht wurde, haben Sie sich am meisten gefreut? Meine Familie hat mir immer einen schönen Empfang bereitet, wenn ich von meinen Auslandsreisen heimgekommen bin. Für mich müssen Geschenke nicht materiell sein.
Welches Gericht können Sie am besten kochen? Ich kann so einiges kochen, da ich seit längerer Zeit für mich selbst das Essen zubereite. Am besten gelingt mir Reis und Fisch.
Was ist schlimmer als 50 Jahre ohne Meisterschaft? Schlimmer finde ich es, wenn man überhaupt keine Titel gewinnt.
Welchen Klingelton haben Sie auf Ihrem Handy? Ich habe einen ganz normalen Klingelton, der schon vorher auf dem Handy gespeichert war.

1
MANUEL NEUER
TOR

MANUEL NEUER | 1

Privates

Geburtsdatum:	27.3.1986
Sternzeichen:	Widder
Geburtsort:	Gelsenkirchen
Nationalität:	deutsch
Körpergröße:	1,92 m
Gewicht:	90 kg
Schuhgröße:	47 (12)
Schulabschluss:	Fachabitur

Sportliches

Spielposition:	Tor
Auf Schalke seit:	1.3.1991
Vertragsende:	30.6.2012

Bundesliga:
27 Spiele | 0 Tore – alle für Schalke

Was war für Sie der beste Moment der vergangenen Saison? Es gab zwei Momente: Der erste war mein Bundesligadebüt in Aachen. Dort war ich sehr nervös, doch am Ende hat glücklicherweise alles gut geklappt. Darüber hinaus habe ich mich natürlich sehr gefreut, dass ich die Nummer 1 geworden bin.

… und außerhalb des Platzes? Freunde von mir haben ihr erstes gemeinsames Kind bekommen. Das haben wir ausgiebig gefeiert.

Was macht für Sie den Reiz der Champions League aus? Spiele am Abend besitzen eine ganz eigene Atmosphäre. Da ist das Kribbeln von der ersten Minute an spürbar. Sich mit den Besten der Welt messen zu können ist eine großartige Sache.

Welchen Beruf hätten Sie ergriffen, wenn Sie kein Profi-Fußballer geworden wären? Physiotherapeut. Dieser Beruf hat viel mit Sport und Menschen zu tun.

Wie sieht Ihre Taktik beim Fußball an der PlayStation aus? Die Null muss stehen.

Welche DVD ist so gut, dass Sie sich diese häufiger anschauen? Basic Instinct – ein grandioser Film.

Ein perfekter freier Tag sieht für mich so aus: Ich habe die Möglichkeit abzuschalten. Abseits des Fußballs kann ich mich entspannen. Gerne unternehme ich einen Kurztrip, um irgendetwas Neues kennen zu lernen.

An welche SMS können Sie sich gut erinnern? „Schnapper, hol die Dinger raus!" Diese SMS kommt vor jedem Spiel.

Was war Ihr erstes Auto? Ein Opel Corsa C. Für den musste ich lange sparen.

Welches Konzert hat Sie zuletzt begeistert? Noch keines wirklich. Ich gehe kaum auf Konzerte.

Über welches Geschenk, das Ihnen gemacht wurde, haben Sie sich am meisten gefreut? Meine Mutter hat mir zum 21. Geburtstag eine Überraschungsfeier geschenkt. Das war ein genialer Abend.

Welches Gericht können Sie am besten kochen? Bruschetta.

Was ist schlimmer als 50 Jahre ohne Meisterschaft? 100 Jahre ohne Meisterschaft.

Welchen Klingelton haben Sie auf Ihrem Handy? Ich habe generell nur einen Vibrationsalarm.

1

GAZPROM

2

2
HEIKO WESTERMANN
ABWEHR

HEIKO WESTERMANN | 2

Privates

Geburtsdatum:	14.8.1983
Sternzeichen:	Löwe
Geburtsort:	Alzenau
Nationalität:	deutsch
Körpergröße:	1,90 m
Gewicht:	85 kg
Schuhgröße:	45 (10,5)
Frau:	Irina
Schulabschluss:	Mittlere Reife

Sportliches

Spielposition: Abwehr

Bisherige Vereine:

1988-1994 SG Schimborn
1994-1998 1. FC Hösbach
1998-2000 Bayern Alzenau
2000-2005 SpVgg Greuther Fürth
2005-2007 Arminia Bielefeld

Auf Schalke seit: 25.6.2007
Vertragsende: 30.6.2011

Bundesliga:
67 Spiele | 5 Tore – alle für Bielefeld
DFB-Pokal:
12 Spiele | 2 Tore
für Bielefeld: 6 Spiele | 0 Tore
für Fürth: 6 Spiele | 2 Tore

Was war für Sie der beste Moment der vergangenen Saison? Als wir in Leverkusen den Klassenerhalt perfekt gemacht haben. Für Bielefeld war das ein Riesenerfolg.

... und außerhalb des Platzes? Ich habe am 1. Juni meine Freundin Irina geheiratet.

Was macht für Sie den Reiz der Champions League aus? Außer der WM ist sie das schönste Fußball-Ereignis, das es gibt. Ich freue mich, das mal hautnah miterleben zu können und hoffe auf ein gutes Los für Schalke.

Welchen Beruf hätten Sie ergriffen, wenn Sie kein Profi-Fußballer geworden wären? Architekt. Ich bin mathematisch veranlagt und habe mich schon immer für Gebäude, Brücken etc. interessiert.

Wie sieht Ihre Taktik beim Fußball an der PlayStation aus? Ich spiele keine PlayStation.

Welche DVD ist so gut, dass Sie sich diese häufiger anschauen? Gladiator mit Russel Crowe. Er ist ein klasse Schauspieler, der Film ein gigantisches Heldenepos.

Ein perfekter freier Tag sieht für mich so aus: Nichts geplant zu haben, einfach in einen Tag hineinzurutschen, gefällt mir sehr gut. Wenn ich die Chance habe, mit meinem Hund lange Spaziergänge zu unternehmen, dann geht es mir gut.

Was war Ihr erstes Auto? Ein schwarzer Golf IV. Den haben mir meine Eltern geschenkt, als ich nach Fürth gezogen bin. Für mich bedeutete das Fahrzeug zum ersten Mal Unabhängigkeit.

Welches Konzert hat Sie zuletzt begeistert? Die Auftritte von Bryan Adams und Lionel Richie. Bei Bryan Adams hat mir vor allem die Musik gefallen: guter Rock mit viel Gefühl. Bei Lionel Richie war es die soulige Stimme.

Über welches Geschenk, das Ihnen gemacht wurde, haben Sie sich am meisten gefreut? Als ich acht oder neun Jahre alt war, habe ich von meinen Eltern zu Weihnachten eine Carrera-Bahn geschenkt bekommen. Ich habe den ganzen Abend gezockt und wollte nicht ins Bett gehen.

Welches Gericht können Sie am besten kochen? Am Besten gelingen mir Spare-Ribs.

Was ist schlimmer als 50 Jahre ohne Meisterschaft? Es gibt nicht viel Schlimmeres, als 50 Jahre ohne Meistertitel zu sein.

Welchen Klingelton haben Sie auf Ihrem Handy? Nichts Besonders. Da hört man ein eher „historisches" Telefon-Klingeln.

3
LEVAN KOBIASHVILI
MITTELFELD

LEVAN KOBIASHVILI | 3

Privates

Geburtsdatum:	10.7.1977
Sternzeichen:	Krebs
Geburtsort:	Tiflis (Georgien)
Nationalität:	georgisch
Körpergröße:	1,83 m
Gewicht:	78 kg
Schuhgröße:	41 (7,5)
Frau:	Tamara
Kinder:	Nicka, Salome
Schulabschluss:	Abitur
Erlernter Beruf:	Student der Geschichte

Sportliches

Spielposition: Mittelfeld
Bisherige Vereine:
1983-1994 Avaza Tiflis (GEO)
1994-1995 Metalurg Rustawi (GEO)
1995-1997 Dinamo Tiflis (GEO)
1997-1998 Alania Wladikawkas (RUS)
1998-2003 SC Freiburg

Auf Schalke seit: 1.7.2003
Vertragsende: 30.6.2010

Bundesliga:
243 Spiele | 27 Tore
für Freiburg: 121 | 20
für Schalke: 122 | 7
DFB-Pokal:
22 Spiele | 4 Tore
für Freiburg: 14 | 4
für Schalke: 8 | 0
Europapokal:
35 Spiele | 8 Tore
für Wladikawkas: 4 | 0
für Freiburg: 6 | 1
für Schalke: 25 | 7
Länderspiele:
69 Spiele | 7 Tore
für Schalke: 27 | 4

Was war für Sie der beste Moment der vergangenen Saison? Das Spiel gegen Bayern war für mich der beste Moment in der vergangenen Saison. Aber nicht nur der Moment, in dem ich das 2:0 erzielt habe. Auch durch die Fan-Aktion und das ganze Drumherum hatten wir eine unglaubliche Atmosphäre in der Arena.

... und außerhalb des Platzes? Die Geburt meiner Tochter Salome.

Was macht für Sie den Reiz der Champions League aus? Es ist die allergrößte Herausforderung, die es für einen Fußballspieler gibt, ähnlich wie eine Weltmeisterschaft.

Welchen Beruf hätten Sie ergriffen, wenn Sie kein Profi-Fußballer geworden wären? Als Kind habe ich immer davon geträumt, einmal Rock- bzw. Pop-Sänger zu werden.

Wie sieht Ihre Taktik beim Fußball an der PlayStation aus? Gegen meinen Sohn verliere ich immer. Aber wenn ich spiele, dann meistens mit einem 4-3-1-2-System.

Welche DVD ist so gut, dass Sie sich diese schon öfters angeschaut haben? Die georgische Komödie „Mimino" (dt. „Der Falke") könnte ich mir jeden Tag ansehen. Er handelt von einem Hubschrauber-Piloten aus der Provinz, der in Moskau Flugkapitän werden will.

Ein perfekter freier Tag sieht für mich so aus: Ich stehe auf und meine Frau sowie meine Kinder lächeln mich an. Ich genieße es, einfach zu Hause zu sein oder draußen mit meinen Kindern zu spielen.

An welche SMS können Sie sich gut erinnern? Nach meinen drei Toren in der Champions League gegen den PSV Eindhoven stand mein Handy nicht mehr still. Insgesamt habe ich exakt 87 Glückwunsch-SMS bekommen.

Was war Ihr erstes Auto? Ein dunkelroter Lada. Die Hälfte des Kaufpreises habe ich von meinen Eltern bekommen, die andere Hälfte habe ich selbst aufgebracht.

Welches Konzert hat Sie zuletzt begeistert? Ein Konzert von Joe Cocker in Tiflis. Seine Stimme und die Stimmung waren einfach toll.

Über welches Geschenk, das Ihnen gemacht wurde, haben Sie sich am meisten gefreut? Ich freue mich vor allem über das, was meine Familie mir schenkt.

Welches Gericht können Sie am besten kochen? Bratkartoffeln mit Salat.

Was ist schlimmer als 50 Jahre ohne Meisterschaft? Was soll noch schlimmer sein? Wir haben jetzt die letzte Chance, dieses Horror-Szenario abzuwenden.

Welchen Klingelton haben Sie auf Ihrem Handy? Keinen, aber ich höre immer den meines Sohnes: „Wir sind Schalker", unser Mannschaftslied.

3

GAZPROM

4

4
MATHIAS ABEL
ABWEHR

MATHIAS ABEL | 4

Privates

Geburtsdatum:	22.6.1981
Sternzeichen:	Krebs
Geburtsort:	Kaiserslautern
Nationalität:	deutsch
Körpergröße:	1,88 m
Gewicht:	82 kg
Schuhgröße:	43 ⅓ (9)
Frau:	Melanie
Schulabschluss:	Abitur

Sportliches

Spielposition:	Abwehr

Bisherige Vereine:
1985-1990 SV Wiesenthalerhof
1990-2000 1. FC Kaiserslautern
2000 SG Eintracht 02 Bad Kreuznach
2000-2002 Borussia Dortmund II
2002-2006 1. FSV Mainz 05
2006-2007 FC Schalke 04
2007 Hamburger SV

In Schalke seit:	25.6.2007
Vertragsende:	30.6.2010

Bundesliga:
52 Spiele | 3 Tore
für Mainz: 44 | 3
für Schalke: 1 | 0
für Hamburg 7 | 0

DFB-Pokal:
5 Spiele | 0 Tore
für Mainz: 4 | 0
für Schalke: 1 | 0

Europapokal:
6 Spiele | 0 Tore – alle für Mainz

Was war für Sie der beste Moment der vergangenen Saison? Der beste Moment war der Auswärtssieg mit dem HSV beim FC Bayern.
... und außerhalb des Platzes? Meine Hochzeit im vergangenen Jahr in Wiesbaden.
Was macht für Sie den Reiz der Champions League aus? Die Champions League ist der größte und wichtigste Wettbewerb, den ein Club-Fußballer erreichen kann. Daher gehörte die Teilnahme schon immer zu meinen persönlichen Zielen.
Welchen Beruf hätten Sie ergriffen, wenn Sie kein Profi-Fußballer geworden wären? Polizist. Man muss sportlich sein und auch die anderen Aufgabenfelder hätten mich angesprochen.
Wie sieht Ihre Taktik beim Fußball an der PlayStation aus? Ich setze immer auf viele Zweikämpfe. Außerdem schaue ich natürlich, dass ich ein paar Tore erziele.
Welche DVD ist so gut, dass Sie sich diese häufiger anschauen? Braveheart gefällt mir sehr gut, weil mir die Story zusagt. Außerdem sehe ich die Matrix Trilogie sehr gerne, da die Effekte toll sind. Es ist beeindruckend, was man mit dem Computer alles machen kann.
Ein perfekter freier Tag sieht für mich so aus: Erst einmal würde ich länger schlafen als gewöhnlich. Anschließend würde ich gemütlich mit meiner Frau frühstücken und dann würden wir mit unserem Hund spazieren gehen.
An welche SMS können Sie sich gut erinnern? Vor den Spielen haben meine Frau und ich eine Art Ritual. Ich schreibe ihr eine SMS und sie antwortet mir als Zeichen, dass sie an mich denkt.
Was war Ihr erstes Auto? Ein schwarzer Opel Corsa B, den ich mir selbst zusammengespart habe.
Welches Konzert hat Sie zuletzt begeistert? Ich war vor einiger Zeit bei Beyonce in Hamburg. Besonders gut gefiel mir die Bühnenshow und die tolle Stimme.
Über welches Geschenk, das Ihnen gemacht wurde, haben Sie sich am meisten gefreut? Über ein Geschenk meines Beraters: ein Leinwandbild mit einer Szene von mir aus dem Spiel Mainz gegen Kaiserslautern. Das Bild hat bei mir zu Hause einen Ehrenplatz.
Welches Gericht können Sie am besten kochen? Tagliatelle mit Lachs.
Was ist schlimmer als 50 Jahre ohne Meisterschaft? 100 Jahre ohne Meisterschaft.
Welchen Klingelton haben Sie Ihrem Handy? Mein letzter Klingelton war „Burn" von Usher, aber das ist schon ein bisschen länger her.

5
MARCELO BORDON
ABWEHR

MARCELO BORDON | 5

Privates

Geburtsdatum:	7.1.1976
Sternzeichen:	Steinbock
Geburtsort:	Ribeirão Preto (Brasilien)
Nationalität:	brasilianisch
Körpergröße:	1,89 m
Gewicht:	90 kg
Schuhgröße:	44 $^{2}/_{3}$ (10)
Frau:	Janaina
Kinder:	Julia, Filipe, Ricardo
Schulabschluss:	Abitur

Sportliches

Spielposition: Abwehr

Bisherige Vereine:
1983-1993 Botafogo Ribeirão Preto (BRA)
1994-1999 FC São Paulo (BRA)
1999-2004 VfB Stuttgart

Auf Schalke seit: 1.7.2004
Vertragsende: 30.6.2011

Bundesliga:
215 Spiele | 18 Tore
für Stuttgart: 129 | 11
für Schalke: 86 | 7

DFB-Pokal:
15 Spiele | 1 Tor
für Stuttgart: 8 | 0
für Schalke: 7 | 1

Europapokal:
37 Spiele | 3 Tore
für Stuttgart: 18 | 1
für Schalke: 19 | 2

Länderspiele:
1 Spiel | 0 Tore – für Stuttgart

Erfolge:
Copa-America-Sieger (2004)
Copa Conmebol (1994)

Was war für Sie der beste Moment der vergangenen Saison? Nach dem letzten Spiel rückblickend feststellen zu können, alles gegeben zu haben. Auf diese Weise hatte ich persönlich sehr schnell den Kopf frei.

... und außerhalb des Platzes? Jeder Tag ist für mich ein schöner Moment. Ich danke Gott dafür, dass ich täglich gesund aufwache.

Was macht für Sie den Reiz der Champions League aus? Dabei zu sein, ist für einen Spieler eine Belohnung für seine Arbeit. Hier wird Fußball von höchster Qualität gespielt, daher wird ihm auch in Südamerika ein hohes Maß an Aufmerksamkeit gezollt.

Welchen Beruf hätten Sie ergriffen, wenn Sie kein Profi-Fußballer geworden wären? (lacht) Vielleicht wäre ich Pastor geworden.

Welche DVD ist so gut, dass Sie sich diese häufiger anschauen? Es gibt eine Gospel-Show, die in Kanada aufgeführt wurde. Diese habe ich als Live-Mitschnitt auf DVD und sehe sie wirklich sehr häufig.

Ein perfekter freier Tag sieht für mich so aus: Einen perfekten freien Tag würde ich jederzeit mit meiner Familie verbringen, denn das macht mir unheimlich viel Spaß.

An welche SMS können Sie sich gut erinnern? Die schönsten SMS, die ich bekomme, sind die nach einem Sieg. Meine Frau, aber auch Freunde aus Brasilien gratulieren mir regelmäßig nach Erfolgen. Aber auch nach nicht so guten Spielen bauen sie mich wieder auf.

Was war Ihr erstes Auto? 1997 in Brasilien ein roter Golf GTI. Für mich war das damals der beste Wagen.

Welches Konzert hat Sie zuletzt begeistert? Ich habe die Blue Man Group in Oberhausen gesehen. Das war klasse.

Über welches Geschenk, das Ihnen gemacht wurde, haben Sie sich am meisten gefreut? Ich habe zwei Söhne und eine Tochter. Ich denke, das ist das tollste und beste Geschenk, das ein Mann bekommen kann.

Welches Gericht können Sie am besten kochen? (grinst) Wenn wir mal einen Nachmittag freihaben, kommen die Jungs zu mir und sagen ‚Bordon, wirf den Grill an'. Das machen wir mehr als zehnmal im Jahr. Erst hier habe ich ein Geschäft entdeckt, in dem es guten Tafelspitz gibt, den ich gut zubereiten kann.

Was ist schlimmer als 50 Jahre ohne Meisterschaft? Wenn ich bei einem Spiel nicht zum Einsatz kommen kann.

Welchen Klingelton haben Sie auf Ihrem Handy? Z.B. Sponge Bob. Wenn meine Kinder den hören, fragen sie immer ganz entsetzt: „Papa, wie kannst du nur so einen Klingelton haben?"

5

GAZPROM

GAZPROM

7

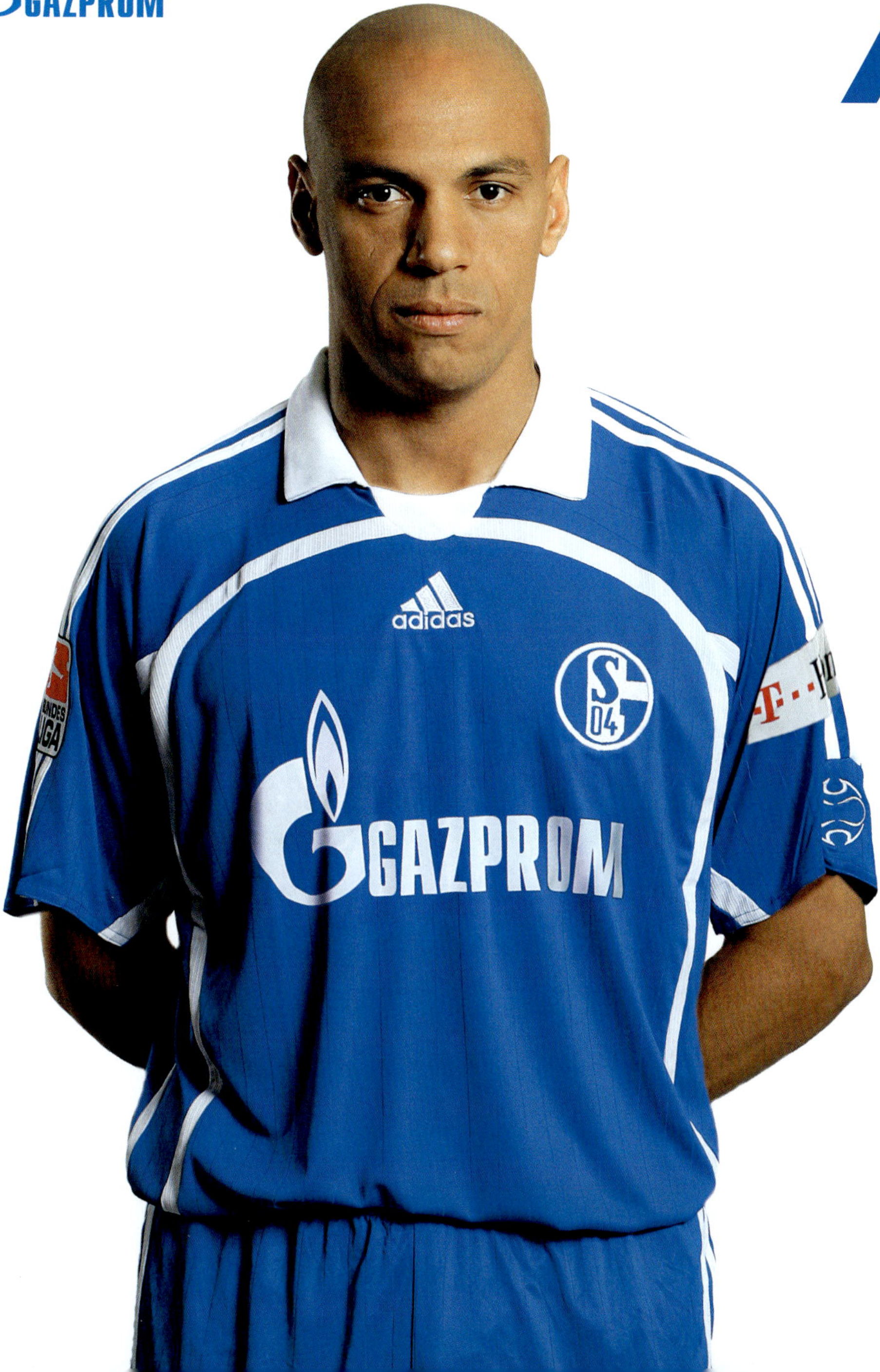

7
GUSTAVO VARELA
MITTELFELD

MANNSCHAFT

GUSTAVO VARELA | 7

Privates

Geburtsdatum:	14.5.1978
Sternzeichen:	Stier
Geburtsort:	Montevideo (Uruguay)
Nationalität:	uruguayisch
Körpergröße:	1,74 m
Gewicht:	74 kg
Schuhgröße:	42 (8)
Frau:	Virginia
Kinder:	Lucia, Camila, Julieta
Schulabschluss:	Abitur
Erlernter Beruf:	Student

Sportliches

Spielposition: Mittelfeld

Bisherige Vereine:
1985-1987 El Tigre (URU)
1987-1988 Lanza Mexico 68 (URU)
1988-1990 Nuevo Juventud (URU)
1995-2002 Nacional Montevideo (URU)

Auf Schalke seit: 23.8.2002
Vertragsende: 30.6.2008

Bundesliga:
80 Spiele | 7 Tore – alle für Schalke
DFB-Pokal:
8 Spiele | 1 Tor – alle für Schalke
Europapokal:
18 Spiele | 3 Tore – alle für Schalke
Länderspiele:
23 Spiele | 0 Tore
für Nacional: 10 | 0
für Schalke: 13 | 0
Erfolge:
Uruguayischer Meister (1998, 2000, 2001)
WM-Teilnehmer (2002)
Copa-America-Teilnehmer (2004)

Was war für Sie der beste Moment der vergangenen Saison? Es war die Zeit vor meiner Verletzung: Ich hatte meine beste Form und war zufrieden auf dem Platz.
... und außerhalb des Platzes? Die Geburt meiner Tochter Julieta.
Was macht für Sie den Reiz der Champions League aus? Sie ist nach der WM das wichtigste Fußballereignis. Jeder Spieler will dort spielen, dort wird man bekannt, die ganze Welt schaut zu. Man möchte als Fußballer diesen Wettbewerb in seinem Lebenslauf stehen haben.
Welchen Beruf hätten Sie ergriffen, wenn Sie kein Profi-Fußballer geworden wären? Früher wollte ich immer Trainer werden...
Wie sieht Ihre Taktik beim Fußball an der PlayStation aus? Ich wechsele oft, meist 4-4-2, mal 4-3-3. Für mich sind gute Spieler wichtiger als die Taktik.
Welche DVD ist so gut, dass Sie sich diese häufiger anschauen? Ich liebe Actionfilme. „Terminator 3" habe ich bestimmt schon zwölfmal gesehen...
Ein perfekter freier Tag sieht für mich so aus: Immer wenn ich in Uruguay bin, trommele ich alle zusammen, die ich lange nicht gesehen habe. Dann gibt es ein großes Essen und wir reden viel miteinander.
An welche SMS können Sie sich gut erinnern? An keine. Ich bekomme nicht viele, meistens telefoniere ich direkt.
Was war Ihr erstes Auto? Ein VW Golf.
Welches Konzert hat Sie zuletzt begeistert? Ich war noch nie bei einem. Meine Frau wollte mit mir zu Ricardo Arjona gehen, der singt romantische Lieder. Aber kurz vorher kam ich ins Krankenhaus und wurde operiert.
Über welches Geschenk, das Ihnen gemacht wurde, haben Sie sich am meisten gefreut? Über einen Kugelschreiber, den mir meine große Tochter Lucia zum Vatertag im Kindergarten gebastelt hat. Der hatte einen Kopf oben draufgesteckt – natürlich mit Glatze wie ihr Papa.
Welches Gericht können Sie am besten kochen? Asado, das ist Rindfleisch gegrillt, am liebsten à la parrilla, also auf Holzfeuergrill zubereitet
Was ist schlimmer als 50 Jahre ohne Meisterschaft? Die Hoffnung darauf aufzugeben. Mein argentinischer Lieblingsverein ist Racing Club Avellaneda. Die waren von 1967 bis 2001 ohne Titel, dann hat es doch geklappt. Und die tragen auch blau-weiße Trikots.
Welchen Klingelton haben Sie auf Ihrem Handy? TV-Kommentator Victor Hugo Morales, der das berühmte Tor von Maradona 1986 gegen England von der Mittellinie genau kommentiert.

8
FABIAN ERNST
MITTELFELD

FABIAN ERNST | 8

Privates

Geburtsdatum:	30.5.1979
Sternzeichen:	Zwilling
Geburtsort:	Hannover
Nationalität:	deutsch
Körpergröße:	1,83 m
Gewicht:	80 kg
Schuhgröße:	42 (8)
Frau:	Julia
Schulabschluss:	Erweiterter Realschulabschluss

Sportliches

Spielposition: Mittelfeld

Bisherige Vereine:
1983-1998 Hannover 96
1998-2000 Hamburger SV
2000-2005 Werder Bremen

Auf Schalke seit: 1.7.2005
Vertragsende: 30.6.2010

Bundesliga:
258 Spiele | 11 Tore
für Hamburg: 48 | 0
für Bremen: 152 | 11
für Schalke: 58 | 0

DFB-Pokal:
28 Spiele | 0 Tore
für Hannover: 5 | 0
für Hamburg: 4 | 0
für Bremen: 18 | 0
für Schalke: 1 | 0

Europapokal:
31 Spiele | 2 Tore
für Bremen: 18 | 1
für Schalke: 13 | 1

Länderspiele:
24 Spiele | 1 Tor
für Bremen: 20 | 1
für Schalke: 4 | 0

Erfolge:
Deutscher Meister (2004)
Deutscher Pokalsieger (2004)
EM-Teilnehmer (2004)

Was war für Sie der beste Moment der vergangenen Saison? Das Tor von Levan Kobiashvili gegen Bayern München.
... und außerhalb des Platzes? Die Abende mit der Mannschaft.
Was macht für Sie den Reiz der Champions League aus? Es ist sehr reizvoll, sich mit besten Teams Europas messen zu können. Gegen einen englischen Club zu spielen wäre besonders toll.
Welchen Beruf hätten Sie ergriffen, wenn Sie kein Profi-Fußballer geworden wären? Ich hätte mein Abi gemacht und wäre später sicherlich im Bereich Sport tätig gewesen.
Wie sieht Ihre Taktik beim Fußball an der PlayStation aus? Außen zumachen, dann hat Gerald Asamoah gar keine Chance.
Welche DVD ist so gut, dass Sie sich diese häufiger anschauen? „Lost" – ich finde einfach alle Folgen gut.
Ein perfekter freier Tag sieht für mich so aus: Ich bin Langschläfer und liebe es auszuschlafen, wenn es geht bis 11 Uhr. Und im Laufe des Tages treffe ich mich mit Freunden. Bei schönem Wetter grillen wir im Garten.
An welche SMS können Sie sich gut erinnern? Die tröstenden SMS von Freunden und der Familie nach der Saison waren besonders schön.
Was war Ihr erstes Auto? Ein roter MGF Rover. Ich habe mich sofort in das Auto verliebt und musste ihn gleich haben. Auch wenn er für einen 18-Jährigen ein bisschen teuer war, habe ich ihn mir von meinem allerersten Gehalt gekauft.
Welches Konzert hat Sie zuletzt begeistert? Das war vor ca. 15 Jahren mit der B-Jugend von Hannover 96, Gerald Asamoah war auch dabei. Wir waren auf einem Westernhagen-Konzert in Hannover. Danach war ich auf keinem Konzert mehr.
Über welches Geschenk, das Ihnen gemacht wurde, haben Sie sich am meisten gefreut? Von Asa und seiner Frau habe ich ein Parfüm bekommen, über das ich mich sehr gefreut habe: Black XS von Paco Rabanne.
Welches Gericht können Sie am besten kochen? Chili con Carne.
Was ist schlimmer als 50 Jahre ohne Meisterschaft? Abzusteigen.
Welchen Klingelton haben Sie auf Ihrem Handy? DJ Premier, „Mass Appeal".

8

GAZPROM

GAZPROM

9

9
SØREN LARSEN
ANGRIFF

SØREN LARSEN | 9

Privates

Geburtsdatum:	6.9.1981
Sternzeichen:	Jungfrau
Geburtsort:	Køge (Dänemark)
Größe:	1,94 m
Gewicht:	90 kg
Schuhgröße:	44 (9,5)
Frau:	Nina
Schulabschluss:	Abitur

Sportliches

Spielposition: Angriff

Bisherige Vereine:
1986-2001 Køge BK (DEN)
2001-2003 Brøndby IF (DEN)
2003-2004 BK Frem (DEN)
2004-2005 Djurgardens IF (SVE)

Auf Schalke seit: 1.8.2005
Vertragsende: 30.6.2009

Bundesliga:
41 Spiele | 10 Tore – alle für Schalke
DFB-Pokal:
3 Spiele | 2 Tore – alle für Schalke
Europapokal:
14 Spiele | 3 Tore
für Djurgarden: 1 | 0
für Schalke: 13 | 3
Länderspiele:
9 Spiele | 6 Tore
für Djurgarden: 2 | 2
für Schalke: 7 | 4
Erfolge:
Schwedischer Meister (2005)
Schwedischer Pokalsieger (2004)

Was war für Sie der beste Moment der vergangenen Saison? Das Tor von Peter Løvenkrands gegen Bayern München. Es war sein erster Treffer in der Bundesliga.
... und außerhalb des Platzes? Meine Hochzeit mit Nina und der Strandurlaub in Griechenland.
Was macht für Sie den Reiz der Champions League aus? Es ist ein besonderes Erlebnis, da man gegen die besten Teams aus Europa spielt. Die Atmosphäre ist noch spannungsgeladener als bei anderen Spielen.
Welchen Beruf hätten Sie ergriffen, wenn Sie kein Profi-Fußballer geworden wären? Am liebsten wäre ich Physiotherapeut geworden, da ich auf diese Weise verletzten Spielern helfen könnte.
Wie sieht Ihre Taktik beim Fußball an der PlayStation aus? Ich spiele nicht so oft PlayStation. Lieber spiele ich am PC „Counter Strike".
Welche DVD ist so gut, dass Sie sich diese häufiger anschauen? King of Queens: Doug ist super lustig!
Ein perfekter freier Tag sieht für mich so aus: Ich verbringe ihn auf dem Golfplatz und abends treffe ich mich mit Freunden zum Essen.
Was war Ihr erstes Auto? Ein grauer Golf IV, den ich mir gekauft habe, da er damals nicht so teuer war.
Welches Konzert hat Sie zuletzt begeistert? George Michael in Köln. Ich mag viele seiner Lieder und live ist er echt gut.
Über welches Geschenk, das Ihnen gemacht wurde, haben Sie sich am meisten gefreut? Über eine geschmackvolle Armbanduhr.
Welches Gericht können Sie am besten kochen? Spaghetti Bolognese.
Was ist schlimmer als 50 Jahre ohne Meisterschaft? Viele Sachen sind schlimmer als ein Leben ohne Meisterschaft, zum Beispiel ein Leben ohne Liebe.
Welchen Klingelton haben Sie auf Ihrem Handy? Den der TV-Serie „24" mit Jack Bauer.

10
IVAN RAKITIĆ
MITTELFELD

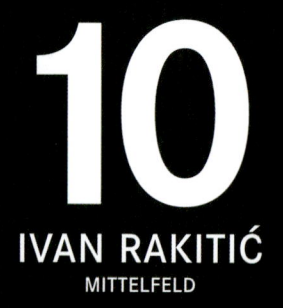

IVAN RAKITIĆ | 10

Privates

Geburtsdatum:	10.3.1988
Sternzeichen:	Fische
Geburtsort:	Rheinfelden (Schweiz)
Nationalität:	kroatisch, schweizerisch
Körpergröße:	1,84 m
Gewicht:	79 kg
Schuhgröße:	42 (8)
Schulabschluss:	Mittlere Reife

Sportliches

Spielposition:	Mittelfeld

Bisherige Vereine:
1992-1995 FC Möhlin-Riburg (SUI)
1995-2007 FC Basel (SUI)

Auf Schalke seit:	25.6.2007
Vertragsende:	30.6.2011

Bundesliga:
0 Spiele | 0 Tore
Europapokal:
3 Spiele | 0 Tore – alle für Basel
Erfolge:
Schweizer Pokalsieger (2007)

Was war für Sie der beste Moment der vergangenen Saison? Der Schweizer Cupsieg mit dem FC Basel.
... und außerhalb des Platzes? Die Hochzeit meines Bruders am 2. Juni.
Was macht für Sie den Reiz der Champions League aus? Wir alle freuen uns auf die Champions League. Für die Fans aber auch für uns Spieler wird es gigantisch sein, gegen internationale Spitzenteams antreten zu dürfen.
Welchen Beruf hätten Sie ergriffen, wenn Sie kein Profi-Fußballer geworden wären? Ich wollte Hochbauzeichner werden. Ich hatte sogar mit der Ausbildung begonnen, aber nach einem halben Jahr habe ich wegen des Fußballs die Schule abgebrochen. Das war vor zwei Jahren.
Wie sieht Ihre Taktik beim Fußball an der PlayStation aus? Man muss immer besser sein als die anderen, sonst sieht's schlecht aus. Meine Taktik ist es, immer offensiv nach vorne zu spielen.
Welche DVD ist so gut, dass Sie sich diese häufiger anschauen? In der letzten Zeit ist es „Borat". Über den ganzen Film kann man einfach nur lachen.
Ein perfekter freier Tag sieht für mich so aus: Zeit mit der Familie und Freunden zu verbringen.
An welche SMS können Sie sich gut erinnern? Eine SMS werde ich sicher nie vergessen und zwar die, mit der mein Bruder mir mitgeteilt hat, dass er heiraten wird.
Was war Ihr erstes Auto? Mein erstes Auto war ein schwarzer Golf V GTI, den ich vom FC Basel bekommen habe.
Welches Konzert hat Sie zuletzt begeistert? Ich war bei Herbert Grönemeyer in Bern. Das war mein erstes Konzert überhaupt. Es hat im Berner Stadion stattgefunden. Die Stimmung war gigantisch.
Über welches Geschenk, das Ihnen gemacht wurde, haben Sie sich am meisten gefreut? Vor zwei Jahren hat mir mein Bruder einen Formel-1-Wagen im Maßstab 1:6 geschenkt, einen BMW Williams. Der hat einen Ehrenplatz in meiner Wohnung.
Welches Gericht können Sie am besten kochen? Spaghetti mit Tomatensoße.
Was ist schlimmer als 50 Jahre ohne Meisterschaft? Das ist schon sehr bitter. Ich hoffe, dass wir in diesem Jahr das leidige Thema endlich zu den Akten legen können.
Welchen Klingelton haben Sie auf Ihrem Handy? Die meiste Zeit habe ich den Vibrationsalarm an. Ansonsten nehme ich irgendeinen Ton, der standardmäßig auf dem Handy drauf ist.

10

GAZPROM

GAZPROM

11

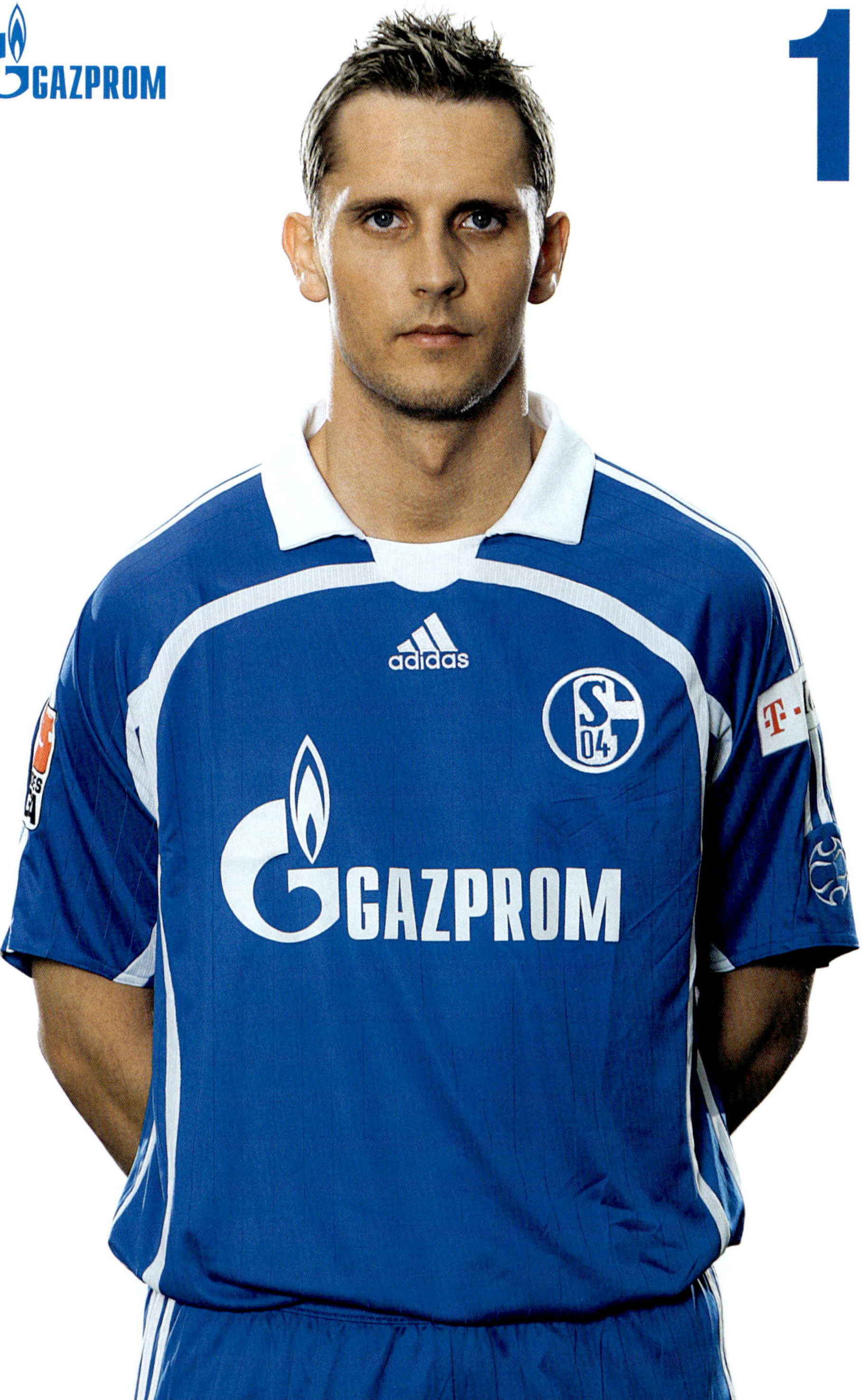

11
PETER LØVENKRANDS
ANGRIFF

PETER LØVENKRANDS | 11

Privates

Geburtsdatum:	29.1.1980
Sternzeichen:	Wassermann
Geburtsort:	Hørsolm (Dänemark)
Nationalität:	dänisch
Körpergröße:	1,81 m
Gewicht:	75 kg
Schuhgröße:	42 $^2/_3$ (8,5)
Frau:	Teresa
Kind:	Sophie
Schulabschluss:	Abitur

Sportliches

Spielposition: Angriff

Bisherige Vereine:
1985-1997 Lillerød IF (DEN)
1997-2000 Akademisk Boldklub 1893 (DEN)
2000-2006 Glasgow Rangers (SCO)

Auf Schalke seit: 1.7.2006
Vertragsende: 30.6.2009

Bundesliga:
24 Spiele | 6 Tore – alle für Schalke
DFB-Pokal:
2 Spiele | 1 Tor – alle für Schalke
Europapokal:
28 Spiele | 8 Tore
für Glasgow: 26 Spiel | 8 Tore
für Schalke: 2 Spiele | 0 Tore
Länderspiele:
17 Spiele | 1 Tor
für Glasgow: 14 Spiele | 0 Tore
für Schalke: 3 Spiele | 1 Tor

Erfolge:
Schottischer Meister (2003, 2005)
Schottischer Pokalsieger (2002)

Was war für Sie der beste Moment der vergangenen Saison? Das Spiel gegen Werder Bremen, da ich dort zwei Tore erzielt habe.

... und außerhalb des Platzes? Die Geburt meiner Tochter Sophie.

Was macht für Sie den Reiz der Champions League aus? Es ist unglaublich, die Atmosphäre in den Stadien zu erleben und ein Teil dieser großen Fußballbühne zu sein.

Welchen Beruf hätten Sie ergriffen, wenn Sie kein Profi-Fußballer geworden wären? Mich hätte ein Job gereizt, der etwas mit Filmen zu tun hat. Beispielsweise Filmkritiker.

Wie sieht Ihre Taktik beim Fußball an der PlayStation aus? Da ich keine PlayStation spiele, habe ich auch keine Taktik.

Welche DVD ist so gut, dass Sie sich diese häufiger anschauen? Braveheart. Es ist eine faszinierende Handlung und auch eine wahre Geschichte.

Ein perfekter freier Tag sieht für mich so aus: Relaxen, mit dem Hund rausgehen, Zeit mit meiner Frau und meiner kleinen Tochter verbringen und einen Film gucken.

Was war Ihr erstes Auto? Ein schwarzer Fiat Bravo, den ich mir von meinem ersten Profigehalt gekauft habe.

Welches Konzert hat Sie zuletzt begeistert? Das Beste, das ich je gesehen habe, war eins von Michael Jackson 1995 in Kopenhagen. Ich bin ein großer Fan von ihm. Seine Musik und seine Show sind toll.

Über welches Geschenk, das Ihnen gemacht wurde, haben Sie sich am meisten gefreut? Die Geburt meiner Tochter am 17. März.

Welches Gericht können Sie am besten kochen? Mexican Pancakes.

Was ist schlimmer als 50 Jahre ohne Meisterschaft? Viele Dinge, denn das Leben geht weiter. Und es gibt elementarere Dinge.

Welchen Klingelton haben Sie auf Ihrem Handy? Die Titelmelodie der TV-Serie „24".

13
JERMAINE JONES
MITTELFELD

MANNSCHAFT

JERMAINE JONES | 13

Privates

Geburtsdatum:	3.11.1981
Sternzeichen:	Skorpion
Geburtsort:	Frankfurt am Main
Nationalität:	deutsch
Körpergröße:	1,84 m
Gewicht:	78 kg
Schuhgröße:	44 (9,5)
Freundin:	Sarah
Schulabschluss:	Hauptschulabschluss

Sportliches

Spielposition: Mittelfeld

Bisherige Vereine:
1988-1994 SV Bonames
1994-1995 FV Bad Vilbel
1995-2004 Eintracht Frankfurt
2004-2005 Bayer Leverkusen
2005-2007 Eintracht Frankfurt

Auf Schalke seit: 25.6.2007
Vertragsende: 30.6.2011

Bundesliga:
36 Spiele | 2 Tore
für Frankfurt: 31 Spiele | 2 Tore
für Leverkusen: 5 Spiele | 0 Tore

DFB-Pokal:
9 Spiele | 1 Tor
für Frankfurt: 7 Spiele | 1 Tor
für Leverkusen: 2 Spiele | 0 Tore

Europapokal:
2 Spiele | 0 Tore – alle für Bayer Leverkusen

Was war für Sie der beste Moment der vergangenen Saison? Das erste Spiel nach meiner Verletzung. Es war gegen Schalke.

... und außerhalb des Platzes? Mein Urlaub auf Mallorca mit der Familie.

Was macht für Sie den Reiz der Champions League aus? Ich freue mich darauf, gegen die Besten der Welt antreten zu dürfen. Am liebsten würde ich gegen eine englische Mannschaft spielen.

Welchen Beruf hätten Sie ergriffen, wenn Sie kein Profi-Fußballer geworden wären? Das weiß ich nicht. Für mich war früh klar, dass ich Profi-Fußballer werde.

Wie sieht Ihre Taktik beim Fußball an der PlayStation aus? Ich spiele ganz selten und verliere an der PlayStation meistens. Meine Taktik ist also nicht empfehlenswert.

Welche DVD ist so gut, dass Sie sich diese häufiger anschauen? Ich mag den Film „Scarface" mit Al Pacino. Mir gefallen generell Mafiastreifen.

Ein perfekter freier Tag sieht für mich so aus: An meinen freien Tagen unternehme ich gerne etwas mit den Kindern meiner Freundin. Am liebsten verbringen wir unsere Zeit in einem Freizeitpark.

An welche SMS können Sie sich gut erinnern? Als mir mein Berater schrieb, dass der Transfer nach Schalke geklappt hat.

Was war Ihr erstes Auto? Ein Mercedes CLK Cabrio. Es war metallic-blau. Das Auto hat mir sofort gefallen.

Welches Konzert hat Sie zuletzt begeistert? „Snoop Dogg" in Frankfurt. Die Stimmung war super.

Über welches Geschenk, das Ihnen gemacht wurde, haben Sie sich am meisten gefreut? Meine Freundin war neulich shoppen und hat mir spontan ein T-Shirt mitgebracht. Es hat mich gefreut, dass sie auf ihrer Einkaufstour an mich gedacht hat.

Welches Gericht können Sie am besten kochen? Ich bin ehrlich: Ich kann nicht kochen.

Was ist schlimmer als 50 Jahre ohne Meisterschaft? Wenn wir in der kommenden Saison zweimal gegen Dortmund verlieren sollten.

Welchen Klingelton haben Sie auf Ihrem Handy? Ich habe keinen besonderen Klingelton.

13

GAZPROM

14

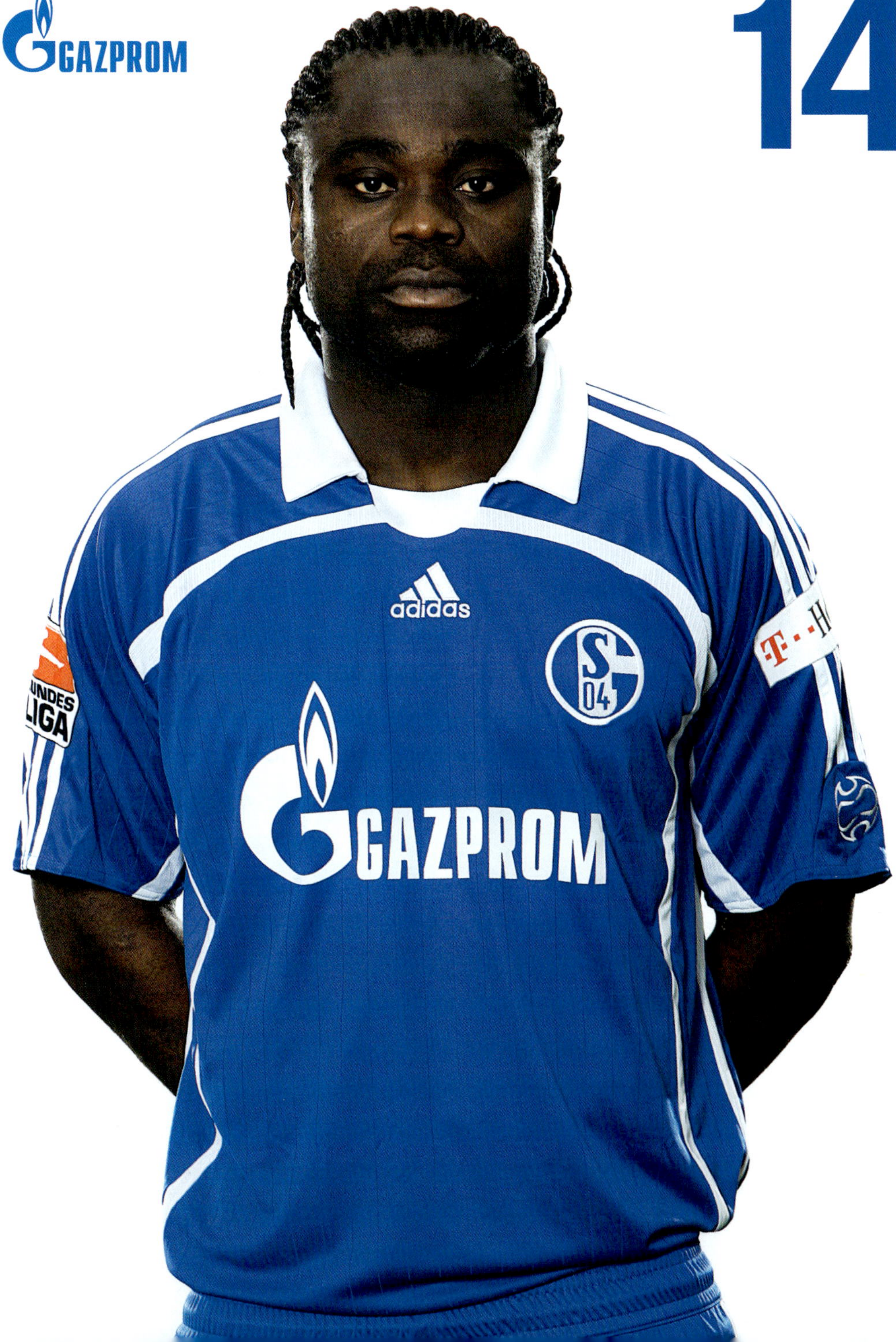

14
GERALD ASAMOAH
ANGRIFF

GERALD ASAMOAH | 14

Privates

Geburtsdatum:	3.10.1978
Sternzeichen:	Waage
Geburtsort:	Mampong (Ghana)
Nationalität:	deutsch
Körpergröße:	1,80 m
Gewicht:	85 kg
Schuhgröße:	44 (9,5)
Frau:	Linda
Kinder:	Jaden, Jada
Schulabschluss:	Mittlere Reife

Sportliches

Spielposition: Angriff
Bisherige Vereine:
1990-1994 BV Werder Hannover
1994-1999 Hannover 96

Auf Schalke seit: 1.7.1999
Vertragsende: 30.6.2008

Bundesliga:
213 Spiele | 34 Tore – alle für Schalke
DFB-Pokal:
29 Spiele | 9 Tore
für Hannover: 5 | 0
für Schalke: 24 | 9
Europapokal:
34 Spiele | 3 Tore – alle für Schalke
Nationalmannschaft:
43 Spiele | 6 Tore – alle für Schalke
Erfolge:
Deutscher Pokalsieger (2001, 2002)
WM-Teilnehmer (2002, 2006)

Was war für Sie der beste Moment der vergangenen Saison? Mein erstes Spiel nach meinem Beinbruch. Beim 1:0-Sieg in der Arena gegen den VfB Stuttgart wurde ich zehn Minuten vor Schluss eingewechselt.
… und außerhalb des Platzes? Die Geburt meiner Zwillinge Jada und Jaden.
Was macht für Sie den Reiz der Champions League aus? Hier spielen die besten Vereine aus ganz Europa und es ist toll, dass wir dazugehören.
Welchen Beruf hätten Sie ergriffen, wenn Sie kein Profi-Fußballer geworden wären? Nach der 10. Klasse hätte ich einen Beruf im Hotelwesen ergriffen: Hotelfachmann oder Koch. Doch ich habe fest daran geglaubt, dass es mit der Profi-Karriere klappt.
Wie sieht Ihre Taktik beim Fußball an der PlayStation aus? Ich komme meistens über die Außen. Und dann lauert in meinem Team in der Mitte Didier Drogba, der die Dinger reinmacht.
Welche DVD ist so gut, dass Sie sich diese häufiger anschauen? Ich schaue häufig die TV-Serie King of Queens.
Ein perfekter freier Tag sieht für mich so aus: Zunächst schlafe ich aus, dann frühstücke ich und unternehme etwas mit meiner Frau und meinen Kindern.
An welche SMS können Sie sich gut erinnern? Nach meinem Beinbruch habe ich unheimlich viele Genesungswünsche per SMS bekommen. Besonders überrascht und gefreut hat mich dabei, dass mir auch viele Spieler von anderen Vereinen alles Gute gewünscht und an mich gedacht haben.
Was war Ihr erstes Auto? Ein silberner Opel Vectra. Den habe ich von meinem damaligen Verein Hannover 96 bekommen. Allerdings hatte ich schon nach drei Monaten mit dem Auto einen Totalschaden.
Welches Konzert hat Sie zuletzt begeistert? Als Herbert Grönemeyer hier auf Schalke gespielt hat. Die Stimmung war richtig klasse.
Welches Gericht können Sie am besten kochen? Ich kann vieles kochen, am liebsten allerdings Nudeln.
Was ist schlimmer als 50 Jahre ohne Meisterschaft? Es gibt nichts Schlimmeres.
Welchen Klingelton haben Sie auf Ihrem Handy? Ich habe mein Handy immer auf lautlos gestellt.

15
TIMO KUNERT
MITTELFELD

TIMO KUNERT | 15

Privates
Geburtsdatum: 12.3.1987
Sternzeichen: Fische
Geburtsort: Gladbeck
Nationalität: deutsch
Körpergröße: 1,77 m
Gewicht: 68 kg
Schuhgröße: 41 (7,5)
Freundin: Dana
Schulabschluss: Fachhochschulreife

Sportliches
Spielposition: Mittelfeld
Bisheriger Verein:
1992-1999 VfB Kirchhellen

Auf Schalke seit: 1.7.1999
Vertragsende: 30.6.2008

Bundesliga:
1 Spiel | 0 Tore

Was war für Sie der beste Moment der vergangenen Saison? Mein erster Bundesliga-Einsatz beim Heimspiel gegen Borussia Mönchengladbach.
... und außerhalb des Platzes? Das Fan-Club-Treffen in Medebach hat mir viel Spaß bereitet.
Was macht für Sie den Reiz der Champions League aus? Ich freue mich besonders darauf, viele hochklassige Spiele auf Weltniveau miterleben zu dürfen.
Welchen Beruf hätten Sie ergriffen, wenn Sie kein Profi-Fußballer geworden wären? Ich wäre gerne Physiotherapeut geworden, denn auch auf diese Weise hätte ich mich mit Fußballern beschäftigen können. Und ich finde es gut, wenn man weiß, was man bei Verletzungen tun muss.
Wie sieht Ihre Taktik beim Fußball an der PlayStation aus? Zwar spiele ich nicht sehr oft PlayStation, aber wenn, dann spiele ich sehr offensiv und gehe immer direkt drauf.
Welche DVD ist so gut, dass Sie sich diese häufiger anschauen? „Rounders" – das ist ein Film, der vom Pokern handelt. Ich finde es faszinierend zu sehen, wie man mit Pokern auf-, aber auch absteigen kann.
Ein perfekter freier Tag sieht für mich so aus: Zunächst schlafe ich länger. Dann treffe ich mich mit meinen Freunden, damit wir gemeinsam weggehen können.
An welche SMS können Sie sich gut erinnern? Am Besten haben sich SMS von meinen Kollegen eingeprägt, die mich auch dann immer mit netten Worten aufbauen, wenn ich mal nicht zum Einsatz gekommen bin.
Was war Ihr erstes Auto? Ein roter VW Fox. Den habe ich mir von meinem ersten Profi-Gehalt gekauft.
Welches Konzert hat Sie zuletzt begeistert? Ich war in Köln bei einem Bushido-Konzert. Besonders begeistert hat mich der Einfluss des Künstlers auf das Publikum und wie der Funke übergesprungen ist.
Über welches Geschenk, das Ihnen gemacht wurde, haben Sie sich am meisten gefreut? Zuletzt habe ich mich besonders über eine Stromberg-DVD gefreut, die mir ein Freund zum Geburtstag geschenkt hat.
Welches Gericht können Sie am besten kochen? Rührei zum Beispiel, mit Salz, Pfeffer und Schinken.
Was ist schlimmer als 50 Jahre ohne Meisterschaft? 50 Jahre ohne Sex.
Welchen Klingelton haben Sie auf Ihrem Handy? Heute ist es lautlos, früher war's die Titelmelodie der TV-Serie „Die Simpsons".

15

GAZPROM

GAZPROM

16

16
DARÍO RODRÍGUEZ
ABWEHR

DARÍO RODRÍGUEZ | 16

Privates

Geburtsdatum:	17.9.1974
Sternzeichen:	Jungfrau
Geburtsort:	Montevideo (Uruguay)
Nationalität:	uruguayisch
Körpergröße:	1,83 m
Gewicht:	82 kg
Schuhgröße:	43 $^1/_3$ (9)
Frau:	Monica
Kind:	Fatima Mia
Schulabschluss:	Abitur
Erlernter Beruf:	Student

Sportliches

Spielposition: Abwehr

Bisherige Vereine:
1979-1984 Huracan Villegas (URU)
1984-1989 Higos del Mar (URU)
1990-1995 I.A. Sud America (URU)
1995-1996 Toluca (MEX)
1997-1998 Bella Vista (URU)
1998-2002 Peñarol Montevideo (URU)

Auf Schalke seit: 16.8.2002
Vertragsende: 30.6.2008

Bundesliga:
99 Spiele | 6 Tore – alle für Schalke
DFB-Pokal:
9 Spiele | 2 Tore – alle für Schalke
Europapokal:
22 Spiele | 1 Tor – alle für Schalke
Länderspiele:
50 Spiele | 4 Tore
für Penarol: 24 | 3
für Schalke: 26 | 1
Erfolge:
Uruguayischer Meister (1999)
WM-Teilnehmer (2002)
Copa-America-Teilnehmer (2004, 2007)

Was war für Sie der beste Moment der vergangenen Saison? Als ich erfahren habe, dass die Fans für mich ein Lied gedichtet haben: Hey, Mr. Uruguay... Das fand ich richtig klasse.
... und außerhalb des Platzes? Jeder Tag, an dem ich mit meiner Tochter spielen konnte.
Was macht für Sie den Reiz der Champions League aus? Sie ist neben der Weltmeisterschaft die wichtigste Fußball-Bühne überhaupt. Diese Spiele werden auch in Südamerika gezeigt.
Welchen Beruf hätten Sie ergriffen, wenn Sie kein Profi-Fußballer geworden wären? Ich wollte nie etwas anderes werden.
Wie sieht Ihre Taktik beim Fußball an der PlayStation aus? Ich spiele immer 4-4-2 mit Uruguay.
Welche DVD ist so gut, dass Sie sich diese schon öfters angeschaut haben? Romantische Filme gefallen mir sehr gut. Die kann ich immer wieder sehen.
Ein perfekter freier Tag sieht für mich so aus: Wenn ich frei habe, unternehme ich gerne Kurzausflüge mit meiner Familie. Dann fahren wir nach Holland, Belgien oder Frankreich. Wir wollen Europa kennen lernen.
An welche SMS können Sie sich gut erinnern? Ich telefoniere lieber.
Was war Ihr erstes Auto? Wenn ich mich recht erinnere, war das ein VW Golf.
Welches Konzert hat Sie zuletzt begeistert? La Vela Puerca in Düsseldorf. Die Jungs sind aus Uruguay; zu der Musik kann man richtig gut feiern.
Über welches Geschenk, das Ihnen gemacht wurde, haben Sie sich am meisten gefreut? Über Parfüm freue ich mich eigentlich immer: nichts Spezielles, ich bin einfach ein Fan von Düften.
Welches Gericht können Sie am besten kochen? Spaghetti gelingen mir immer.
Was ist schlimmer als 50 Jahre ohne Meisterschaft? In einem Verein ohne Leidenschaft und Seele zu spielen.
Welchen Klingelton haben Sie auf Ihrem Handy? Gustavo Varela schickt mir oft Tropical Musik, die ich dann als Klingelton benutze.

17
MESUT ÖZIL
MITTELFELD

MANNSCHAFT

MESUT ÖZIL | 17

Privates

Geburtsdatum:	15.10.1988
Sternzeichen:	Waage
Geburtsort:	Gelsenkirchen
Nationalität:	deutsch
Körpergröße:	1,80 m
Gewicht:	70 kg
Schuhgröße:	43 (9)
Schulabschluss:	Fachoberschulreife

Sportliches

Spielposition: Mittelfeld

Bisherige Vereine:
1995-1998 Westfalia 04 Gelsenkirchen
1998-1999 Teutonia Schalke
1999-2000 DJK Falke Gelsenkirchen
2000-2005 Rot-Weiß Essen

Auf Schalke seit: 1.7.2005
Vertragsende: 30.6.2009

Bundesliga:
19 Spiele | 0 Tore
DFB-Pokal:
1 Spiel | 0 Tore
Europapokal:
1 Spiel | 0 Tore

Was war für Sie der beste Moment der vergangenen Saison? Mein erster Einsatz gegen Eintracht Frankfurt. Ich war zwar sehr aufgeregt und nervös, doch mit der Zeit fühlte ich mich immer wohler.

... und außerhalb des Platzes? An Lincolns Geburtstag gab es eine richtig große Party mit der Mannschaft in einer Diskothek.

Was macht für Sie den Reiz der Champions League aus? Es ist toll, die Spieler, die man sonst nur aus dem Fernsehen kennt, einmal live zu erleben und sich mit ihnen messen zu können. Mein Traum ist es, gegen den FC Barcelona zu spielen. Dort stehen unglaublich gute Spieler unter Vertrag.

Welchen Beruf hätten Sie ergriffen, wenn Sie kein Profi-Fußballer geworden wären? Ich wäre Immobilienmakler geworden. Ein Bekannter meiner Familie übt diesen Beruf aus. Der Job hat mich begeistert.

Wie sieht Ihre Taktik beim Fußball an der PlayStation aus? Ich werfe alles nach vorne und spiele mit viel Risiko.

Welche DVD ist so gut, dass Sie sich diese häufiger anschauen? Alle Filme mit Jackie Chan.

Ein perfekter freier Tag sieht für mich so aus: Ich entspanne mit meiner Familie oder mit meinen Freunden daheim. Wir schauen dann entweder fern oder quatschen ein bisschen.

An welche SMS können Sie sich gut erinnern? Die kam von meinem Onkel, als ich meinen Profi-Vertrag unterschrieben habe. Er schrieb mir, dass er stolz auf mich sei und machte mir Mut, dass ich es auf Schalke schaffen kann.

Was war Ihr erstes Auto? Ein schwarzer Audi A3.

Welches Konzert hat Sie zuletzt begeistert? Das war ein türkisches Konzert in Oberhausen, bei dem mehrere türkische Sänger auftraten, die ich mir auch im Fernsehen gern ansehe.

Über welches Geschenk, das Ihnen gemacht wurde, haben Sie sich am meisten gefreut? Weil es in der letzten Saison für mich so gut gelaufen ist, hat mir meine Familie ein Auto geschenkt.

Welches Gericht können Sie am besten kochen? Ich kann gar nicht kochen. Im Moment möchte ich es auch nicht lernen, aber später schon.

Was ist schlimmer als 50 Jahre ohne Meisterschaft? Verletzungen, die so schwer sind, dass ich nicht mehr Fußball spielen könnte.

Welchen Klingelton haben Sie auf Ihrem Handy? Von Omarion: „Icebox".

17

GAZPROM

GAZPROM

18

18
RAFINHA
ABWEHR

RAFINHA | 18

Privates

Name:	Marcio Rafael Ferreira de Souza
Geburtsdatum:	7.9.1985
Geburtsort:	Londrina (Brasilien)
Nationalität:	brasilianisch
Größe:	1,72 m
Gewicht:	68 kg
Schuhgröße:	40 (7)
Freundin:	Carolina
Schulabschluss:	Mittlere Reife

Sportliches

Spielposition:	Abwehr

Stationen:
1992-1997 Gremio Londrinense (BRA)
1997-2001 P.S.T.C. (BRA)
2001-2002 Londrina Junior Team (BRA)
2002-2005 Coritiba FC (BRA)

Auf Schalke seit: 22.8.2005
Vertragsende: 30.6.2011

Bundesliga:
60 Spiele | 2 Tore – alle für Schalke

DFB-Pokal:
3 Spiele | 0 Tore – alle für Schalke

Europapokal:
14 Spiele | 0 Tore – alle für Schalke

Was war für Sie der beste Moment der vergangenen Saison? Mein erstes Tor im Heimspiel gegen den VfL Bochum.
... und außerhalb des Platzes? Mein Urlaub in Brasilien, in dem ich all meine Freunde wieder sehen konnte.
Was macht für Sie den Reiz der Champions League aus? Alle wollten hier die Deutsche Meisterschaft gewinnen. Das hat leider nicht geklappt, aber immerhin haben wir uns für die Champions League qualifiziert. Das ist super für uns. Egal gegen welchen Verein wir spielen, wir wollen gewinnen.
Welchen Beruf hätten Sie ergriffen, wenn Sie kein Profi-Fußballer geworden wären? Ich hätte Sport studiert.
Wie sieht Ihre Taktik beim Fußball an der PlayStation aus? Das Spielen an der Playstation gehört nicht zu meinen Hobbys.
Welche DVD ist so gut, dass Sie sich diese häufiger anschauen? Der Film wurde von Morgan Freeman produziert und heißt „Bopha – Kampf um Freiheit".
Ein perfekter freier Tag sieht für mich so aus: Zu einem perfekten freien Tag gehören: gutes Wetter, eine Grillparty im Garten und Samba-Musik.
An welche SMS können Sie sich gut erinnern? Ich freue mich über jede SMS, mit der mir Freunde signalisieren, dass sie an mich denken, wenn ich hier auf Schalke bin.
Was war Ihr erstes Auto? In Brasilien habe ich mir von meiner ersten Prämie, die ich von der U20-Nationalmannschaft erhalten habe, einen silbernen Golf gekauft.
Welches Konzert hat Sie zuletzt begeistert? Mich begeistern grundsätzlich Samba- und Latino-Musik.
Über welches Geschenk, das Ihnen gemacht wurde, haben Sie sich am meisten gefreut? Das größte Geschenk kommt von Gott: Es ist die Gesundheit.
Welches Gericht können Sie am besten kochen? Feiãjo – ein brasilianisches Reisgericht.
Was ist schlimmer als 50 Jahre ohne Meisterschaft? Es ist noch nicht aller Tage Abend. Alle warten nun schon so lange auf diesen Titel und wir werden alles daran setzen, ihn in den nächsten Jahren nach Gelsenkirchen zu holen.
Welchen Klingelton haben Sie auf Ihrem Handy? Eine Samba-Melodie.

19
HALIL ALTINTOP
ANGRIFF

HALIL ALTINTOP | 19

Privates

Geburtsdatum:	8.12.1982
Sternzeichen:	Schütze
Geburtsort:	Gelsenkirchen
Nationalität:	türkisch
Körpergröße:	1,86 m
Gewicht:	82 kg
Schuhgröße:	43 (9)
Schulabschluss:	Abitur

Sportliches

Spielposition: Angriff

Bisherige Vereine:
1992-1993 Schwarz-Weiß Gelsenkirchen-Süd
1993-1997 TuS Rotthausen
1997-2003 SG Wattenscheid 09
2003-2006 1. FC Kaiserslautern

Auf Schalke seit: 1.7.2006
Vertragsende: 30.6.2010

Bundesliga:
125 Spiele | 34 Tore
für Kaiserslautern: 91 | 28
für Schalke: 34 | 6

DFB-Pokal:
6 Spiele | 2 Tore
für Kaiserslautern: 4 | 1
für Schalke: 2 | 1

Europapokal:
2 Spiele | 0 Tore – alle für Schalke

Länderspiele:
15 Spiele | 3 Tore
für Kaiserslautern: 11 | 3
für Schalke: 4 | 0

Was war für Sie der beste Moment der vergangenen Saison? Kobis Tor im Spiel gegen die Bayern.

... und außerhalb des Platzes? Den gab es schon vor Beginn der Saison: meinen Wechsel von Kaiserslautern nach Schalke.

Was macht für Sie den Reiz der Champions League aus? Gegen die besten Fußballer Europa zu spielen. Außerdem ist die Stimmung etwas ganz Besonderes.

Welchen Beruf hätten Sie ergriffen, wenn Sie kein Profi-Fußballer geworden wären? Ich hätte Sportmanagement studiert und mich anschließend selbstständig gemacht. Vielleicht kommt das ja noch.

Wie sieht Ihre Taktik beim Fußball an der PlayStation aus? Für mich ist es wichtig, Spaß zu haben. Deswegen schicke ich schon mal den Torwart bis zur Mittellinie.

Welche DVD ist so gut, dass Sie sich diese häufiger anschauen? Ich schaue niemals einen Film mehr als einmal an, denn das langweilt mich.

Ein perfekter freier Tag sieht für mich so aus: Langes Ausschlafen, ein ausgedehntes Frühstück, ein Treffen mit der Familie oder engen Freunden.

An welche SMS können Sie sich gut erinnern? Da ich mein Handy oft auf lautlos gestellt habe, beinhalten die SMS meistens die Bitte um Rückruf.

Was war Ihr erstes Auto? Mein erstes Auto war eine schwarze C-Klasse von Mercedes, die ich mit 18 Jahren, während meiner Zeit bei der SG Wattenscheid 09, geschenkt bekommen habe.

Welches Konzert hat Sie zuletzt begeistert? Ich war letztes Jahr in Mannheim bei Xavier Naidoo. An ihm gefällt mir besonders, dass er immer die richtigen Worte findet.

Über welches Geschenk, das Ihnen gemacht wurde, haben Sie sich am meisten gefreut? Ich freue mich über alle Geschenke.

Welches Gericht können Sie am besten kochen? Ich denke, dass ich im Allgemeinen ganz gut kochen kann. Schließlich habe ich drei Jahre alleine gewohnt. Besonders gut gelingen mir Reis, Nudeln und Schnitzel.

Was ist schlimmer als 50 Jahre ohne Meisterschaft? Wenn wir in den nächsten Jahren mit Schalke gar keinen Titel holen. Das allerschlimmste wäre allerdings, wenn mein Bruder für den FC Bayern das Siegtor gegen uns schießt.

Welchen Klingelton haben Sie auf Ihrem Handy? Ich benutze keinen Klingelton. Mein Handy steht auf lautlos.

19

GAZPROM

20

20
MLADEN KRSTAJIĆ
ABWEHR

MANNSCHAFT

MLADEN KRSTAJIĆ | 20

Privates

Geburtsdatum:	4.3.1974
Sternzeichen:	Fische
Geburtsort:	Zenica (Bosnien-Herzegowina)
Nationalität:	serbisch
Körpergröße:	1,91 m
Gewicht:	85 kg
Schuhgröße:	43 (9)
Frau:	Ljubica
Kinder:	Svetlana, Elena, Mateja
Schulabschluss:	Mittlere Reife
Erlernter Beruf:	Kellner

Sportliches

Spielposition: Abwehr

Bisherige Vereine:

1984–1991 Celik Zenica (BIH)
1992–1995 OFK Kikinda (SRB)
1996–2000 Partizan Belgrad (SRB)
2000–2004 Werder Bremen

Auf Schalke seit: 1.7.2004
Vertragsende: 30.6.2009

Bundesliga:
196 Spiele | 15 Tore
für Bremen: 112 | 11
für Schalke: 84 | 4

DFB-Pokal:
22 Spiele | 1 Tor
für Bremen: 14 | 0
für Schalke: 8 | 1

Europapokal:
36 Spiele | 2 Tore
für Bremen: 18 | 2
für Schalke: 18 | 0

Länderspiele:
55 Spiele | 2 Tore
für Bremen: 31 | 2
für Schalke: 24 | 0

Erfolge:
Deutscher Meister (2004)
Deutscher Pokalsieger (2004)
Jugoslawischer Meister (1996, 1997, 1999)
Jugoslawischer Pokalsieger (1998)
WM-Teilnehmer (2006)

Was war für Sie der beste Moment der vergangenen Saison? Der beste Moment war, als wir 13 Spieltage hintereinander Tabellenführer waren.

... und außerhalb des Platzes? Außerhalb des Platzes genieße ich immer besonders die Zeit, die ich mit meiner Familie verbringen kann.

Was macht für Sie den Reiz der Champions League aus? Wir treffen in diesem tollen Wettbewerb auf die besten Spieler und Vereine der Welt: Darauf freue ich mich.

Welchen Beruf hätten Sie ergriffen, wenn Sie kein Profi-Fußballer geworden wären? Ehrlich gesagt habe ich keinen richtigen Traum-Beruf. Wahrscheinlich wäre ich Kellner geworden. Das ist ja der Beruf, den ich erlernt habe.

Wie sieht Ihre Taktik beim Fußball an der PlayStation aus? Ich spiele nicht PlayStation.

Welche DVD ist so gut, dass Sie sich diese häufiger anschauen? Ich verbringe kaum Zeit vor dem Fernseher, sondern treffe mich lieber mit Freunden oder mit der Familie.

Ein perfekter freier Tag sieht für mich so aus: Am liebsten grille ich mit meiner Familie und mit Freunden im Garten bei mir zu Hause.

An welche SMS können Sie sich gut erinnern? „Ich liebe dich, mein Schatz" von meiner Frau.

Was war Ihr erstes Auto? Ein dunkelrotes jugoslawisches Modell, das ich mir 1995 in Serbien gekauft habe. Ich habe ihn in zwei Raten bezahlt, da ich damals wegen des Krieges nur wenig Geld zur Verfügung hatte.

Welches Konzert hat Sie zuletzt begeistert? Ich war noch nie auf einem Konzert.

Über welches Geschenk, das Ihnen gemacht wurde, haben Sie sich am meisten gefreut? Meine Kinder sind das größte Geschenk für mich.

Welches Gericht können Sie am besten kochen? Spiegelei! Aber mir gelingt auch alles sehr gut, was gegrillt werden muss, vor allem deutsche Bratwurst.

Was ist schlimmer als 50 Jahre ohne Meisterschaft? Am schlimmsten ist, dass wir so lange Erster waren und dass es am Ende trotzdem nicht gereicht hat. Wir haben wirklich eine historische Chance verpasst.

Welchen Klingelton haben Sie auf Ihrem Handy? Irgendeinen Standard-Klingelton, der ohnehin auf dem Handy gespeichert ist.

21
MICHAEL DELURA
MITTELFELD

MICHAEL DELURA | 21

Privates

Geburtsdatum:	1.7.1985
Sternzeichen:	Krebs
Geburtsort:	Gelsenkirchen
Nationalität:	deutsch
Körpergröße:	1,92 m
Gewicht:	87 kg
Schuhgröße:	45
Schulabschluss:	Fachabitur
Freundin:	Anita

Sportliches

Spielposition: Mittelfeld

Bisherige Vereine:

1991-1993 DJK Falke Gelsenkirchen
1993-1994 VfB Gelsenkirchen
1994-1999 SG Wattenscheid 09
1999-2005 FC Schalke 04
2005-2006 Hannover 96
2006-2007 Borussia Mönchengladbach

In Schalke seit: 25.6.2007
Vertragsende: 30.6.2008

Bundesliga:

76 Spiele | 8 Tore
für Schalke: 23 | 4
für Hannover: 25 | 1
für Gladbach: 28 | 3

DFB-Pokal:

6 Spiele | 1 Tor
für Schalke: 2 | 0
für Hannover: 2 | 0
für Gladbach: 2 | 1

Europapokal:

3 Spiele | 0 Tore – alle für Schalke

Was war für Sie der beste Moment der vergangenen Saison? Die Saison mit Gladbach war nicht leicht und der Abstieg war sehr traurig. Trotzdem war der Zusammenhalt in der Mannschaft sehr positiv.

... und außerhalb des Platzes? Die Hochzeit meiner Cousine im Juni war für mich persönlich der beste Moment des vergangenen Jahres.

Was macht für Sie den Reiz der Champions League aus? Der Reiz der Champions League ist, gegen die besten Mannschaften aus Europa zu spielen. Die spannungsgeladene Atmosphäre, die tollen Stadien und die fantastischen Fans sind schon etwas ganz Besonderes. FC Barcelona als Gegner wäre für mich ein Traum.

Welchen Beruf hätten Sie ergriffen, wenn Sie kein Profi-Fußballer geworden wären? Ich hätte mein Abitur gemacht und hätte dann ein Studienfach mit Schwerpunkt Sport gewählt.

Wie sieht Ihre Taktik beim Fußball an der PlayStation aus? Die Null muss stehen.

Welche DVD ist so gut, dass Sie sich diese häufiger anschauen? Ich mag den Film „Gladiator". Die einzelnen Szenen und die Handlung gefallen mir. Wie der Hauptdarsteller sich als Einzelkämpfer in der gigantischen Arena durchbeißt, ist schon faszinierend.

Ein perfekter freier Tag sieht für mich so aus: An einem freien Tag schaue ich viel fern und entspanne dabei.

An welche SMS können Sie sich gut erinnern? Ich erinnere mich an keine bestimmte.

Was war Ihr erstes Auto? Ein schwarzer Audi A3, den ich heute noch fahre. Ich finde, es ist ein schönes Auto und nicht zu groß.

Welches Konzert hat Sie zuletzt begeistert? Ehrlich gesagt war ich noch nie auf einem Konzert.

Über welches Geschenk, das Ihnen gemacht wurde, haben Sie sich am meisten gefreut? Über meinen Talisman, den mir meine Eltern vor gut einem Jahr geschenkt haben.

Welches Gericht können Sie am besten kochen? Spaghetti mit Tomatensauce und Schrimps.

Was ist schlimmer als 50 Jahre ohne Meisterschaft? Es gibt nichts Schlimmeres.

Welchen Klingelton haben Sie auf Ihrem Handy? Ich habe bei meinem Handy immer nur den Vibrationsalarm eingestellt.

21

GAZPROM

GAZPROM

22

22
KEVIN KURANYI
ANGRIFF

MANNSCHAFT

KEVIN KURANYI | 22

Privates

Geburtsdatum:	2.3.1982
Sternzeichen:	Fische
Geburtsort:	Rio de Janeiro (Brasilien)
Nationalität:	deutsch, brasilianisch, panamaisch
Körpergröße:	1,90 m
Gewicht:	83 kg
Schuhgröße:	43 (9)
Frau:	Viktorija
Kind:	Karlo
Schulabschluss:	Realschulabschluss

Sportliches

Spielposition: Angriff

Bisherige Vereine:
1988-1993 Serrano FC (BRA)
1993-1994 Las Promesas Panama (PAN)
1994-1996 Serrano FC (BRA)
1996-1997 Las Promesas Panama (PAN)
1997-2005 VfB Stuttgart

Auf Schalke seit: 1.7.2005
Vertragsende: 30.6.2010

Bundesliga:
163 Spiele | 65 Tore
für Stuttgart: 99 | 40
für Schalke: 64 | 25

DFB-Pokal:
13 Spiele | 8 Tore
für Stuttgart: 9 | 6
für Schalke: 4 | 2

Europapokal:
36 Spiele | 13 Tore
für Stuttgart: 22 | 10
für Schalke: 14 | 3

Länderspiele:
40 Spiele | 18 Tore
für Stuttgart: 29 | 14
für Schalke: 11 | 4

Erfolg:
EM-Teilnehmer (2004)

Was war für Sie der beste Moment der vergangenen Saison? Als ich erfahren habe, dass ich wieder zum Kader der Nationalmannschaft gehöre.

... und außerhalb des Platzes? Das war auf alle Fälle meine Hochzeit mit meiner langjährigen Freundin Viktorija.

Was macht für Sie den Reiz der Champions League aus? Der Reiz besteht darin, dass man gegen die besten Mannschaften aus ganz Europa spielt. Am liebsten würde ich gegen den FC Barcelona oder Real Madrid auflaufen.

Welchen Beruf hätten Sie ergriffen, wenn Sie kein Profi-Fußballer geworden wären? Ich hätte eine Lehre als Einzelhandelskaufmann gemacht. Dieser Beruf gefällt mir und hätte mir sicher auch Spaß gemacht.

Wie sieht Ihre Taktik beim Fußball an der PlayStation aus? Ich schlage sie alle, denn ich bin einfach zu gut für den Rest. Nicht einmal „Asa" ist ein wirklich ernst zu nehmender Gegner.

Welche DVD ist so gut, dass Sie sich diese häufiger anschauen? Ich sehe gerne Filme mit Cuba Gooding jun.

Ein perfekter freier Tag sieht für mich so aus: Einen perfekten freien Tag verbringe ich zusammen mit meiner Familie am Strand bei Sonnenschein.

An welche SMS können Sie sich gut erinnern? Als mir mein Trainer Mirko Slomka mitteilte, dass ich wieder im Aufgebot der Nationalmannschaft stehe.

Was war Ihr erstes Auto? Mit 18 Jahren habe ich einen schwarzen Twingo gehabt.

Welches Konzert hat Sie zuletzt begeistert? Ich gehe nicht sehr oft auf Konzerte. Das letzte Mal habe ich Nelly Furtado in Stuttgart auf der Bühne gesehen.

Welches Gericht können Sie am besten kochen? Rührei und Omelette.

Was ist schlimmer als 50 Jahre ohne Meisterschaft? 51 Jahre ohne Meisterschaft.

Welchen Klingelton haben Sie auf Ihrem Handy? Den normalen Nokia-Klingelton, der ohnehin auf dem Handy gespeichert ist.

23
BENEDIKT HÖWEDES
ABWEHR

BENEDIKT HÖWEDES | 23

Privates

Geburtsdatum:	29.2.1988
Sternzeichen:	Fische
Geburtsort:	Haltern am See
Nationalität:	deutsch
Körpergröße:	1,87 m
Gewicht:	75 kg
Schuhgröße:	44 (9,5)
Schulabschluss:	Fachabitur

Sportliches

Spielposition: Abwehr

Bisherige Vereine:
1994-2000 TuS Haltern
2000-2001 SG Herten-Langenbochum

Auf Schalke seit: 1.7.2001
Vertragsende: 30.6.2010

Bundesliga:
0 Spiele | 0 Tore

Was war für Sie der beste Moment der vergangenen Saison? Als ich meinen Profi-Vertrag unterschrieben habe.
... und außerhalb des Platzes? Ich habe mir im Mai mein erstes Auto gekauft, einen schwarzen Ford Fiesta.
Was macht für Sie den Reiz der Champions League aus? Der Reiz besteht darin, gegen große Vereine und gegen Weltstars zu spielen. Am liebsten würde ich gegen den FC Barcelona spielen.
Welchen Beruf hätten Sie ergriffen, wenn Sie kein Profi-Fußballer geworden wären? Ich wäre Diplom-Sportlehrer geworden. Das Thema Sport interessiert mich sehr.
Wie sieht Ihre Taktik beim Fußball an der PlayStation aus? Ich habe keine bestimmte Taktik, ich spiele einfach drauf los.
Welche DVD ist so gut, dass Sie sich diese häufiger anschauen? „Bang boom bang" und „Fluch der Karibik". Die Filme sind einfach super witzig.
Ein perfekter freier Tag sieht für mich so aus: Zu einem perfekten freien Tag gehört für mich: ausschlafen, gutes Essen und die Zeit mit Freunden zu genießen.
Welches Konzert hat Sie zuletzt begeistert? Ich war dieses Jahr zum ersten Mal mit Freunden bei „Rock am Ring".
Über welches Geschenk, das Ihnen gemacht wurde, haben Sie sich am meisten gefreut? Mein Bruder und mein Vater haben mir, als ich den Profi-Vertrag unterschrieben habe, eine Überraschungs-Party mit mehr als 150 Leuten organisiert.
Welches Gericht können Sie am besten kochen? Spaghetti Carbonara.
Was ist schlimmer als 50 Jahre ohne Meisterschaft? 51 Jahre ohne Meisterschaft.
Welchen Klingelton haben Sie auf Ihrem Handy? Keinen bestimmten. Irgendeinen, der standardmäßig auf dem Handy ist.

23

GAZPROM

GAZPROM

24

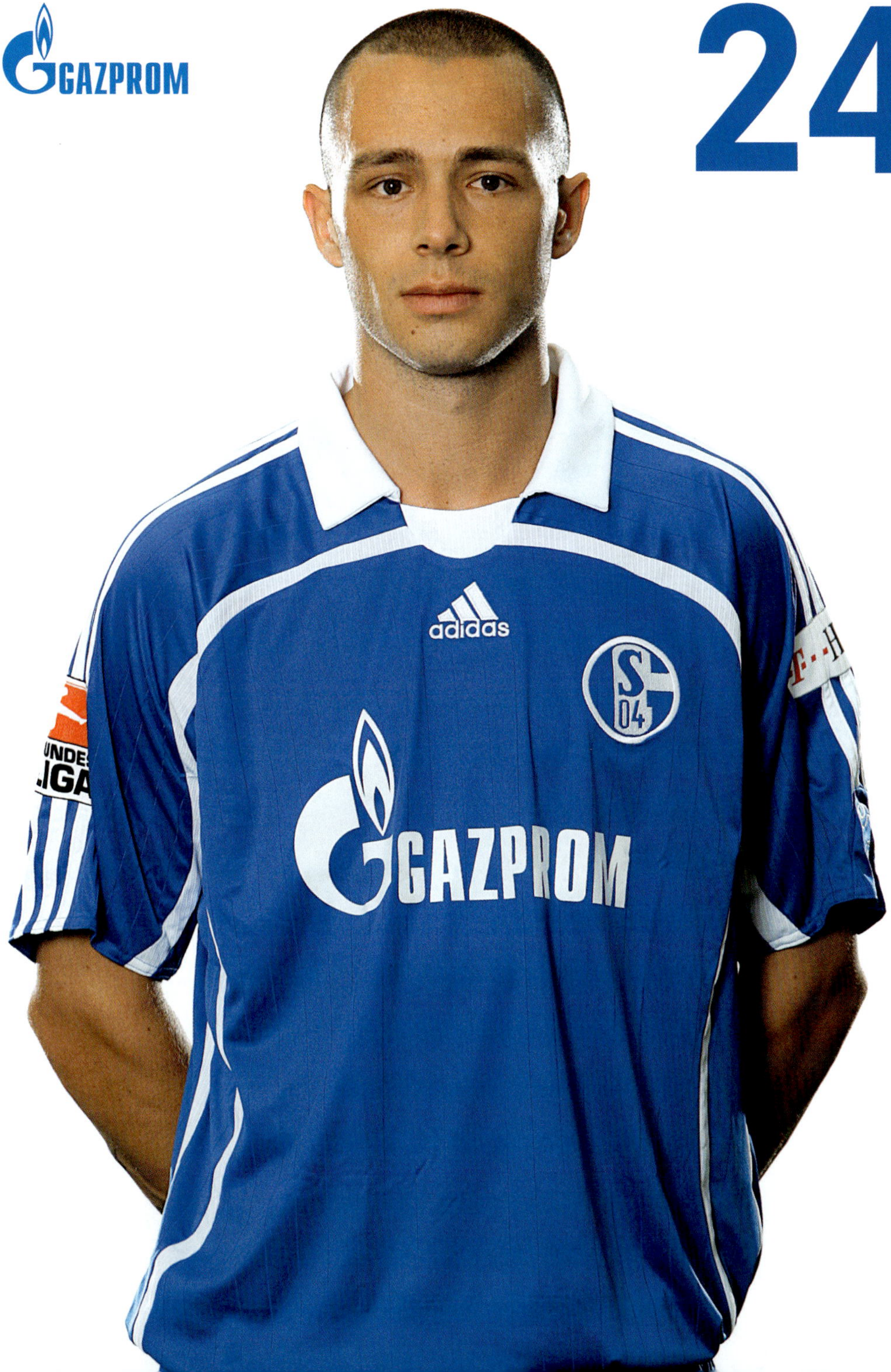

24
CHRISTIAN PANDER
ABWEHR

CHRISTIAN PANDER | 24

Privates

Geburtsdatum:	28.8.1983
Sternzeichen:	Jungfrau
Geburtsort:	Münster
Nationalität:	deutsch
Körpergröße:	1,86 m
Gewicht:	80 kg
Schuhgröße:	44 (9,5)
Schulabschluss:	Realschule
Erlernter Beruf:	Groß- und Außenhandelskaufmann

Sportliches

Spielposition:	Abwehr

Bisherige Vereine:
1992-1993 SC Nienberge
1993-1996 1. FC Gievenbeck
1996-1997 SC Greven 09
1997-2001 SC Preußen Münster

Auf Schalke seit: 1.7.2001
Vertragsende: 30.6.2008

Bundesliga:
40 Spiele | 3 Tore – alle für Schalke
DFB-Pokal:
4 Spiele | 0 Tore – alle für Schalke
Europapokal:
8 Spiele | 0 Tore – alle für Schalke

Was war für Sie der beste Moment der vergangenen Saison? Mein erstes Spiel gegen Bayern München nach der langen Verletzung.
... und außerhalb des Platzes? Die Eröffnung unseres Tonstudios Anfang des Jahres in Münster.
Was macht für Sie den Reiz der Champions League aus? In der Saison 2004/05 gehörte ich zur Mannschaft, die sich für die Champions League qualifiziert hat. Dann habe ich mich verletzt und konnte deshalb nicht dabei sein. Ich freue mich besonders, diesmal mitspielen zu können. Die Champions League ist mit dem UEFA-Cup kaum zu vergleichen, in allem eine Nummer größer.
Welchen Beruf hätten Sie ergriffen, wenn Sie kein Profi-Fußballer geworden wären? Ich hätte irgend etwas mit Musik gemacht.
Wie sieht Ihre Taktik beim Fußball an der PlayStation aus? Das muss man Gerald Asamoah fragen, denn der verliert immer gegen mich.
Welche DVD ist so gut, dass Sie sich diese häufiger anschauen? Die dritte Staffel von „Stromberg". Er ist einfach ein vorbildlicher Chef – mehr gibt es dazu nicht zu sagen...
Ein perfekter freier Tag sieht für mich so aus: Den verbringe ich im Tonstudio. Ich mache Musik und kann dabei abschalten.
Was war Ihr erstes Auto? Ein schwarzer Audi A3. Diesen habe ich meinem Stiefvater abgekauft.
Welches Konzert hat Sie zuletzt begeistert? Xavier Naidoo. Ich mag seine Musik. Mit dieser spricht er jede Altersstufe an. Es gibt nur wenige Künstler mit dieser Bandbreite.
Über welches Geschenk, das Ihnen gemacht wurde, haben Sie sich am meisten gefreut? Wieder gesund zu sein ist das größte Geschenk für mich.
Welches Gericht können Sie am besten kochen? Ich kann gar nicht kochen, dafür ist mein Pizza-Mann bald Millionär.
Was ist schlimmer als 50 Jahre ohne Meisterschaft? Sympathien für Lüdenscheid zu haben.
Welchen Klingelton haben Sie auf Ihrem Handy? Neo feat. Fabolous, „You make me better".

25
ZLATAN BAJRAMOVIĆ
MITTELFELD

ZLATAN BAJRAMOVIĆ | 25

Privates

Geburtsdatum:	12.8.1979
Sternzeichen:	Löwe
Geburtsort:	Hamburg
Nationalität:	bosnisch-herzegowinisch
Körpergröße:	1,82 m
Gewicht:	77 kg
Schuhgröße:	45
Freundin:	Zeljka
Kinder:	Luis, Lionel
Schulabschluss:	Abitur

Sportliches

Spielposition: Mittelfeld
Bisherige Vereine:
1989-2002 FC St. Pauli
2002-2005 SC Freiburg

Auf Schalke seit: 1.7.2005
Vertragsende: 30.6.2008

Bundesliga:
116 Spiele | 17 Tore
für St. Pauli: 23 | 2
für Freiburg: 41 | 9
für Schalke: 52 | 6
DFB-Pokal:
12 Spiele | 3 Tore
für St. Pauli: 4 | 0
für Freiburg: 5 | 2
für Schalke: 3 | 1
Europapokal:
13 Spiele | 0 Tore – alle für Schalke
Länderspiele:
24 Spiele | 2 Tore
für St. Pauli: 2 | 0
für Freiburg: 15 | 2
für Schalke: 7 | 0

Was war für Sie der beste Moment der vergangenen Saison? Der beste Moment war das Spiel gegen Bayern München. Als das Tor von Kobi fiel, war die Atmosphäre einfach unglaublich.
... und außerhalb des Platzes? Die Geburt meines Sohnes am Tag vor dem Bundesliga-Start.
Was macht für Sie den Reiz der Champions League aus? Ich freue mich besonders auf die starken Gegner, die uns erwarten.
Welchen Beruf hätten Sie ergriffen, wenn Sie kein Profi-Fußballer geworden wären? Croupier.
Wie sieht Ihre Taktik beim Fußball an der PlayStation aus? Ich spiele keine PlayStation.
Welche DVD ist so gut, dass Sie sich diese häufiger anschauen? Spontan fallen mir zwei Filme ein: „Con Air", da mir Filme mit Bruce Willis besonders gut gefallen, und „Erin Brockovich", weil es mich beeindruckt, dass das eigene schwierige Leben der Hauptperson sie letztlich zur Millionärin macht.
Ein perfekter freier Tag sieht für mich so aus: Ich schlafe zunächst lange aus, spiele dann mit meinem Sohn und gehe anschließend gemütlich essen.
An welche SMS können Sie sich gut erinnern? An die zweite oder dritte SMS meiner Freundin, aber den Inhalt verrate ich nicht.
Was war Ihr erstes Auto? Mein erstes Auto war ein schwarzer Golf 4, den ich von meinem ersten Profi-Gehalt geleast habe.
Welches Konzert hat Sie zuletzt begeistert? Ich habe zuletzt Usher in Hamburg gesehen. Da hat mir die Show sehr gut gefallen.
Über welches Geschenk, das Ihnen gemacht wurde, haben Sie sich am meisten gefreut? Ich freue mich generell über Geschenke, die überraschend kommen.
Welches Gericht können Sie am besten kochen? Tomate-Mozarella!
Was ist schlimmer als 50 Jahre ohne Meisterschaft? Zwei Monate ohne Fußball.
Welchen Klingelton haben Sie auf Ihrem Handy? Mein SMS-Ton ist ein Pfeifen und dann ruft jemand „Taxi".

25

GAZPROM

26

26
MIMOUN AZAOUAGH
MITTELFELD

MIMOUN AZAOUAGH | 26

Privates

Geburtsdatum:	17.11.1982
Sternzeichen:	Skorpion
Geburtsort:	Benisidel (Marokko)
Nationalität:	deutsch
Körpergröße:	1,75 m
Gewicht:	63 kg
Schuhgröße:	39 1/3 (6)
Schulabschluss:	Mittlere Reife
Freundin:	Deborah

Sportliches

Spielposition: Mittelfeld

Bisherige Vereine:
1988-1996 FSV Frankfurt
1996-1999 Eintracht Frankfurt
1999-2004 1. FSV Mainz 05
2004-2006 FC Schalke 04
2006-2007 1. FSV Mainz 05

In Schalke seit: 25.6.2007
Vertragsende: 30.6.2009

Bundesliga:
39 Spiele | 3 Tore
für Mainz: 35 | 3
für Schalke: 4 | 0

DFB-Pokal:
3 Spiele | 1 Tor – alle für Mainz

Europapokal:
2 Spiele | 1 Tor – alle für Schalke

Was war für Sie der beste Moment der vergangenen Saison? Schöne Momente waren in der letzten Saison selten, da ich mit Mainz 05 abgestiegen bin. Trotzdem fand ich toll, wie gut die Mannschaft zusammengehalten hat.

... und außerhalb des Platzes? Die Mittelmeerkreuzfahrt mit meiner Freundin.

Was macht für Sie den Reiz der Champions League aus? Die besten Mannschaften aus Europa treffen aufeinander. Als Spieler hat man die Möglichkeit, sich mit hochklassigen Gegnern zu messen und es stellt sich heraus, wie stark man wirklich ist.

Welchen Beruf hätten Sie ergriffen, wenn Sie kein Profi-Fußballer geworden wären? Ich hätte Pädagogik studiert und wäre Grundschullehrer geworden. Ich kann gut mit Kindern umgehen.

Wie sieht Ihre Taktik beim Fußball an der PlayStation aus? Ich pflege das Offensivspiel. Ansonsten habe ich keinen Plan, weil ich so gut bin – die Gegner brauchen eher eine Taktik gegen mich.

Welche DVD ist so gut, dass Sie sich diese häufiger anschauen? L.A. Crash – der Aufbau des Films und die Zusammensetzungen der verschiedenen Szenen haben mir besonders gut gefallen.

Ein perfekter freier Tag sieht für mich so aus: Chillen mit Freunden und zu Hause einen Film ansehen.

An welche SMS können Sie sich gut erinnern? Am meisten freue ich mich über eine SMS zum Geburtstag.

Was war Ihr erstes Auto? Ein Golf IV. Zwar gehörte er meinem Bruder, aber ich durfte damit immer zum Training nach Mainz fahren.

Welches Konzert hat Sie zuletzt begeistert? Justin Timberlake in Frankfurt. Ich mag seine Musik und die Show war gut.

Über welches Geschenk, das Ihnen gemacht wurde, haben Sie sich am meisten gefreut? Besonders habe ich mich bis jetzt immer über die Geschenke von meiner Freundin gefreut.

Welches Gericht können Sie am besten kochen? Penne al Funghi. Ich koche sehr gerne Nudeln, vor allem mit Sahnesauce und Pilzen.

Was ist schlimmer als 50 Jahre ohne Meisterschaft? Gibt es etwas Schlimmeres?

Welchen Klingelton haben Sie auf Ihrem Handy? „Cosmic Girl" von Jamiroquai.

28
MARKUS HEPPKE
MITTELFELD

MARKUS HEPPKE | 28

Privates

Geburtsdatum:	11.4.1986
Sternzeichen:	Widder
Geburtsort:	Essen
Nationalität:	deutsch
Körpergröße:	1,80 m
Gewicht:	75 kg
Schuhgröße:	44 (9,5)
Schulabschluss:	Abitur

Sportliches

Spielposition: Mittelfeld
Bisherige Vereine:
1992-1999 Blau-Gelb Überruhr

Auf Schalke seit: 1.7.1999
Vertragsende: 30.6.2009

Bundesliga:
1 Spiel | 0 Tore

Was war für Sie der beste Moment der vergangenen Saison? Mein erster Bundesliga-Einsatz in Cottbus war für mich der beste Moment der vergangenen Saison.

... und außerhalb des Platzes? Ich wohne seit kurzem in meiner ersten eigenen Wohnung.

Was macht für Sie den Reiz der Champions League aus? Sich mit den Größten in Europa zu messen. Einen Wunschgegner habe ich nicht. Wir haben hier das beste Stadion, so dass die Gegner vielmehr in diesem einmaligen Stadion spielen wollen.

Welchen Beruf hätten Sie ergriffen, wenn Sie kein Profi-Fußballer geworden wären? Mit sieben Jahren wollte ich noch Koch werden.

Wie sieht Ihre Taktik beim Fußball an der PlayStation aus? Länger gespielt habe ich das letzte Mal habe ich vor drei oder vier Jahren. Die Taktik gegen Gerald Asamoah stünde bei einem künftigen Match aber jetzt schon, aber verraten werde ich sie hier nicht...

Welche DVD ist so gut, dass Sie sich diese häufiger anschauen? Alle Filme mit Denzel Washington schaue ich mir immer wieder gern an.

Ein perfekter freier Tag sieht für mich so aus: Wenn ich die Möglichkeit habe, schlafe ich erstmal aus und gehe den Tag ganz ruhig an. Ein gemütliches Frühstück gegen Mittag gehört auch dazu. Anschließend verbringe ich den Tag zu Hause. Oft kommen auch Freunde vorbei.

An welche SMS können Sie sich gut erinnern? Eine bestimmte SMS fällt mir nicht ein, aber ein Anruf ist mir noch in bester Erinnerung: Rudi Assauer bat mich vor drei oder vier Jahren, in sein Büro zu kommen. Ich erkannte Assauers Stimme jedoch erst nicht und dachte, ein Freund wolle mich auf den Arm nehmen.

Was war Ihr erstes Auto? Ein blauer Ford Fiesta.

Welches Konzert hat Sie zuletzt begeistert? Bis jetzt habe ich nur Xavier Naidoo live in Oberhausen gesehen. Mit Zugaben spielte er drei Stunden durch. Die Lieder und die Programmgestaltung haben mir gefallen.

Welches Gericht können Sie am besten kochen? Kochen kann ich einiges, die Frage ist nur, ob die Gerichte auch schmecken. Aber die Sportlergerichte, wie Reis und Nudeln, habe ich schon drauf.

Was ist schlimmer als 50 Jahre ohne Meisterschaft? 51 Jahre ohne Meisterschaft.

Welchen Klingelton haben Sie auf Ihrem Handy? Als SMS-Ton habe ich „Umbrella" von Rihanna. Der Gesprächs-Klingelton hängt vom Anrufer ab. Wenn meine Freunde anrufen, kommen verschiedene Lieder.

28

GAZPROM

GAZPROM

31

31
SEBASTIAN BOENISCH
ABWEHR

SEBASTIAN BOENISCH | 31

Privates

Geburtsdatum:	1.2.1987
Sternzeichen:	Wassermann
Geburtsort:	Gleiwitz (Polen)
Nationalität:	deutsch
Körpergröße:	1,91 m
Gewicht:	85 kg
Schuhgröße:	44 (9,5)
Schulabschluss:	Fachhochschulreife

Sportliches

Spielposition: Abwehr

Bisherige Vereine:

1992-2000 SSVg 09/12 Heiligenhaus
2000-2001 Borussia Velbert
2001-2003 Rot-Weiß Oberhausen

Auf Schalke seit: 1.7.2003
Vertragsende: 30.6.2010

Bundesliga:
9 Spiele | 0 Tore – alle für Schalke

Europapokal:
1 Spiel | 0 Tore – alle für Schalke

Was war für Sie der beste Moment der vergangenen Saison? Mein erstes Bundesligaspiel von Beginn an beim VfB Stuttgart.

... und außerhalb des Platzes? Als ich meinen neuen Vertrag unterschrieben habe.

Was macht für Sie den Reiz der Champions League aus? Man trifft auf super Mannschaften und kann sich mit den Topclubs messen. Und man kommt in ganz Europa herum.

Welchen Beruf hätten Sie ergriffen, wenn Sie kein Profi-Fußballer geworden wären? Ich wäre Kfz-Mechatroniker geworden.

Wie sieht Ihre Taktik beim Fußball an der PlayStation aus? Alles muss nach vorne. Ich bin aber ein fairer Spieler und wende keine faulen Tricks an.

Welche DVD ist so gut, dass Sie sich diese häufiger anschauen? „Nicht auflegen": Der Film ist spannend, hat eine gute Handlung und ich mag den Hauptdarsteller Colin Farrell.

Ein perfekter freier Tag sieht für mich so aus: Ich schlafe lange und verbringe den Tag anschließend mit der Familie. Wir arbeiten dann zu Hause gemeinsam die Ereignisse der zurückliegenden Woche auf. Ein gutes Essen gehört für mich auch immer zu einem perfekten Tag.

An welche SMS können Sie sich gut erinnern? Die habe ich bekommen, als ich noch in der Schule war. Helmut Schulte hat mir damals geschrieben, dass ich bei den Profis mittrainieren darf.

Was war Ihr erstes Auto? Ein grauer Opel Astra.

Welches Konzert hat Sie zuletzt begeistert? Ich war noch nie auf einem Konzert, da mich das nicht so reizt. Zwar mag ich Musik, aber es reicht, wenn ich sie auf CD oder im Radio höre.

Über welches Geschenk, das Ihnen gemacht wurde, haben Sie sich am meisten gefreut? Geschenke von meiner Familie.

Welches Gericht können Sie am besten kochen? Ich kann eigentlich nicht so gut kochen, aber Spaghetti gelingen fast immer.

Was ist schlimmer als 50 Jahre ohne Meisterschaft? 51 Jahre ohne Meisterschaft.

Welchen Klingelton haben Sie auf Ihrem Handy? „Tear it down" von Rell.

32
RALF FÄHRMANN
TOR

RALF FÄHRMANN | 32

Privates
Geburtsdatum: 27.9.1988
Sternzeichen: Waage
Geburtsort: Chemnitz
Nationalität: deutsch
Körpergröße: 1,94 m
Gewicht: 89 kg
Schuhgröße: 46 (11)
Schulabschluss: Fachabitur
Freundin: Henriette

Sportliches
Spielposition: Torwart
Bisherige Vereine:
1995-1998 VfB Chemnitz
1998-2003 Chemnitzer FC

Auf Schalke seit: 1.7.2003
Vertragsende: 30.6.2009

Bundesliga:
0 Spiele | 0 Tore

Was war für Sie der beste Moment der vergangenen Saison? Als ich zum ersten Mal beim Rückrundenspiel gegen Frankfurt auf der Bank saß. Es war ein super Gefühl, das S04-Zeichen auf der Brust zu tragen. Ich habe mir einen Traum erfüllt, als ich ins Stadion eingelaufen bin und die Fans gejubelt haben.
... und außerhalb des Platzes? Als ich das erste Mal mit meinem eigenen Auto gefahren bin. Ich habe die Musik laut aufgedreht und bin ziellos herumgefahren. Ich habe einfach das Feeling genossen.
Was macht für Sie den Reiz der Champions League aus? Dass man sich mit den Topclubs messen kann und in der besten Liga der Welt spielt.
Welchen Beruf hätten Sie ergriffen, wenn Sie kein Profi-Fußballer geworden wären? Darüber habe ich mir noch keine Gedanken gemacht, es wäre aber vor allem etwas mit Sport gewesen.
Wie sieht Ihre Taktik beim Fußball an der PlayStation aus? Volle Kanne voraus! Ich bearbeite meine Gegner auch psychisch – durch dumme Kommentare.
Welche DVD ist so gut, dass Sie sich diese häufiger anschauen? Alle mit Jim Carrey – vor allem „Die Maske". Ich mag seinen Humor.
Ein perfekter freier Tag sieht für mich so aus: Lange ausschlafen und dann mit Freunden shoppen. Abends einfach Spaß haben und feiern gehen.
Was war Ihr erstes Auto? Ein grüner Opel Astra. Ich habe mein Geld zusammengespart und mir den Wagen gekauft.
Welches Konzert hat Sie zuletzt begeistert? Ein Konzert der Ärzte, das ich im Dezember 2006 in Chemnitz gesehen habe. Die Stimmung war einfach super.
Welches Gericht können Sie am besten kochen? Ich bin nicht so der große Koch, aber für Spaghetti Bolognese reicht es allemal.
Was ist schlimmer als 50 Jahre ohne Meisterschaft? Einen BVB-Dress anzuhaben.
Welchen Klingelton haben Sie auf Ihrem Handy? „Umbrella" von Rihanna.

32

GAZPROM

GAZPROM

33

33
MATHIAS SCHOBER
TOR

MATHIAS SCHOBER | 33

Privates

Geburtsdatum:	8. April 1976
Sternzeichen:	Widder
Geburtsort:	Marl
Nationalität:	deutsch
Körpergröße:	1,91 m
Gewicht:	94 kg
Schuhgröße:	46 (11)
Frau:	Nicola
Kinder:	Jan Lennard, Elisa Viktoria
Schulabschluss:	Abitur

Sportliches

Spielposition: Torwart

Bisherige Vereine:
1984-1986 Germania Lenkerbeck
1986-1988 TuS 05 Sinsen
1988-1990 SpVg Marl
1990-2000 FC Schalke 04
2000-2001 Hamburger SV
2001-2007 FC Hansa Rostock

Auf Schalke seit: 25.6.2007
Vertragsende: 30.6.2011

Bundesliga:
151 Spiele | 0 Tore
für Schalke: 25 | 0
für HSV: 3 | 0
für Rostock: 123 | 0

DFB-Pokal:
16 Spiele | 0 Tore
für Schalke: 2 | 0
für Rostock: 14 | 0

Europapokal:
2 Spiele | 0 Tore – alle für Schalke

Was war für Sie der beste Moment der vergangenen Saison? Der Aufstieg mit Hansa Rostock.

... und außerhalb des Platzes? Der Urlaub mit meiner Familie. Wir waren zwei Wochen lang in der Türkei.

Was macht für Sie den Reiz der Champions League aus? Super finde ich, dass man sich wirklich mit den Top-Vereinen Europas messen kann. Wenn man hauptsächlich am Fernsehen mitgefiebert hat, ist klar, dass die Freude groß ist, selbst zu den Teilnehmern zu gehören. Außerdem habe ich selber mit dem Hamburger SV an der Gruppenphase teilgenommen. Daher ist es umso schöner, die Hymne des Wettbewerbs wieder zu hören.

Welchen Beruf hätten Sie ergriffen, wenn Sie kein Profi-Fußballer geworden wären? Ich hatte vor, Lehrer zu werden. Hierfür hätte ich auf jeden Fall Sport studiert und noch ein anderes Fach hinzugenommen.

Wie sieht Ihre Taktik beim Fußball an der PlayStation aus? Bis jetzt habe ich ehrlich gesagt noch nicht PlayStation gespielt. Vielleicht wird mir mein Sohn irgendwann eine gute Taktik mit auf den Weg geben.

Welche DVD ist so gut, dass Sie sich diese häufiger anschauen? „An jedem verdammten Sonntag". Al Pacino als Football-Coach motiviert seine Jungs richtig gut.

Ein perfekter freier Tag sieht für mich so aus: Zunächst würde ich ausschlafen – bei uns bedeutet das, bis neun Uhr schlafen zu können. Nach einem Familienfrühstück würde ich dann mit meiner Frau und den Kindern etwas unternehmen – zum Beispiel in den Zoo oder in einen Freizeitpark gehen.

Was war Ihr erstes Auto? Mein erstes Auto war ein blauer Opel Kadett. Zum Teil habe ich den Wagen selbst finanziert, aber meine Eltern haben auch etwas dazugetan.

Welches Konzert hat Sie zuletzt begeistert? Ich war vor ca. zwei Jahren in Berlin auf einem Konzert von Robbie Williams. Dort waren nur 3000 Leute. Nicht zuletzt deshalb war die Atmosphäre unheimlich klasse und man war „hautnah" dabei.

Über welches Geschenk, das Ihnen gemacht wurde, haben Sie sich am meisten gefreut? Ein Mannschaftskamerad aus Rostock hat mir einen Fußball aus Stein geschenkt, den ich vor meine Tür gelegt habe.

Welches Gericht können Sie am besten kochen? Spaghetti mit Tomatensoße – als Mama Miracoli...

Was ist schlimmer als 50 Jahre ohne Meisterschaft? 51 Jahre ohne Meistertitel.

Welchen Klingelton haben Sie auf Ihrem Handy? „Angel" von Robbie Williams.

34
TONI TAPALOVIC
TOR

TONI TAPALOVIC | 34

Privates

Geburtsdatum:	10.10.1980
Sternzeichen:	Waage
Geburtsort:	Gelsenkirchen
Nationalität:	kroatisch, deutsch
Körpergröße:	1,85 m
Gewicht:	84 kg
Schuhgröße:	44 $^{2}/_{3}$ (10)
Freundin:	Martina
Schulabschluss:	Fachabitur

Sportliches

Spielposition: Tor

Bisherige Vereine:
1985-1990 Fortuna Gelsenkirchen
1990-2002 FC Schalke 04
2002-2004 VfL Bochum
2004-2005 KFC Uerdingen
2005-2006 Kickers Offenbach

Auf Schalke seit: 1.7.2006
Vertragsende: 30.6.2008

Bundesliga:
0 Spiele / 0 Tore

Was war für Sie der beste Moment der vergangenen Saison? Meine Berufung zur Nummer 2 des Profikaders in der Rückrunde der vergangenen Saison.
... und außerhalb des Platzes? Mein Sommerurlaub in Kroatien.
Was macht für Sie den Reiz der Champions League aus? Es ist reizvoll, andere Stadien zu sehen und gegen viele Stars zu spielen.
Welchen Beruf hätten Sie ergriffen, wenn Sie kein Profi-Fußballer geworden wären? Meine Eltern haben einen Restaurant-Hotel-Betrieb. Ich wäre wohl auch in diesen Bereich eingestiegen.
Wie sieht Ihre Taktik beim Fußball an der PlayStation aus? Das kann ich doch hier nicht verraten! Nur so viel: Ich bin eher auf Konter aus.
Welche DVD ist so gut, dass Sie sich diese häufiger anschauen? „Braveheart" mit Mel Gibson, den Film finde ich einfach gut.
Ein perfekter freier Tag sieht für mich so aus: Ausschlafen, frühstücken gehen, durch die Stadt bummeln, gemütlich Kaffee trinken – einfach abschalten.
An welche SMS können Sie sich gut erinnern? Gratulation, dass du die Nummer 2 geworden bist.
Was war Ihr erstes Auto? Das war ein Einkaufswagen von meinem Vater. Ein weißer VW Caddy.
Welches Konzert hat Sie zuletzt begeistert? Auf der Hochzeit meiner Cousine im Sommer 2006 in Kroatien ist ein kroatischer Sänger aufgetreten. Den fand ich total gut.
Über welches Geschenk, das Ihnen gemacht wurde, haben Sie sich am meisten gefreut? Egal, was man mir schenkt, Hauptsache, ich bekomme etwas geschenkt.
Welches Gericht können Sie am besten kochen? Spaghetti mit Tomatensoße. Aber keine Soße aus der Dose, sondern mit frischen Tomaten und Petersilie sowie Parmesankäse.
Was ist schlimmer als 50 Jahre ohne Meisterschaft? 50 Jahre ohne Sex.
Welchen Klingelton haben Sie auf Ihrem Handy? Einen Standard-Klingelton.

34

GAZPROM

GAZPROM

KARL-HEINZ NEUMANN
MANNSCHAFTSBETREUER

KARL-HEINZ NEUMANN

Privates

Geburtsdatum:	29.7.1931
Sternzeichen:	Löwe
Geburtsort:	Bochum
Nationalität:	deutsch
Körpergröße:	1,78 m
Gewicht:	105 kg
Schuhgröße:	46 (11)
Frau:	Renate
Kinder:	Peter, Petra
Erlernter Beruf:	Bäckermeister, heute Gastronom

Sportliches:

Funktion: Mannschaftsbetreuer
(seit der Saison 1976/77)

Auf Schalke seit: 1.8.1950
Vertragsende: Gibt es nicht...

Was war für Sie der beste Moment der vergangenen Saison? Es war toll, dass wir beinahe die Schale geholt haben. Die Euphorie, die in und um Schalke geherrscht hat, war einfach unbeschreiblich.

... und außerhalb des Platzes? Von der Mannschaft und dem Verein habe ich die Charly-Neumann-Brücke an der Arena geschenkt bekommen. Das war eine tolle Geste.

Was macht für Sie den Reiz der Champions League aus? Die Champions League ist immer etwas Besonderes. Vor allem würde ich mir wünschen, dass wir ein gutes Los bekommen und diesmal die Gruppenphase überstehen.

Welche DVD ist so gut, dass Sie sich diese häufiger anschauen? Ich schaue mir Rosamunde-Pilcher-Filme an.

Ein perfekter freier Tag sieht für mich so aus: Mein freier Tag ist immer der Montag, den ich dazu nutze, mich auszuruhen und neue Kraft zu tanken.

Was war Ihr erstes Auto? Mein erstes Auto war ein blau-weißer Ford 17 M, den ich mir im Alter von ca. 30 Jahren gekauft habe.

Welches Konzert hat Sie zuletzt begeistert? AIDA auf Schalke 2001 hat mich besonders begeistert.

Über welches Geschenk, das Ihnen gemacht wurde, haben Sie sich am meisten gefreut? Über die Brücke natürlich!

Welches Gericht können Sie am besten kochen? Am besten gelingt mir Erbsensuppe.

Was ist schlimmer als 50 Jahre ohne Meisterschaft? 50 Jahre ohne Meisterschaft ist das Schlimmste, was Schalke passieren kann.

DR. BERND BREXENDORF | MANNSCHAFTSARZT

Privates

Geburtsdatum:	21.10.1954
Sternzeichen:	Waage
Geburtsort:	Bremerhaven
Nationalität:	deutsch
Körpergröße:	1,80 m
Gewicht:	78 kg
Frau:	Susanne
Kinder:	Anna, Alina, Dara

Auf Schalke seit: 25.6.2007

Sportliches:

Position: Mannschaftsarzt

Erlernter Beruf/vorherige Tätigkeit: Facharzt für Orthopädie, Spezialist für Chirotherapie, Osteopathie und Sportmedizin, seit 1994 niedergelassener Arzt in einer Praxis-Klinik für operative und konservative Orthopädie in Kiel

Bisherige Vereine:

als Spieler:

1973-1975 Werder Bremen
(11 Bundesligaspiele | 0 Tore)
1977-1978 OSC Bremerhaven
1978-1979 Westfalia Herne
1979-1981 Holstein Kiel
(140 Zweitligaspiele | 24 Tore)

als Trainer:

1986-1988 VfB Kiel (Spielertrainer)
1992-1994 Holstein Kiel
1999-2001 TSV Altenholz

FUNKTIONSTEAM

KARL-HEINZ OHLAND | PHYSIOTHERAPEUT

Privates

Geburtsdatum:	10.9.1952
Sternzeichen:	Jungfrau
Geburtsort:	Frankfurt am Main
Nationalität:	deutsch
Körpergröße:	1,76 m
Gewicht:	83 kg
Frau:	Ilka
Kinder:	Michele, Elin

Auf Schalke seit: 1.7.2000

Sportliches:
Position: Physiotherapeut
Erlernter Beruf/vorherige Tätigkeit:
Medizinischer Bademeister, Masseur und Sportphysiotherapeut; u.a. tätig bei Fort Lauderdale Strikers, Eintracht Frankfurt, FSV Frankfurt, VfL Bochum, Kickers Offenbach, Dt. Nationalmannschaft Kunstradfahren und Radball

GREGOR ZIELEZNIK | PHYSIOTHERAPEUT

Privates

Geburtsdatum:	7.7.1961
Sternzeichen:	Krebs
Geburtsort:	Laurahütte (Polen)
Nationalität:	deutsch
Körpergröße:	1,76 m
Gewicht:	70 kg
Frau:	Anna
Kind:	Victoria

Auf Schalke seit: 1.7.2004

Sportliches:
Position: Physiotherapeut
Erlernter Beruf/vorherige Tätigkeit:
seit 1988 Physiotherapeut und Krankengymnast; 1989-1995 Physiotherapeut GEC Schalker Haie, 1995-2000 selbstständig, 2000-2004 Physiotherapeut im Rehazentrum Come Back in Gelsenkirchen, 2006 Physiotherapeut der polnischen Nationalmannschaft bei der Fußball-Weltmeisterschaft

FUNKTIONSTEAM

HOLGER GENIUS | PHYSIOTHERAPEUT

Privates

Geburtsdatum:	16.9.1967
Sternzeichen:	Jungfrau
Geburtsort:	Gelsenkirchen
Nationalität:	deutsch
Körpergröße:	1,78 m
Gewicht:	88 kg
Freundin:	Birgit
Kind:	Charlotte

Auf Schalke seit: 1.7.2001

Sportliches:

Position: Physiotherapeut

Erlernter Beruf/vorherige Tätigkeit:
Physiotherapeut
1999-2005 Rehazentrum Gelsenkirchen, 2005-2007 medicos.AufSchalke; 2001-2007 Physiotherapeut im Jugend- und Amateurbereich des FC Schalke 04, ab 2007 Physiotherapeut im Lizenzspielerbereich

ENRICO HEIL | ZEUGWART

Privates

Geburtsdatum:	22.11.1976
Sternzeichen:	Skorpion
Geburtsort:	Pforzheim
Nationalität:	deutsch
Körpergröße:	1,88 m
Gewicht:	80 kg
Frau:	Bettina
Kind:	Maya

Auf Schalke seit: 1.7.1998

Sportliches:
Position: Zeugwart
Erlernter Beruf/vorherige Tätigkeit:
Verwaltungsangestellter

FUSSBALL-SAISON 2007 / 2008:

CHAMPIONS LEAGUE, WIR KOMMEN!

spart am start.

WWW.FMO.DE

BERLIN (NEU)	ab 29,-	VENEDIG (NEU)	ab 19,99	MOSKAU (NEU)	ab 119,-	HELSINKI (NEU)	ab 49,-
GÖTEBORG (NEU)	ab 49,-	NIZZA (NEU)	ab 49,-	STOCKHOLM (NEU)	ab 49,-	ATHEN (NEU)	ab 99,-
KOPENHAGEN (NEU)	ab 49,-	ST. PETERSBURG (NEU)	ab 119,-	MALLORCA	ab 49,-	OVIEDO	ab 69,-
LONDON	ab 29,-	STUTTGART	ab 49,-	ROM	ab 29,-	SANTIAGO	ab 69,-
MÜNCHEN	ab 29,-	NÜRNBERG	ab 87,-	FARO	ab 69,-	LISSABON	ab 69,-
WIEN	ab 29,-	PORTO	ab 69,-	MALAGA	ab 49,-	JEREZ	ab 69,-
FRANKFURT	ab 99,-	BILBAO	ab 69,-	SEVILLA	ab 69,-	MURCIA	ab 69,-
BELFAST	ab 49,-	MANCHESTER	ab 49,-	MADRID	ab 69,-	ALICANTE	ab 49,-
GLASGOW	ab 49,-	IBIZA	ab 49,-	BARCELONA	ab 69,-	VALENCIA	ab 69,-

SCHALKE-MITGLIEDER PARKEN FÜR DIE HÄLFTE!

ALLE PREISE ONE-WAY INKL. ALLER STEUERN UND GEBÜHREN.
EIN SCHALKER FLIEGT VOM FLUGHAFEN MÜNSTER/OSNABRÜCK.

MÜNSTER OSNABRÜCK
INTERNATIONAL AIRPORT

CHRISTIAN FRANK | ÖKOTROPHOLOGE

Privates

Geburtsdatum:	2.10.1968
Sternzeichen:	Waage
Geburtsort:	Rotenburg a.d. Fulda
Nationalität:	deutsch
Körpergröße:	1,92 m
Gewicht:	94 kg
Frau:	Fidan
Kinder:	Seraphina, Noel

Auf Schalke seit: 1.7.2000

Sportliches:
Position: Ökotrophologe
Erlernter Beruf/vorherige Tätigkeit:
ausgebildeter Metzger, Diplom-Ökotrophologe, Ernährungsberater und Betreuer von Hochleistungssportlern

4:0 für Schalke-Fans!

mit ROLLER gewinnen Sie immer!

1:0 = Wir haben den besten Preis! *

2:0 = Über 10.000 Möbel sofort zum Mitnehmen!

3:0 = Alles zum Wohnen und Renovieren unter einem Dach!

4:0 = 1 x in Gelsenkirchen – über 80x in Deutschland

ROLLER®
Clever einrichten!

*Preisgarantie: Sie erhalten die Differenz zurück, wenn Sie innerhalb von 5 Tagen nachweisen, Sie die gekauften Artikel bei gleicher Leistung anderswo günstiger bekommen.

BUNDESLIGASPIELE 1963–2007

Der Schrei der Erlösung nach dem Ende der 19:04 Schweigeminuten der Fans: **Levan Kobiashvili** jubelt nach seinem Traumtor gegen Bayern München.

GESAMTBILANZ | 39 SPIELJAHRE

Spiele	Siege	Remis	Niederlagen	Punkte	Tore
1322	499	339	484	1836	1928:1963

HEIMBILANZ

Spiele	Siege	Remis	Niederlagen	Punkte	Tore
661	342	187	132	1213	1192:726

AUSWÄRTSBILANZ

Spiele	Siege	Remis	Niederlagen	Punkte	Tore
661	157	152	352	623	736:1237

1963|64

Platz 8
Gesamt: 30 12 5 13 51:53 29:31
Heim: 15 10 1 4   33:17 21:9
Auswärts: 15 2 4 9   18:36 8:22
Die meisten Spiele: Gerhardt (30), Becher, Horst (29), Libuda (27), Mühlmann (26), Schulz (25)
Beste Torschützen: Matischak (17), Gerhardt (10), Berz (8), Koslowski (5), Herrmann, Libuda (4)

1964|65

Platz 16
Gesamt: 30 7 8 15 45:60 22:38
Heim: 15 5 5 5   24:26 15:15
Auswärts: 15 2 3 10 21:34 7:23
Die meisten Spiele: Herrmann (28), Crawatzo, Schulz (27), Kreuz, Nowak (25), Libuda, Karnhof (24)
Beste Torschützen: Gerhardt (11), Koslowski (7), Kreuz (5), Herrmann, Libuda, Nowak (3)

1965|66

Platz 14
Gesamt: 34 10 7 17 33:55 27:41
Heim: 17 8 6 3   22:17 22:12
Auswärts: 17 2 1 14 11:38 5:29
Die meisten Spiele: Becher, Fichtel, Pliska, Pyka (34), Herrmann, Rausch (33)
Beste Torschützen: Kreuz (9), Herrmann (7), Neuser, Pyka (4), Bechmann, Klose (3)

1966|67

Platz 15
Gesamt: 34 12 6 16 37:63 30:38
Heim: 17 9 4 4   19:17 22:12
Auswärts: 17 3 2 12 18:46 8:26
Die meisten Spiele: Blechinger, Fichtel (34), Herrmann, Neuser (33), Becher (31), Nigbur (28)
Beste Torschützen: Herrmann, Kraus (7), Blechinger (5), Bechmann, Kreuz (3)

1967|68

Platz 15
Gesamt: 34 11 8 15 42:48 30:38
Heim: 17 7 5 5   19:17 19:15
Auswärts: 17 4 3 10 23:31 11:23
Die meisten Spiele: Fichtel (34), Senger (33), Höbusch (31), Becher, Blechinger, Pohlschmidt (30)
Beste Torschützen: Wittkamp (12), Pohlschmidt (11), Kraus (9), Neuser (3), Erlhoff, Rausch (2)

1968|69

Platz 7
Gesamt: 34 14 7 13 45:40 35:33
Heim: 17 11 3 3   33:15 25:9
Auswärts: 17 3 4 10 12:25 10:24
Die meisten Spiele: Libuda (32), Nigbur, Senger (31), Erlhoff, van Haaren (30), Wittkamp (29)
Beste Torschützen: Pohlschmidt, Wittkamp (6), Erlhoff, Hasil, Libuda (5), Lütkebohmert (3)

1969|70

Platz 9
Gesamt: 34 11 12 11 43:54 34:34
Heim: 17 7 8 2   29:18 22:12
Ausw.:   17 4 4 9   14:36 12:22
Die meisten Spiele: van Haaren (33), Fichtel, Pohlschmidt (32), Libuda (31), Wittkamp (26), Erlhoff (24)
Beste Torschützen: Pohlschmidt (9), Wittkamp (6), Pirkner (5), van Haaren, Neuser (4)

1970|71

Platz 6
Gesamt: 34 15 6 13 44:40 36:32
Heim: 17 9 4 4   26:13 22:12
Auswärts: 17 6 2 9   18:27 14:20
Die meisten Spiele: Fischer, Lütkebohmert, Rüssmann (34), van Haaren (32), Libuda, Nigbur, Scheer (31)
Beste Torschützen: Fischer (15), Libuda, Wittkamp (5), Scheer (4), Rüssmann (3)

1971|72

Platz 2
Gesamt: 34 24 4 6 76:35 51:17
Heim: 17 16 1 0 54:8 33:1
Auswärts: 17 8 3 6 22:27 19:15
Die meisten Spiele: Lütkebohmert, Nigbur, Scheer (34), Fichtel, E. Kremers (33), Sobieray (32)
Beste Torschützen: Fischer (22), Scheer (18), Lütkebohmert (7), E. Kremers (6), Braun, Rüssmann, Sobieray (4)

1972|73

Platz 15
Gesamt: 34 10 8 16 46:61 28:40
Heim: 17 8 6 3 35:19 22:12
Auswärts: 17 2 2 13 11:42 6:26
Die meisten Spiele: E. Kremers, Nigbur (34), Huhse (33), H. Kremers (32), Scheer, Holz (27)
Beste Torschützen: Braun (11), E. Kremers (10), H. Kremers, Scheer (4), Ehmke, Lütkebohmert, Rüssmann (3)

1973|74

Platz 7
Gesamt: 34 16 5 13 72:68 37:31
Heim: 17 11 3 3 50:28 25:9
Auswärts: 17 5 2 10 22:40 12:22
Die meisten Spiele: Huhse, E. Kremers, Scheer (33), Sobieray (32), H. Kremers (29), van den Berg (26)
Beste Torschützen: Fischer (21), H. Kremers (12), E. Kremers (9), Scheer (8), R. Abramczik, Beverungen, Ehmke (3)

1974|75

Platz 7
Gesamt: 34 16 7 11 52:37 39:29
Heim: 17 12 4 1 34:10 28:6
Auswärts: 17 4 3 10 18:27 11:23
Die meisten Spiele: Bongartz (34), Fischer, Nigbur (33), Lütkebohmert (32), R. Abramczik, E. Kremers (31)
Beste Torschützen: Fischer (17), Budde (8), H. Kremers (7), Bongartz (6), Lütkebohmert (4), E. Kremers (3)

1975|76

Platz 6
Gesamt: 34 13 11 10 76:55 37:31
Heim: 17 8 6 3 48:26 22:12
Auswärts: 17 5 5 7 28:29 15:19
Die meisten Spiele: Fischer, Sobieray (34), Nigbur (33), Bongartz, Fichtel, E. Kremers (32)
Beste Torschützen: Fischer (29), E. Kremers (11), Bongartz (8), H. Kremers (6), Sobieray (5), Fichtel (4)

1976|77

Platz 2
Gesamt: 34 17 9 8 77:52 43:25
Heim: 17 11 4 2 40:22 26:8
Auswärts: 17 6 5 6 37:30 17:17
Die meisten Spiele: Fichtel (34), H. Kremers, Rüssmann (33), R. Abramczik, Fischer, Maric (31)
Beste Torschützen: Fischer (24), R. Abramczikk (10), Rüssmann (9), Bongartz, E. Kremers (7), H. Kremers (4)

1977|78

Platz 9
Gesamt: 34 14 6 14 47:52 34:34
Heim: 17 13 1 3 33:15 27:7
Auswärts: 17 1 5 11 14:37 7:27
Die meisten Spiele: Bongartz, Rüssmann (34), Fischer (32), R. Abramczik (30), Bittcher, Lütkebohmert (25)
Beste Torschützen: Fischer (20), R. Abramczik, H. Kremers (5), Bongartz, Demange (3)

1978|79

Platz 15
Gesamt: 34 9 10 15 55:61 28:40
Heim: 17 7 6 4 36:26 20:14
Ausw.: 17 2 4 11 19:35 8:26
Die meisten Spiele: R. Abramczik, Fichtel, Fischer, Rüssmann, Schipper (34), Bittcher (29)
Beste Torschützen: Fischer (21), R. Abramczik (18), Rüssmann (3), Bittcher,. Dörmann, Fichtel, Lander (2)

STATISTIK

1979|80

Platz 8
Gesamt: 34　12　9　13　40:51　33:35
Heim: 17　9　4　4　22:17　22:12
Auswärts: 17　3　5　9　21:36　11:23
Die meisten Spiele: Rüssmann (34), R. Abramczik (32), Thiele (31), Berkemeier, Bittcher, Fichtel (29)
Beste Torschützen: Fischer (7), Berkemeier (5), Abramczik, Drexler, H. Kremers, Rüssmann (3)

1980|81

Platz 17
Gesamt: 34　8　7　19　43:88　23:45
Heim: 17　6　5　6　25:34　17:17
Auswärts: 17　2　2　13　18:54　6:28
Die meisten Spiele: Dzoni (34), Bittcher (33), Opitz (32), Jara, Thiele (31), Nigbur (27)
Beste Torschützen: Elgert (10), Bittcher (7), Fischer (6), Dzoni (4), Jara, Szymanek, Wuttke (2)

1982|83

Platz 16
Gesamt: 34　8　6　20　48:68　22:46
Heim: 17　6　3　8　28:28　15:19
Auswärts: 17　2　3　12　20:40　7:27
Die meisten Spiele: Dietz (34), Abel, Schipper (33), Opitz, Tüfekci (32), Bittcher, Drexler (31)
Beste Torschützen: Abel (9), Tüfekci (8), Wuttke (7), Dietz, Drexler (4), Bittcher, Opitz (3)

1984|85

Platz 8
Gesamt: 34　13　8　13　63:62　34:34
Heim: 17　11　3　3　43:23　25:9
Auswärts: 17　2　5　10　20:39　9:25
Die meisten Spiele: Thon (34), Dierßen (33), Dietz, Kleppinger (32), Jakobs, K. Täuber (30)
Beste Torschützen: K. Täuber (18), Thon (10), Hartmann (7), Kleppinger (4), Dierßen, Dietz, Jakobs (3)

1985|86

Platz 10
Gesamt: 34　11　8　15　53:58　30:38
Heim: 17　9　4　4　37:21　22:12
Auswärts: 17　2　4　11　16:37　8:26
Die meisten Spiele: Hartmann, Junghans, Thon (34), Täuber (33), Dierßen, Kleppinger, Schipper (32)
Beste Torschützen: K. Täuber (16), Hartmann (13), Thon (10), Kleppinger (4), Regenbogen (3)

1986|87

Platz 13
Gesamt: 34　12　8　14　50:58　32:36
Heim: 17　10　3　4　36:24　23:11
Auswärts: 17　2　5　10　14:34　9:25
Die meisten Spiele: Kleppinger, Thon (33), Bistram, Jakobs (32), Kruse (29), Wegmann (28)
Beste Torschützen: Wegmann (10), Bistram, Thon (8), K. Täuber (5), Kleppinger (4)

1987|88

Platz 18
Gesamt: 34　8　7　19　48:84　23:45
Heim: 17　7　5　5　29:25　19:15
Auswärts: 17　1　2　14　19:59　4:30
Die meisten Spiele: Schumacher (33), Edelmann (30), C.D. Wollitz (29), Thon (28), Klinkert (27), Marquardt, Schipper (23)
Beste Torschützen: Thon (14), Götz (6), Patzke, Tschiskale (4), Goldbaek, Hannes, C.D. Wollitz (3)

Schatzschneider gegen **Hupe**: S04 siegte 1985 mit 6:1 gegen den BVB.

1991|92

Platz　　　11
Gesamt:　　38　　11　　12　　15　　45:45　　34:42
Heim:　　　19　　 9　　 8　　 2　　32:12　　26:12
Auswärts:　19　　 2　　 4　　13　　13:33　　 8:30
Die meisten Spiele: Luginger (38), Güttler, Lehmann (37), Anderbrügge, Sendscheid (35), Freund (33)
Beste Torschützen: Anderbrügge, Sendscheid (7), Borodjuk, Christensen (6), Güttler (4), Flad, Mihajlovic (3)

1992|93

Platz　　　10
Gesamt:　　34　　11　　12　　11　　42:43　　34:34
Heim:　　　17　　 5　　 9　　 3　　22:18　　19:15
Auswärts:　17　　 6　　 3　　 8　　20:25　　15:19
Die meisten Spiele: Büskens (34), Anderbrügge (32), Güttler, Mihajlovic (30), Eigenrauch (28), Gehrke (26)
Beste Torschützen: Anderbrügge (10), Borodjuk, Mihajlovic, Sendscheid (6), Müller (5), Büskens (4)

1993|94

Platz　　　14
Gesamt:　　34　　10　　 9　　15　　38:50　　29:39
Heim:　　　17　　 7　　 4　　 6　　23:20　　18:16
Auswärts:　17　　 3　　 5　　 9　　15:30　　11:23
Die meisten Spiele: Anderbrügge (34), Nemec (33), Mulder (32), Büskens, Linke (31), Luginger, Müller (27)
Beste Torschützen: Anderbrügge (9), Mulder (8), Sendscheid (5), Eckstein, Linke (4)

1994|95

Platz　　　11
Gesamt:　　34　　10　　11　　13　　48:54　　31:37
Heim:　　　17　　 7　　 6　　 4　　28:18　　20:14
Auswärts:　17　　 3　　 5　　 9　　20:36　　11:23
Die meisten Spiele: Lehmann (34), Büskens, Nemec (33), Eigenrauch, Latal (32), Linke (31)
Beste Torschützen: Herzog (8), Latal (7), Anderbrügge (6), Kohn (5), Mulder (4)

1995|96

Platz　　　3
Gesamt:　　34　　14　　14　　 6　　45:36　　56
Heim:　　　17　　 8　　 7　　 2　　28:16　　31
Auswärts:　17　　 6　　 7　　 4　　17:20　　25
Die meisten Spiele: Eigenrauch (34), Mulder (33), Latal, Lehmann, Max (32), Thon (30)
Beste Torschützen: Max (11), Mulder (10), Anderbrügge (9), Linke, Thon (3)

1996|97

Platz　　　12
Gesamt:　　34　　11　　10　　13　　35:40　　43
Heim:　　　17　　 5　　 7　　 5　　19:14　　22
Auswärts:　17　　 6　　 3　　 8　　16:26　　21
Die meisten Spiele: Lehmann (34), Thon (33), Linke, Max, Nemec (30), Büskens, Wilmots, Latal (29)
Beste Torschützen: Max (12), Wilmots (6), Anderbrügge, Mulder (3), Latal, Thon (2)

1997|98

Platz　　　5
Gesamt:　　34　　13　　13　　 8　　38:32　　52
Heim:　　　34　　10　　 5　　 2　　24:12　　35
Ausw.:　　 34　　 3　　 8　　 6　　14:20　　17
Die meisten Spiele: Lehmann (34), Büskens (33), de Kock, Linke, Wilmots (31), Eijkelkamp, Thon (29)
Beste Torschützen: Wilmots (7), van Hoogdalem (5), de Kock, Goossens, Max (4), Linke (3)

1998|99

Platz　　　10
Gesamt:　　34　　10　　11　　13　　41:54　　41
Heim:　　　17　　 5　　 6　　 6　　20:23　　21
Auswärts:　17　　 5　　 5　　 7　　21:31　　20
Die meisten Spiele: Max (28), Büskens, Mulder, Nemec (27), van Hoogdalem (25)
Beste Torschützen: Max, Mulder (6), Eijkelkamp (5), Hami, Wolf (3)

STATISTIK

1999|2000

Platz 13
Gesamt: 34 8 15 11 42:44 39
Heim: 17 4 10 3   21:17 22
Auswärts: 17 4 5   8   21:27 17
Die meisten Spiele: Asamoah (33), Sand (32), Waldoch, Wilmots (31), Alpugan, Oude Kamphuis (26)
Beste Torschützen: Sand (15), Wilmots (7), Mpenza (6), Asamoah (4), Oude Kamphuis (2)

2000|01

Platz 2
Gesamt: 34 18 8 8   65:33 62
Heim: 17 12 4 1   36:13 40
Auswärts: 17 6   4 7   29:22 22
Die meisten Spiele: Reck, Sand (33), Hajto, Möller (32), Böhme (30), Asamoah, Waldoch (29)
Beste Torschützen: Sand (22), Mpenza (13), Böhme (10), Waldoch (5), Asamoah (4)

2001|02

Platz 5
Gesamt: 34 18 7 9   52:36 61
Heim: 17 13 2 2   38:14 41
Auswärts: 17 5   5 7   21:25 20
Die meisten Spiele: Reck (34), Asamoah, Möller (32), Böhme (31), van Kerckhoven (30), van Hoogdalem, Sand (28)
Beste Torschützen: Sand (11), Böhme (7), Asamoah, Wilmots (6), Agali, Mpenza, Böhme (4)

2002|03

Platz 7
Gesamt: 34 12 13 9   46:40 49
Heim: 17 6   8   3   23:16 26
Auswärts: 17 6   5   6   23:24 23
Die meisten Spiele: Rost, Sand (33), Hajto (29), Asamoah (27), Oude Kamphuis (26)
Beste Torschützen: Agali (7), Sand (6), Böhme, Mpenza (5), Varela, Vermant (4)

2003|04

Platz 7
Gesamt: 34 13 11 10 49:42 50
Heim: 17 7   7   3   28:16 28
Auswärts: 17 6   4   7   21:26 22
Die meisten Spiele: Sand, Hamit Altintop (30), Kobiashvili (29), van Kerckhoven (28), Rost, Poulsen (27)
Beste Torschützen: Sand (8), Hamit Altintop (5), Asamoah, Delura, Rodriguez (4)

2004|05

Platz 2
Gesamt: 34 20 3 11 56:46 63
Heim: 17 11 2 4   33:24 35
Auswärts: 17 9   1 7   23:22 28
Die meisten Spiele: Kobiashvili, Poulsen (32), Asamoah, Lincoln, Rost (31), Hamit Altintop (30)
Beste Torschützen: Ailton (14), Lincoln (12), Asamoah, Sand (8), Hanke (5)

2005|06

Platz 4
Gesamt: 34 16 13 5   47:31 61
Heim: 17 10 6   1   32:16 36
Auswärts: 17 6   7   4   15:15 25
Die meisten Spiele: Ernst, Kobiashvili, Rost (32), Bordon (31)
Beste Torschützen: Kuranyi, Larsen (10), Lincoln (5), Bajramovic, Sand (4)

2006|07

Platz 2
Gesamt: 34 21 5 8   53:32 68
Heim: 17 13 2 2   30:11 41
Auswärts: 17 8   3 6   23:21 27
Die meisten Spiele: Halil Altintop, Kuranyi (34), Rafinha (31), Kobiashvili (29), Bordon (28)
Beste Torschützen: Kuranyi (15), Halil Altintop, Løvenkrands (6), Bordon, Kobiashvili, Lincoln (3)

ABC DER SCHALKER BUNDESLIGASPIELER

Schalker Eigengewächse:

Rüdiger Abramczik

Klaus Beverungen

Ulrich Bittcher

Abel, Hans-Joachim | *25.06.52
Spielzeit: 82/83 | 33 Spiele | 9 Tore
Abel, Mathias | *22.06.81
06/07 | 1 | 0
Abramczik, Rüdiger | *18.02.56
73-80, 87/88 | 202 | 44
Abramczik, Volker | *27.05.64
82/83 | 3 | 1
Agali, Victor | *29.12.78
01-04 | 54 | 14
Ailton | *19.07.73
04/05 | 29 | 14
Albracht, Jörg | *30.11.63
95/96 | 2 | 0
Alcides, Eduardo | *13.03.85
03/04 | 6 | 0
Alpugan, Ünal | *03.08.73
98-01 | 42 | 1
Altintop, Halil | *08.12.82
06/07 | 34 | 6
Altintop, Hamit | *08.12.82
03-07 | 113 | 8
Anderbrügge, Ingo | *02.01.64
91-00 | 216 | 46
Anfang, Markus | *12.06.74
97/98 | 3 | 0
Asamoah, Gerald | *03.10.78
99-07 | 213 | 34

Azaouagh, Mimoun | *17.11.82
05/06 | 4 | 0
Bajramovic, Zlatan | *12.08.79
05-07 | 52 | 6
Bär, Manfred | *17.01.62
80/81 | 2 | 0
Baumjohann, Alexander | *23.01.87
05-06 | 2 | 0
Becher, Hans-Jürgen | *21.09.41
63-71 | 201 | 2
Bechmann, Karl-Heinz | *07.02.44
63-67 | 75 | 7
van den Berg, Ulrich | *29.10.49
72-76 | 60 | 4
Berge, Klaus | *04.10.61
84/85, 87/88 | 14 | 0
Berkemeier, Winfried | *22.01.53
79/80 | 29 | 5
Berz, Manfred | *13.04.38
63-65 | 30 | 8
Bester, Marinus | *16.01.69
93/94 | 5 | 0
Bettenstedt, Til | *20.01.76
94/95 | 1 | 0
Beverungen, Klaus | *24.09.51
70-74 | 49 | 6
Bistram, André | *25.03.62
86-88 | 38 | 9

Bittcher, Ulrich | *10.09.57
75-83 | 168 | 19
Blechinger, Horst | *26.09.40
66-68 | 64 | 6
Boenisch, Sebastian | 01.02.87
05-07 | 9 | 0
Böhme, Jörg | *22.01.74
00-04 | 101 | 23
Boljat, Mario | *31.08.51
79/80 | 9 | 2
Bongartz, Hans | *03.10.51
74-78 | 131 | 24
Bordon, Marcelo | *07.01.76
04-07 | 86 | 7
Borgmeier, Rainer | *05.04.66
91/92, 93/94 | 2 | 0
Borodjuk, Alexandr | *30.11.62
91-94 | 63 | 12
Braun, Nico | *26.10.50
71-73 | 35 | 14
Broden, Josef | *02.04.27
63/64, 65/66 | 5 | 0
Bruckmann, Kai | *20.11.70
94/95 | 1 | 0
Bruns, Hans-Günter | *15.11.54
74-77 | 20 | 0
Bücker, Theo | *10.07.48
82/83 | 20 | 1

202

Dieter Burdenski

Peter Ehmke

Peter Endrulat

Budde, Rainer | *01.05.48
72-75 | 50 | 12
Burdenski, Dieter | *26.11.50
70/71 | 3 | 0
Bürger, Henning | *16.12.69
91/92 | 5 | 0
Büskens, Michael | *19.03.68
92-99, 00-02 | 257 | 13
Christensen, Bent | *04.01.67
91-93 | 49 | 8
Clute-Simon, Hubert | *05.07.55
82/83 | 20 | 2
Crawatzo, Heinz | *04.07.36
64/65 | 27 | 2
Cziommer, Simon | *06.11.80
03/04 | 2 | 0
Danner, Dietmar | *29.11.50
80/81 | 19 | 0
Deering, Chad | *02.09.70
93/94 | 6 | 0
Delura, Michael | *01.07.85
03-05 | 23 | 4
Demange, Herbert | *24.05.59
77-79 | 31 | 4
Dierßen, Bernd | *28.08.59
84-87 | 87 | 8
Dietz, Bernard | *22.03.48
82-87 | 101 | 7

Dikhtiar, Sergej | *26.08.75
93-96 | 13 | 2
Dittrich, Heribert | *03.09.48
67/68 | 4 | 0
Djordjevic, Kristijan | *06.01.76
01-03 | 10 | 0
Dooley, Thomas | *12.05.61
95-97 | 28 | 3
Dörmann, Norbert | *31.08.58
76-79 | 27 | 2
Drexler, Manfred | *26.06.51
79-83 | 67 | 8
Dubski, Manfred | *19.09.54
72-79 | 73 | 2
Dybek, Arnold | *04.05.75
96-98 | 1 | 0
Dzoni, Vilson | *24.09.50
79-81 | 55 | 6
Eckstein, Dieter | *12.03.64
93-95 | 30 | 4
Edelmann, Rainer | *19.03.65
87/88 | 30 | 2
Ehmke, Peter | *22.07.53
72-74 | 40 | 6
Eigenrauch, Yves | *24.04.71
91-02 | 229 | 3
Eijkelkamp, René | *06.04.64
97-99 | 44 | 6

Eilenfeldt, Norbert | *12.05.56
85/85 | 17 | 1
Elgert, Norbert | *13.01.57
75/76, 78-81 | 57 | 12
Elting, Josef | *29.12.44
65-70 | 64 | 0
Endrulat, Peter | *10.08.54
74/75 | 1 | 0
Erlhoff, Hermann | *22.12.44
67-70 | 75 | 8
Ernst, Fabian | *30.05.79
05-07 | 58 | 0
Erwig, Christian | *16.12.83
06/07 | 1 | 0
Fichtel, Klaus | *19.11.44
65-80, 84-88 | 477 | 14
Fischer, Klaus | *27.12.49
70-81 | 295 | 182
Flad, Egon | *05.03.64
91/92 | 27 | 3
Freund, Steffen | *19.01.70
91-93 | 53 | 3
Frey, Karl-Heinz | *08.04.50
72/73 | 9 | 0
Gaber, Andreas | *15.01.73
91/92 | 3 | 0
Galbierz, Jürgen | *07.02.50
68-71 | 27 | 1

Gede, Hans-Jürgen | *14.11.56
75-77 | 33 | 2
Gehrke, Holger | *22.08.60
92-94 | 40 | 0
Geier, Winfried | *23.08.60
79-83 | 53 | 1
Gerhardt, Waldemar | *06.01.39
63-65 | 52 | 20
Giesel, Martin | *24.11.62
87/88 | 17 | 1

Hajto, Tomasz | *16.10.72
00-04 | 104 | 6
Hami (Mandirali) | *20.07.68
98/99 | 22 | 3
Hanke, Mike | *05.11.83
01-05 | 58 | 7
Hannes, Wilfried | *17.05.57
86-88 | 48 | 4
Happe, Markus | *11.02.72
99-02 | 26 | 1

van Hoogdalem, Marco | *23.05.72
96-05 | 151 | 10
Hoogland, Tim | *11.06.85
04-07 | 12 | 0
Horst, Egon | *25.11.38
63-65 | 39 | 1
Huhse, Hartmut | *22.08.52
71-75 | 113 | 1
Iyodo, Abdul | *10.10.79
02/03 | 4 | 0

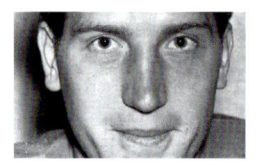

Waldemar Gerhardt

Uwe Höfer

Gerd Kasperski

Glieder, Eduard | *28.01.69
03/04 | 16 | 2
Goldbaek, Bjarne | *06.10.68
87/88 | 22 | 3
Goossens, Michaèl | *30.11.73
97-00 | 51 | 5
Götz, Dieter | *04.09.64
87/88 | 19 | 6
Grabosch, Bernd | *23.09.58
86/87 | 11 | 0
Grams, Siegfried | *13.11.42
65/66 | 1 | 0
Grau, Werner | *09.12.45
64-66 | 12 | 3
Gredig, Jürgen | *19.01.66
91/92 | 5 | 0
Grodås, Frode | *24.10.64
98-01 | 3 | 0
Groß, Volkmar | *31.01.48
77-79 | 35 | 0
Güttler, Günter | *31.05.61
91-94 | 85 | 4
van Haaren, Heinz | *03.06.40
68-72 | 126 | 10
Hajnal, Tamás | *15.03.81
99-02 | 8 | 0

Hartmann, Frank | *27.09.60
84-86 | 52 | 20
Hasil, Franz | *28.07.44
68/69 | 23 | 5
Heimen, Dieter | *07.03.66
87/88 | 2 | 0
Heimeroth, Christofer | *01.08.81
03-06 | 8 | 0
Held, Oliver | *10.09.72
95-01 | 96 | 4
Heppke, Markus | 11.04.86
06/07 | 1 | 0
Herrmann, Christian | *16.01.66
87/88 | 1 | 0
Herrmann, Günter | *01.09.39
63-67 | 110 | 22
Herzog, Hendrik | *02.04.69
91-95 | 73 | 9
Hey, Antoine | *19.09.70
92-94 | 19 | 0
Höbusch, Herbert | *29.01.49
67-69 | 53 | 0
Höfer, Uwe | *21.07.59
76/77, 78-81 | 10 | 2
Holz, Paul | *27.09.52
71-74 | 59 | 3

Jakobs, Michael | *18.07.59
84-88 | 97 | 6
Janzon, Norbert | *21.12.50
82/83 | 21 | 2
Jara, Kurt | *14.10.50
80/81 | 31 | 2
Junghans, Walter | *26.10.58
82-87 | 110 | 0
Karnhof, Günter | *31.10.31
63-65 | 34 | 1
Kasperski, Gerd | *25.12.49
68/69 | 7 | 3
Kaya, Markus | *20.10.79
98-00 | 1 | 0
van Kerckhoven, Nico | *14.12.70
98-04 | 134 | 5
Kirchwehm, Hans-P. (†) | *10.12.41
66/67 | 2 | 0
Kläsener, Thomas | *14.08.76
03-06 | 32 | 1
Klein, Jürgen | *22.12.49
† 29.10.06 | 72-74 | 27 | 0
Kleina, Uwe | *11.10.44
63-66 | 19 | 0
Kleppinger, Gerhard | *01.03.58
84-87 | 97 | 12

Klinkert, Michael | *07.07.68
87/88 | 27 | 2
Kliouev, Denis | *07.09.73
97-99 | 24 | 1
Klose, Harald | *12.03.45
63-68 | 58 | 7
Kmetsch, Sven | *13.08.70
98-03 | 88 | 3
Kobiashvili, Levan | *10.07.77
03-07 | 122 | 7

Ksienzyk, Waldemar | *10.11.63
94-96 | 25 | 1
Kügler, Harald | *15.02.62
80-83 | 26 | 5
Kunert, Timo | 12.03.87
06/07 | 1 | 0
Kuranyi, Kevin | *02.03.82
05-07 | 64 | 25
Kurz, Marco | *16.05.69
95-98 | 58 | 0

Lincoln | *22.01.79
04-07 | 83 | 20
Linke, Thomas | *26.12.69
92-98 | 175 | 13
Lömm, Heinz-Dieter | *18.10.43
65/66 | 5 | 0
Lorant, Werner | *21.11.48
82/83 | 18 | 0
Løvenkrands, Peter | 29.01.80
06/07 | 24 | 6

Harald Klose

Jens Lehmann

Carsten Marquardt

de Kock, Johan | *25.10.64
96-00 | 83 | 6
Kohn, Stefan | *09.10.65
94/95 | 12 | 5
Komljenovic, Fabijan | *16.01.68
93/94 | 2 | 0
Kosien, Roland | *25.09.53
72/73 | 2 | 0
Koslowski, Willi | *17.02.37
63-65 | 39 | 12
Kraus, Willi | *01.05.43
66-68 | 36 | 16
Krauthausen, Franz | *27.02.46
73-75 | 6 | 0
Kremers, Erwin | *24.03.49
71-79 | 212 | 50
Kremers, Helmut | *24.03.49
71-80 | 226 | 45
Kreuz, Manfred | *07.03.36
63-68 | 83 | 17
Kroninger, Michael | *12.12.66
91/92 | 5 | 0
Krstajic, Mladen | *04.03.74
04-07 | 84 | 4
Kruse, Thomas | *07.09.59
78-88 | 199 | 3

Kuzmierz, Karl-Heinz | *20.09.46
70/71 | 2 | 0
Lambert, Hans-Georg | *07.10.39
63/64 | 1 | 0
Lamotte, Fabian | *25.02.83
03-05 | 10 | 1
Lander, Thomas | *22.08.57
76-79 | 21 | 3
Larsen, Søren | *06.09.81
05-07 | 41 | 10
Larsson, Lennart | †*09.07.53
77-79 | 26 | 3
Látal, Radoslav | *06.01.70
94-01 | 187 | 14
Laumann, Joseph | *31.08.83
05/06 | 1 | 0
Legat, Thorsten | *07.11.68
99-01 | 4 | 0
Lehmann, Jens | *10.11.69
91-98 | 200 | 2
Leifeld, Uwe | *24.07.66
91-93 | 30 | 2
Libuda, Reinhard | *10.10.43
† 25.08.96
63-65, 68-72, 73-75 | 190 | 20

Luginger, Jürgen | *08.12.67
91-94 | 83 | 4
Lütkebohmert, Herbert | *24.03.48
† 29.10.93 | 68-79 | 286 | 28
Macak, Pavel | *07.02.57
84-87 | 16 | 0
Mademann, Richard | *25.04.68
91-93 | 25 | 0
Mangold, Hans-Dieter | *22.06.62
80/81 | 2 | 0
Manns, Helmut | *26.10.47
71-73 | 19 | 1
Maric, Enver | *25.04.48
76-78 | 47 | 0
Marquardt, Carsten | *02.06.67
85-88 | 42 | 5
Matellán, Aníbal | *08.05.77
01-04 | 43 | 1
Matischak, Klaus | *24.10.38
63/64 | 22 | 18
Max, Martin | *07.08.68
95-99 | 109 | 33
Memering, Caspar | *01.06.53
84/85 | 17 | 1
Michel, Bernd | *09.05.47
68/69 | 4 | 0

Mielers, Jörg | *02.11.64
87/88 | 3 | 0
Mihajlovic, Radmilo | *19.11.64
91-93 | 46 | 9
Mikolajczak, Christian | *15.05.81
00/01 | 13 | 0
Mirbach, Manuel | *23.07.64
87/88 | 6 | 0
Möllensiep, Mike | *28.11.75
96/97 | 2 | 0

Nowak, Hans | *09.08.37
63-65 | 47 | 3
Oblak, Branko | *27.05.47
75-77 | 49 | 5
Opitz, Michael | *16.07.62
79-88 | 158 | 7
Oude Kamphuis, Niels | *14.11.77
99-05 | 134 | 8
Özil, Mesut | *15.10.88
06/07 | 19 | 0

Rausch, Friedel | *27.02.40
63-71 | 170 | 6
Reck, Oliver | *27.02.65
98-03 | 112 | 1
Regenbogen, Ralf | *24.03.60
85-87, 96/97 | 30 | 3
Ritschel, Manfred | *07.06.46
77/78 | 22 | 0
Rodriguez, Dario | *17.09.74
02-07 | 99 | 6

Mike Möllensiep

Michael Opitz

Mathias Schipper

Möller, Andreas | *02.09.67
00-03 | 86 | 6
Mpenza, Emile | *04.07.78
99-03 | 79 | 28
Mühlmann, Horst | *02.01.40
† 17.11.91
63-66 | 42 | 0
Mulder, Youri | *23.03.69
93-02 | 177 | 33
Müller, Andreas | *13.12.62
91-00 | 200 | 17
Mutibaric, Dragan | *10.11.46
75/76 | 2 | 0
Nemec, Jiri | *15.05.66
93-02 | 256 | 6
Neuer, Manuel | *27.03.86
06/07 | 27 | 0
Neuser, Gerhard | *29.10.38
† 15.08.93 | 65-70 | 143 | 20
Nielsen, Alex | *30.09.67
87/88 | 7 | 0
Nigbur, Norbert | *08.05.48
66-76, 79-83 | 355 | 0
Nikolic, Zarko | *16.10.38
66-68 | 11 | 0

Pabst, Helmut | *29.04.51
71-74 | 11 | 0
Pander, Christian | 28.08.83
03-07 | 40 | 3
Patzke, Wolfgang | *24.02.59
86-88 | 21 | 4
Pereira, Miguel | *23.08.75
93-95, 96-99 | 16 | 1
Pfeiffer, Reinhard | *25.08.51
70/71 | 1 | 0
Pinto, Sergio | *16.10.80
99-04 | 23 | 0
Pirkner, Hans | *25.03.46
69-71 | 47 | 8
Pliska, Heinz | *23.10.41
65-68 | 75 | 2
Pohlschmidt, Manfred | *27.08.40
67-71 | 106 | 27
Poulsen, Christian | *28.02.80
02-06 | 111 | 3
Prus, Michael | *04.02.68
86-97 | 120 | 0
Pyka, Alfred | *28.06.34
65-67 | 58 | 5
Rafinha | *07.09.85
05-07 | 60 | 2

Rost, Frank | *30.06.73
02-07 | 130 | 0
Roth, Dietmar | *16.09.63
85-87 | 50 | 0
Rüssmann, Rolf | *13.10.50
69-81 | 304 | 30
Sand, Ebbe | *19.07.72
99-06 | 214 | 74
Sandhofe, Peter | *25.10.57
78-81 | 30 | 0
Sandt, Andreas | *05.11.62
80/81 | 1 | 0
Schacht, Dietmar | *28.09.62
91/92 | 5 | 0
Schatzschneider, Dieter | *26.04.58
84-86 | 47 | 10
Scheer, Klaus | *04.10.50
69-75 | 165 | 38
Scherr, Uwe | *16.11.66
92-97 | 82 | 2
Schierenberg, Mark | *01.08.72
91-95, 97-99 | 17 | 0
Schipper, Mathias | *23.09.57
75-79, 82-88 | 189 | 6
Schlipper, Günter | *13.08.62
91-93 | 33 | 3

Schober, Mathias | *08.04.76
96-00 | 25 | 0
Schön, Frank | *15.01.71
95-97 | 12 | 0
Schonhoff, Rudolf | *01.09.52
75/76 | 2 | 0
Schröder, Ulrich | *07.08.61
79-81 | 2 | 0
Schubert, Günther | *11.01.55
† 02.06.02 | 76/77 | 3 | 0

Suurbier, Wim | *16.01.45
77/78 | 12 | 0
Szollar, Krisztian | *30.08.80
99-02 | 1 | 0
Szymanek, Detlev | *16.04.54
80/81 | 10 | 2
Tapalovic, Filip | *22.10.76
97-99 | 18 | 0
Täuber, Jürgen | *12.04.55
80/81 | 17 | 1

Wagner, Friedrich | *01.08.58
† 22.02.02 | 77-79 | 28 | 1
Waldoch, Tomasz | *10.05.71
99-06 | 141 | 12
Wegmann, Jürgen | *31.03.64
86/87 | 28 | 10
Weidemann, Uwe | *14.06.63
95-97 | 19 | 1
Weikamp, Werner | *20.09.41
65/66 | 5 | 0

Friedhelm Schütte

Bernd Thiele

Ludger Winkel

Schulz, Willi | *04.10.38
63-65 | 52 | 2
Schumacher, Harald | *06.03.54
87/88 | 33 | 0
Schütte, Friedhelm | *12.08.57
75-77 | 4 | 0
Schwiderowski, Markus | *12.12.73
91/92 | 4 | 0
Seitz, Jochen | *11.10.76
03/04 | 18 | 2
Sendscheid, Peter | *28.09.65
91-95 | 80 | 18
Senger, Klaus | *19.10.45
65-71 | 102 | 3
Siewert, Thomas | *04.11.61
80/81 | 17 | 1
Skibbe, Michael | *04.08.65
84-86 | 14 | 1
Slomiany, Waldemar | *01.10.43
67-70 | 52 | 5
Sobieray, Jürgen | *02.11.50
69-79 | 210 | 14
Spanring, Martin | *14.10.69
92/93 | 8 | 0
Stichler, Peter | *15.01.58
82-85 | 22 | 1

Täuber, Klaus | *17.01.58
84-87 | 88 | 39
Täuber, Stephan | *08.10.66
86/87 | 8 | 0
Thiele, Bernd | *24.01.56
73-81 | 162 | 5
Thon, Olaf | *01.05.66
84-88, 94-02 | 295 | 52
Tönnies, Michael | *19.12.59
78-81 | 7 | 0
Toth, Gyula | *20.04.41
64/65 | 21 | 0
Trojan, Filip | *21.02.83
02-04 | 11 | 0
Tschiskale, Uwe | *09.07.62
87/88 | 16 | 4
Tüfekci, Ilyas | *03.02.60
82/83 | 32 | 8
Ünlü, Volkan | *08.07.83
03/04 | 4 | 0
Varela, Gustavo | *14.05.78
02-07 | 80 | 7
Vermant, Sven | *04.04.73
01-05 | 98 | 6
Wagner, David | *19.10.71
95-97 | 28 | 2

Welp, Jürgen | *27.12.59
91/92 | 1 | 0
Werner, Siegfried | *16.12.39
65/66 | 9 | 1
Wilmots, Marc | *22.02.69
96-00, 01-03 | 138 | 27
Winkel, Ludger | *24.08.62
80/81 | 2 | 0
Wittkamp, Hans-Jürgen | *23.07.47
67-71 | 101 | 29
Wolf, Sascha | *03.09.71
98/99 | 14 | 3
Wollitz, Claus-Dieter | *19.07.65
87/88 | 29 | 3
Wollitz, Michael | *28.03.61
87/88 | 15 | 2
Wüst, Alban | *31.03.47
† 07.03.00 | 69-71 | 32 | 4
Wuttke, Wolfram | *17.11.61
79-81, 82/83 | 48 | 10

RANGLISTE DER SCHALKER BUNDESLIGASPIELER

STATISTIK

1.	Fichtel	477	33.	Waldoch	141	65.	Güttler	85	Geier	53
2.	Nigbur	355	34.	Wilmots	138	66.	Krstajic	84	Höbusch	53
3.	Rüssmann	304	35.	Oude Kamphuis	134	67.	de Kock	83	99. Bajramovic	52
4.	Fischer	295		van Kerckhoven	134		Kreuz	83	Gerhardt	52
	Thon	295	37.	Bongartz	131		Lincoln	83	Hartmann	52
6.	Lütkebohmert	286	38.	Rost	130		Luginger	83	Schulz	52
7.	Büskens	257	39.	van Haaren	126		Scherr	82	Slomiany	52
8.	Nemec	256	40.	Kobiashvili	122	72.	Sendscheid	80	104. Goossens	51
9.	Eigenrauch	229	41.	Prus	120		Varela	80	105. Budde	50
10.	H. Kremers	226	42.	Hamit Altintop	113	74.	Mpenza	79	Roth	50
11.	Anderbrügge	216		Huhse	113	75.	Bechmann	75	107. Beverungen	49
12.	Sand	214	44.	Reck	112		Erlhoff	75	Christensen	49
13.	Asamoah	213	45.	Poulsen	111		Pliska	75	Oblak	49
14.	E. Kremers	212	46.	G. Herrmann	110	78.	Dubski	73	110. Hannes	48
15.	Sobieray	210		Junghans	110		Herzog	73	Wuttke	48
16.	R. Abramczik	202	48.	Max	109	80.	Drexler	67	112. Maric	47
17.	Becher	201	49.	Pohlschmidt	106	81.	Blechinger	64	Nowak	47
18.	Lehmann	200	50.	Hajto	104		Elting	64	Pirkner	47
	Müller	200	51.	Senger	102		Kuranyi	64	Schatzschneider	47
20.	Kruse	199	52.	Böhme	101	84.	Borodjuk	63	116. Mihajlovic	46
21.	Libuda	190		Dietz	101	85.	van den Berg	60	117. Eijkelkamp	44
22.	Schipper	189		Wittkamp	101		Rafinha	60	118. Matellán	43
23.	Látal	187	55.	Rodriguez	99	87.	Holz	59	119. Alpugan	42
24.	Mulder	177	56.	Vermant	98	88.	Ernst	58	Marquardt	42
25.	Linke	175	57.	Jakobs	97		Hanke	58	Mühlmann	42
26.	Rausch	170		Kleppinger	97		Klose	58	122. Larsen	41
27.	Bittcher	168	59.	Held	96		Kurz	58	123. Ehmke	40
28.	Scheer	165	60.	Kmetsch	88		Pyka	58	Gehrke	40
29.	Thiele	162		K. Täuber	88	93.	Elgert	57	125. Pander	40
30.	Opitz	158	62.	Dierßen	87	94.	Dzoni	55	126. Horst	39
31.	van Hoogdalem	151	63.	Bordon	86	95.	Agali	54	Koslowski	39
32.	Neuser	143		Möller	86	96.	Freund	53	128. Bistram	38

Auf **Oliver Reck** war nicht nur im Derby Verlass.

Seit 1999 ein Knappe: **Gerald Asamoah**.

129.	Kraus	36		Matischak	22		Lamotte	10		Grodås	3
130.	Braun	35		Ritschel	22		Szymanek	10		Mielers	3
	Groß	35		Stichler	22	225.	Boenisch	9		Schubert	3
132.	**Halil Altintop**	34	179.	Janzon	21		Boljat	9	263.	Albracht	2
	Karnhof	34		Lander	21		Frey	9		Bär	2
134.	H.J. Abel	33		Patzke	21		Werner	9		Baumjohann	2
	Gede	33		Toth	21	229.	Hajnal	8		Borgmeier	2
	Schlipper	33	183.	Bruns	20		Heimeroth	8		Cziommer	2
	Schumacher	33		Bücker	20		Spanring	8		Heimen	2
138.	Kläsener	32		Clute-Simon	20		S. Täuber	8		Kirchwehm	2
	Tüfekci	32	186.	Danner	19	233.	Kasperski	7		Komljenovic	2
	Wüst	32		Götz	19		Nielsen	7		Kosien	2
141.	Demange	31		Hey	19		Tönnies	7		Kuzmierz	2
	Jara	31		Kleina	19	236.	Alcides	6		Mangold	2
143.	Berz	30		Manns	19		Deering	6		Möllensiep	2
	Eckstein	30		Özil	19		Krauthausen	6		Mutibaric	2
	Edelmann	30		Weidemann	19		Mirbach	6		Schonhoff	2
	Leifeld	30	193.	Lorant	18	240.	Bester	5		Schröder	2
	Regenbogen	30		Seitz	18		Broden	5		Winkel	2
	Sandhofe	30		F. Tapalovic	18		Bürger	5	279.	**M. Abel**	1
149.	Ailton	29	196.	Eilenfeldt	17		Gredig	5		Bettenstaedt	1
	Berkemeier	29		Giesel	17		Kroninger	5		Bruckmann	1
	D. Wagner	29		Memering	17		Lömm	5		Dybek	1
	C.-D. Wollitz	29		Schierenberg	17		Schacht	5		Endrulat	1
153.	Dooley	28		Siewert	17		Weikamp	5		Erwig	1
	F. Wagner	28		J. Täuber	17	248.	**Azaouagh**	4		Grams	1
	Wegmann	28	202.	Glieder	16		Dittrich	4		**Heppke**	1
156.	Crawatzo	27		Macak	16		Iyodo	4		C. Herrmann	1
	Dörmann	27		Pereira	16		Legat	4		Kaya	1
	Flad	27		Tschiskale	16		Michel	4		**Kunert**	1
	Galbierz	27	206.	M. Wollitz	15		Schütte	4		Lambert	1
	Klein	27	207.	Berge	14		Schwiderowski	4		Laumann	1
	Klinkert	27		Skibbe	14		Ünlü	4		Pfeiffer	1
	Neuer	27		Wolf	14	256.	V. Abramczik	3		Sandt	1
163.	Happe	26	210.	Dikhtiar	13		Anfang	3		Szollar	1
	Kügler	26		Mikolajczak	13		Burdenski	3		Welp	1
	Larsson	26	212.	Grau	12		Gaber	3			
166.	Ksienzyk	25		Hoogland	12						
	Mademann	25		Kohn	12						
	Schober	25		Schön	12						
169.	Kliouev	24		Suurbier	12						
	Løvenkrands	24	217.	Grabosch	11						
171.	**Delura**	23		Nikolic	11						
	Hasil	23		Pabst	11						
	Pinto	23		Trojan	11						
174.	Goldbaek	22	221.	Djordjevic	10						
	Hami	22		Höfer	10						

Wieder zurück auf Schalke:
Mathias Schober.

Mit Technik am Ball für ein besseres Klima.

Wer die Zukunft gewinnen will, muss mit Energie wirtschaftlich und intelligent umgehen. Wir von E.ON Ruhrgas bringen deshalb eine starke Mannschaft ins Spiel. Mit **Leistung und Engagement** entwickeln unsere Mitarbeiter Ideen und Technik für weniger Energieverbrauch und mehr Umweltverträglichkeit.
www.eon-ruhrgas.com

Olympia Partner Deutschland

e·on | Ruhrgas

RANGLISTE DER TORSCHÜTZEN

Mit 15 Toren in der vergangenen Saison Schalkes bester Torschütze: **Kevin Kuranyi**.

STATISTIK

1.	Fischer	182	48.	van Haaren	10		Hasil	5	Dikhtiar	2
2.	Sand	74		van Hoogdalem	10		van Kerckhoven	5	Dörmann	2
3.	Thon	52		**Larsen**	10		Kohn	5	Dubski	2
4.	E. Kremers	50		Schatzschneider	10		Kügler	5	Edelmann	2
5.	Anderbrügge	46		Wegmann	10		Marquardt	5	Gede	2
6.	H. Kremers	45		Wuttke	10		Oblak	5	Glieder	2
7.	R. Abramczik	44	54.	H.J. Abel	9		Pyka	5	Höfer	2
8.	K. Täuber	39		Bistram	9		Slomiany	5	Janzon	2
9.	Scheer	38		Herzog	9		Thiele	5	Jara	2
10.	**Asamoah**	34		Mihajlovic	9	104.	van den Berg	4	Klinkert	2
11.	Max	33	58.	Hamit Altintop	8		**Delura**	4	Lehmann	2
	Mulder	33		Berz	8		Demange	4	Leifeld	2
13.	Rüssmann	30		Christensen	8		Eckstein	4	Pliska	2
14.	Wittkamp	29		Dierßen	8		Güttler	4	**Rafinha**	2
15.	Lütkebohmert	28		Drexler	8		Hannes	4	Scherr	2
	Mpenza	28		Erlhoff	8		Held	4	Schulz	2
17.	Pohlschmidt	27		Oude Kamphuis	8		**Krstajic**	4	Seitz	2
	Wilmots	27		Pirkner	8		Luginger	4	Szymanek	2
19.	**Kuranyi**	25		Tüfekci	8		Patzke	4	D. Wagner	2
20.	Bongartz	24	67.	Bechmann	7		Tschiskale	4	M. Wollitz	2
21.	Böhme	23		**Bordon**	7		Wüst	4	163. V. Abramczik	1
22.	G. Herrmann	22		Dietz	7	116.	Dooley	3	Alpugan	1
23.	Gerhardt	20		Hanke	7		Eigenrauch	3	Bücker	1
	Hartmann	20		Klose	7		Flad	3	Eilenfeldt	1
	Libuda	20		**Kobiashvili**	7		Freund	3	Galbierz	1
	Lincoln	20		Opitz	7		Goldbaek	3	Geier	1
	Neuser	20		**Varela**	7		Grau	3	Giesel	1
28.	Bittcher	19	75.	**Halil Altintop**	6		Hami	3	Happe	1
29.	Matischak	18		**Bajramovic**	6		Holz	3	Horst	1
	Sendscheid	18		Beverungen	6		Kasperski	3	Huhse	1
31.	Kreuz	17		Blechinger	6		Kmetsch	3	Karnhof	1
	Müller	17		Dzoni	6		Kruse	3	Kläsener	1
33.	Kraus	16		Ehmke	6		Lander	3	Kliouev	1
34.	Agali	14		Eijkelkamp	6		Larsson	3	Ksienzyk	1
	Ailton	14		Götz	6		Nowak	3	Lamotte	1
	Braun	14		Hajto	6		**Pander**	3	Manns	1
	Fichtel	14		Jakobs	6		Poulsen	3	Matellán	1
	Látal	14		de Kock	6		Regenbogen	3	Memering	1
	Sobieray	14		**Løvenkrands**	6		Schlipper	3	Pereira	1
40.	Büskens	13		Möller	6		Senger	3	Reck	1
	Linke	13		Nemec	6		Wolf	3	Siewert	1
42.	Borodjuk	12		Rausch	6		C.-D. Wollitz	3	Skibbe	1
	Budde	12		**Rodriguez**	6	138.	Becher	2	Stichler	1
	Elgert	12		Schipper	6		Boljat	2	J. Täuber	1
	Kleppinger	12		Vermant	6		Bruns	2	F. Wagner	1
	Koslowski	12	93.	Berkemeier	5		Clute-Simon	2	Weidemann	1
	Waldoch	12		Goossens	5		Crawatzo	2	Werner	1

ELFMETER

Jubel: **Rafinha** feiert seinen verwandelten Elfmeter gegen Alemannia Aachen.

Entsetzen: **Lincoln** verschießt gleich im ersten Saisonspiel gegen Eintracht Frankfurt.

ALLE 110 VERWANDELTEN ELFMETER

Anderbrügge	20	E. Kremers	2
Fischer	10	Rüssmann	2
Böhme	9	Vermant	2
K. Täuber	8	H.-J. Abel	1
H. Kremers	6	Ailton	1
Fichtel	4	Hami	1
Scheer	4	Hannes	1
Thon	4	**Kobiashvili**	1
Hajto	3	**Larsen**	1
G. Herrmann	3	Lehmann	1
Kraus	3	Max	1
Kreuz	3	Mulder	1
Wilmots	3	Pohlschmidt	1
Dzoni	2	**Rafinha**	1
Güttler	2	Reck	1
van Haaren	2	Slomiany	1
van Hoogdalem	2	**Varela**	1
Lincoln	2		

ALLE 47 VERSCHOSSENEN ELFMETER

Anderbrügge	5	Mulder	1
G. Herrmann	5	Nigbur	1
Fischer	4	Pohlschmidt	1
Böhme	3	Pyka	1
H. Kremers	3	Rüssmann	1
Lincoln	3	Sobieray	1
Fichtel	2	K. Täuber	1
Scheer	2	Thon	1
Wilmots	2		
Ailton	1		
Bongartz	1		
Dzoni	1		
Hajto	1		
Kobiashvili	2		
Kraus	1		
Kreuz	1		
Lütkebohmert	1		
Möller	1		

STATISTIK

PLATZVERWEISE

Attacke gegen Bernd Schneider nach dem Schlusspfiff: Dafür sah **Lincoln** gegen Bayer Leverkusen die Rote Karte.

Nach **Mladen Krstajic'** Platzverweis in Aachen gewannen die Knappen in Unterzahl.

ALLE 35 ROTEN KARTEN
(13 zu Hause | 22 auswärts)

Matellán	2	Látal	1	
Mulder	2	Lincoln	1	
Agali	1	Linke	1	
Ailton	1	Marquardt	1	
Asamoah	1	Nemec	1	
Böhme	1	Nikolic	1	
Drexler	1	Pliska	1	
Fichtel	1	**Rafinha**	1	
Flad	1	**Rost**	1	
Herzog	1	Rüssmann	1	
Höbusch	1	Scherr	1	
Karnhof	1	Schlipper	1	
Kleppinger	1	Seitz	1	
Kohn	1	K. Täuber	1	
Koslowski	1	Thon	1	
E. Kremers	1	**Varela**	1	
Krstajic	1			

ALLE 30 GELB-ROTEN KARTEN
(6 zu Hause | 24 auswärts)

Poulsen	4	Mulder	1	
Bajramovic	2	**Varela**	1	
van Hoogdalem	2	Vermant	1	
Lincoln	2	Wilmots	1	
Nemec	2			
Schlipper	2			
Waldoch	2			
Anderbrügge	1			
Asamoah	1			
Büskens	1			
Ernst	1			
Hajto	1			
van Kerckhoven	1			
Kläsener	1			
Kurz	1			
Mademann	1			
Matellan	1			

REKORDE DES FC SCHALKE 04 IN DER BUNDESLIGA

PLATZIERUNGEN
Die beste Saison 5 Mal Vizemeister
1971/72, 1976/77, 2000/01, 2004/05, 2006/07.
Die schwächste Saison 1987/88, Platz 18

PUNKTE
Die meisten Punkte 52:16 Punkte (1971/72)
Drei-Punkte-Regel: 76 Zähler.
Die wenigsten Punkte 22:46 Punkte (1982/83)

TORE
Die meisten erzielten Tore 77 (1976/77)
Die wenigsten erzielten Tore 33 (1965/66)
Die wenigsten Gegentore 31 (2005/06)
Die meisten Gegentore 88 (1980/81)

SIEGE, REMIS UND NIEDERLAGEN
Die meisten Saisonsiege 24 (1971/72)
Die wenigsten Saisonsiege 7 (1964/65)
Die wenigsten Niederlagen 5 (2005/06)
Die meisten Niederlagen 20 (1982/83)
Die meisten Remis 15 (1999/2000)
Die wenigsten Remis 3 (2004/05)

HEIMSPIELE
Die beste Bilanz
1971/72   16 1 0   33:1   54:8
VELTINS-Arena
2001/02   13 2 2   41   38:14
2006/07   13 2 2   41   30:11

Die schlechteste Bilanz
1982/83   6 3 8   15:19   28:28
Die meisten Heimsiege 16 (1971/72)
Die wenigsten Heimsiege 4 (1999/2000)
Die wenigsten Heimniederlagen 0 (1971/72)
Die meisten Heimniederlagen 8 (1982/83)
Die meisten Heimsiege hintereinander
14 (2.-29. Spieltag, 1971/72)
VELTINS-Arena:
8 (18.-32. Spieltag, 2001/02)

AUSWÄRTSSPIELE
Die beste Auswärtsbilanz
2004/05   9 1 7   28   23:22
Die schlechteste Auswärtsbilanz
1987/88   1 2 14   4:30   19:59
Die meisten Auswärtssiege 9 (2004/05)
Die wenigsten Auswärtssiege 1 (1977/78, 1987/88)

SPIELE
Der höchste Sieg
9.10.1976 Bayern München – Schalke 04 0:7
Die höchste Niederlage
7.1.1967 Borussia Mönchengladbach – Schalke 04 11:0
Die höchsten Heimsiege
4.10.1972 Schalke 04 – Kickers Offenbach 6:1
2.3.1974 Schalke 04 – Fortuna Köln 6:1
10.12.1985 Schalke 04 – Borussia Dortmund 6:1
VELTINS-Arena
26.1.02 Schalke 04 – Bayern München 5:1

Zum fünften Mal Vizemeister: das **Schalker Team** 2006/07.

Mladen Krstajic und **Marcelo Bordon** ließen 2005/06 wenig zu.

Die höchste Heimniederlage
9.5.81 Schalke 04 – VfL Bochum 0:6
VELTINS-Arena
24.11.01 Schalke 04 – Werder Bremen 1:4

SERIEN
Die meisten Siege in Folge
6 (7.-12. Spieltag, 2004/05)
Die meisten Niederlagen in Folge
6 (8.-13. Spieltag, 1972/1973)
Die längste Serie ohne Niederlage
14 (29.-9. Spieltag, 1976/77-1977/78)
Innerhalb einer Saison:
13 (10.-22. Spieltag, 2006/07)
Die längste Serie ohne Sieg
12 (3.-15. Spieltag, 1993/94)
Die längste Serie ohne Gegentor
646 Minuten (Rost 499 | Ünlü 147, 2003/04)
597 Minuten (Lehmann, 1996/97)

ZUSCHAUER
Der beste Saisonbesuch
1.042.921 (Schnitt: 61.348, 2006/07)
Das bestbesuchte Heimspiel
2.11.96 Schalke 04 – Bor. Dortmund (71.021)
Ausverkauft
Glückauf-Kampfbahn: 6 | Parkstadion: 25 |
VELTINS-Arena: 83
Das bestbesuchte Auswärtsspiel
30.1.04 Borussia Dortmund – Schalke 04 (83.000)
5.12.04 Borussia Dortmund – Schalke 04 (83.000)

Ebbe Sand wurde 2000/01 mit 22 Treffern Torschützenkönig.

Der schlechteste Zuschauerdurchschnitt
312.363 (Schnitt: 18.374, 1985/86)
Das Heimspiel mit den wenigsten Zuschauern
29.5.71 Schalke 04 – 1. FC Köln (5000)
24.5.80 Schalke 04 – VfL Bochum (5000)
Das Auswärtsspiel mit den wenigsten Zuschauern
14.12.74 Tennis Borussia Berlin – Schalke 04 (3900)

SPIELER
Bundesliga-Torschützenkönige
Klaus Fischer (29 Tore, 1975/76)
Ebbe Sand (22 Tore, 2000/01)
Schalker Schützenkönige
Klaus Fischer: 8 Mal
Ebbe Sand: 4 Mal
Ingo Anderbrügge, Martin Max: 3 Mal
Die meisten Tore in einem Spiel
1.9.71 Klaus Scheer (5 gegen den 1. FC Köln)
Die meisten Spiele mit Torerfolg in Serie
1978/79 Rüdiger Abramczik (7 Spiele)
Die meisten Gegentore in einem Spiel
1.11.86 Frank Hartmann (5 für 1. FC Kaiserslautern)
Die meisten Bundesliga-Einsätze in Serie
1977-1980 Rolf Rüssmann (134 Spiele)
Der älteste Bundesligaspieler
21.5.88 Klaus Fichtel (43 Jahre, 184 Tage)
Der jüngste Bundesligaspieler
11.8.73 Rüdiger Abramczik (17 Jahre, 175 Tage)
Der jüngste Bundesliga-Torschütze
12.1.74 Rüdiger Abramczik (17 Jahre, 330 Tage)

Neuer Rekord: **1.042.921 Zuschauer** sahen in der Spielzeit 2006/07 die Bundesliga-Heimspiele der Knappen.

DFB-POKAL-SPIELE

1935
1. Runde
1   31.8.1935   SpVgg Göttingen – FC Schalke 04   1:5 (0:3)
2. Runde
2   22.9.1935   FC Schalke 04 – SV Kassel   8:0 (4:0)
Achtelfinale
3   27.10.1935   Hannover 96 – FC Schalke 04   2:6 (1:2)
Viertelfinale (Düsseldorf)
4   10.11.1935   FC Schalke 04 – VfL Benrath   4:1 (1:0)
Halbfinale (Dortmund)
5   24.11.1935   FC Schalke 04 – Freiburger FC   6:2 (3:1)
Finale (Düsseldorf)
6   8.12.1935   1. FC Nürnberg – FC Schalke 04   2:0 (0:0)

1936
1. Runde
7   14.6.1936   VfR Ruhrort – FC Schalke 04   2:5 (0:3)
2. Runde (Wanne-Eickel)
8   28.6.1936   S. Röhlinghausen – FC Schalke 04   0:2 (0:2)
Achtelfinale
9   6.9.1936   VfB Stuttgart – FC Schalke 04   0:0 n.V.
Achtelfinale (Wiederholungsspiel/Gladbeck)
10   20.9.1936   FC Schalke 04 – VfB Stuttgart   6:0 (2:0)
Viertelfinale
11   25.10.1936   Werder Bremen – FC Schalke 04   2:5 (2:1)
Halbfinale
12   8.11.1936   FC Schalke 04 – Schweinfurt 05   3:2 (0:1)
Finale (Berlin)
13   3.1.1937   VfB Leipzig – FC Schalke 04   2:1 (2:1)

1937
1. Runde
14   29.8.1937   K. Frankenthal – FC Schalke 04   1:3 (0:0)
2. Runde
15   19.9.1937   FC Schalke 04 – RW Oberhausen   2:1 (2:1)
Achtelfinale
16   31.10.1937   Eintr. Braunschweig – FC Schalke 04   0:1 (0:0, 0:0) n.V.
Viertelfinale
17   14.11.1937   FC Schalke 04 – Berliner SV 92   3:1 (0:0)
Halbfinale (Erfurt)
18   5.12.1937   FC Schalke 04 – SV Waldhof   2:1 (2:1)
Finale (Köln)
19   9.1.1938   FC Schalke 04 – Fort. Düsseldorf   2:1 (0:0)

1938
1. Runde
20   28.8.1938   Vict. Hamburg – FC Schalke 04   4:3 (2:0)

1939
1. Runde (Duisburg)
21   20.8.1939   VfB Alsum – FC Schalke 04   0:13 (0:4)
2. Runde
22   19.11.1939   VfL Osnabrück – FC Schalke 04   3:2 (1:2)

1940
1. Runde
23   16.8.1940   Spfr. Halle – FC Schalke 04   0:7 (0:4)
2. Runde
24   8.9.1940   FC Schalke 04 – Werder Bremen   5:0 (2:0)
Achtelfinale
25   29.9.1940   SpVgg Fürth – FC Schalke 04   2:1 (1:0)

1941
1. Runde
26   13.7.1941   Rot-Weiß Essen – FC Schalke 04   1:2 (1:1, 0:0) n.V.
2. Runde
27   3.8.1941   FC Schalke 04 – F. Düsseldorf   4:2 (4:0)
Achtelfinale
28   24.8.1941   SW Essen – FC Schalke 04   1:5 (1:2)
Viertelfinale
29   21.9.1941   FC Schalke 04 – Austria Wien   4:1 (1:1)
Halbfinale
30   12.10.1941   FC Schalke 04 – Holstein Kiel   6:0 (2:0)
Finale (Berlin)
31   2.11.1941   Dresdner SC – FC Schalke 04   2:1 (1:0)

Ernst Poertgen schießt Schalke 1937 ins Pokalfinale (l.), vor dem **Ernst Kuzorra** Düsseldorfs Kapitän **Paul Janes** begrüßt.

STATISTIK

1942
1. Runde
32 19.7.1942 Hamborn 07 – FC Schalke 04 0:2 (0:0)
2. Runde (Kassel)
33 9.8.1942 Eintr. Frankfurt – FC Schalke 04 0:6 (0:1)
Achtelfinale
34 30.8.1942 FC Schalke 04 – West. Hamborn 4:1 (2:0)
Viertelfinale
35 27.9.1942 SV Dessau 05 – FC Schalke 04 0:4 (0:3)
Halbfinale
36 25.10.1942 FC Schalke 04 – Werder Bremen 2:0 (2:0)
Finale (Berlin)
37 15.11.1942 München 1860 – FC Schalke 04 2:0 (0:0)

1943
1. Runde
38 29.8.1943 Spvgg. Erfurt – FC Schalke 04 0:4 (0:2)
Achtelfinale
39 19.9.1943 FC Schalke 04 – Spfr. Katernberg 4:2 (2:1)
Viertelfinale
40 3.10.1943 FV Saarbrücken – FC Schalke 04 1:2 (1:0, 1:1) n.V.
Halbfinale (Frankfurt)
41 17.10.1943 FC Schalke 04 – Vienna Wien 2:6 (2:2)

1952/53
1. Runde
42 17.8.1952 B. Neunkirchen – FC Schalke 04 2:1 (1:1)

1954/55
1. Runde
43 15.8.1954 Jahn Regensburg – FC Schalke 04 1:1 (1:1, 0:0) n.V.
44 1.9.1954 FC Schalke 04 – J. Regensburg 6:4 (3:4)
Achtelfinale
45 26.9.1954 FC Schalke 04 – Schweinfurt 05 1:1 (1:1, 1:0) n.V.
46 17.10.1954 Schweinfurt 05 – FC Schalke 04 0:1 (0:0)
Viertelfinale
47 2.1.1955 FC Schalke 04 – Bremerhaven 93 2:0 (0:0)
Halbfinale (Wuppertal)
48 7.4.1955 FC Schalke 04 – Kick. Offenbach 2:1 (1:1)
Finale (Braunschweig)
49 21.5.1955 Karlsruher SC – FC Schalke 04 3:2 (1:1)

1961/62
Achtelfinale
50 28.7.1962 Holstein Kiel – FC Schalke 04 3:4 (1:0)
Viertelfinale
51 8.8.1962 FC Schalke 04 – München 1860 4:2 (2:2)
Halbfinale
52 22.8.1962 Fort. Düsseldorf – FC Schalke 04 3:2 (2:1)

1962/63
1. Runde
53 28.7.1963 München 1860 – FC Schalke 04 3:2 (0:1)

1963/64
1. Runde
54 7.4.1964 Werder Bremen – FC Schalke 04 0:2 (0:0)
Achtelfinale
55 22.4.1964 P. Ludwigshafen – FC Schalke 04 1:2 (0:1)
Viertelfinale
56 20.5.1964 Eintr. Frankfurt – FC Schalke 04 2:1 (1:0)

1964/65
1. Runde
57 16.1.1965 Schwaben Augsburg – FC Schalke 04 5:7 (3:3, 3:2) n.V.
Achtelfinale
58 6.2.1965 Eintr. Frankfurt – FC Schalke 04 1:2 (1:1)
Viertelfinale
59 27.2.1965 FC Schalke 04 – VfB Stuttgart 4:2 (1:0)
Halbfinale
60 17.4.1965 Alemannia Aachen – FC Schalke 04 4:3 (3:3, 1:1) n.V.

1965/66
1. Runde
61 22.1.1966 FC Schalke 04 – Tennis Borussia Berlin 3:1 (1:1, 0:1) n.V.
Achtelfinale
62 19.2.1966 MSV Duisburg – FC Schalke 04 6:0 (3:0)

1966/67
1. Runde
63 14.1.1967 FC Schalke 04 – Bor. M'gladbach 4:2 (2:1)
Achtelfinale
64 3.2.1967 VfB Stuttgart – FC Schalke 04 0:1 (0:1)
Viertelfinale
65 25.3.1967 FC Schalke 04 – Bay. München 2:3 (1:2)

1967/68
1. Runde
66 27.1.1968 Arm. Bielefeld – FC Schalke 04 0:1 (0:0)
Achtelfinale
67 24.2.1968 FC Schalke 04 – E. Braunschweig 2:3 (1:1)

1968/69
1. Runde
68 4.1.1969 RW Oberhausen – FC Schalke 04 2:3 (2:2, 0:1) n.V.
Achtelfinale
69 15.2.1969 FC Schalke 04 – SV Alsenborn 3:1 (1:0)
Viertelfinale
70 5.4.1969 FC Schalke 04 – Alem. Aachen 2:0 (1:0)
Halbfinale
71 3.5.1969 1. FC Kaiserslautern – FC Schalke 04 1:1 (1:1, 0:0) n.V.
72 13.5.1969 FC Schalke 04 – 1. FC K'lautern 3:1 (1:1)
Finale (Frankfurt)
73 14.6.1969 Bay. München – FC Schalke 04 2:1 (2:1)

1969/70
1. Runde
74 8.4.1970 SV Alsenborn – FC Schalke 04 1:5 (0:1)
Achtelfinale
75 28.7.1970 FC Schalke 04 – Hertha BSC 0:0 n.V.
76 1.8.1970 Hertha BSC – FC Schalke 04 4:0 (1:0)

1970/71
1. Runde
77 12.12.1970 VfL Wolfsburg – FC Schalke 04 2:2 (2:2, 0:2) n.V.
78 23.12.1970 FC Schalke 04 – VfL Wolfsburg 1:1 (1:1, 1:1) – 3:1 i.E.
Achtelfinale
79 20.2.1971 FC Schalke 04 – VfR Heilbronn 4:0 (1:0)
Viertelfinale
80 7.4.1971 FC Schalke 04 – RW Oberhausen 1:0 (0:0)
Halbfinale
81 12.5.1971 FC Schalke 04 – 1. FC Köln 2:3 (2:0)

1971/72
1. Runde
82 4.12.1971 FC Schalke 04 – Hertha BSC 3:1 (1:0)
83 14.12.1971 Hertha BSC – FC Schalke 04 *3:0 (1:0)
* Spielwertung 0:2, da Hertha einen gesperrten Spieler eingesetzt hatte
Achtelfinale
84 12.2.1972 Fort. Düsseldorf – FC Schalke 04 1:1 (0:0)
85 22.2.1972 FC Schalke 04 – Fort. Düsseldorf 2:1 (1:1)
Viertelfinale
86 1.4.1972 Bor. M'gladbach – FC Schalke 04 2:2 (0:1)
87 5.4.1972 FC Schalke 04 – Bor. M'glabach 1:0 (0:0)
Halbfinale
88 30.5.1972 1. FC Köln – FC Schalke 04 4:1 (0:1)
89 10.6.1972 FC Schalke 04 – 1. FC Köln 5:2 (5:2, 3:1) – 6:5 i.E.
Finale (Hannover)
90 1.7.1972 FC Schalke 04 – 1. FC K'lautern 5:0 (2:0)

1972/73
1. Runde
91 9.12.1972 S. Ludwigshafen – FC Schalke 04 1:3 (0:2)
92 19.12.1972 FC Schalke 04 – S. Ludwigshafen 3:1 (0:1)
Achtelfinale
93 3.3.1973 FC Schalke 04 – Bor. M'gladbach 0:2 (0:1)
94 14.3.1973 Bor. M'gladbach – FC Schalke 04 1:1 (1:0)

1973/74
1. Runde
95 1.12.1973 FC Schalke 04 – Wattenscheid 09 1:2 (0:1)

1974/75
1. Runde
96 7.9.1974 SpVgg Bayreuth – FC Schalke 04 1:2 (0:0)
2. Runde
97 26.10.1974 FC Schalke 04 – H. Zehlendorf 6:0 (3:0)
3. Runde
98 8.2.1975 Fortuna Köln – FC Schalke 04 2:0 (0:0)

1975/76
1. Runde
99 5.8.1975 VfB Oldenburg – FC Schalke 04 0:6 (0:1)
2. Runde
100 18.10.1975 FC Schalke 04 – Bor. Dortmund 2:1 (2:0)
3. Runde
101 13.12.1975 FC Schalke 04 – E. Braunschweig 1:2 (1:2)

Nach dramatischem Halbfinale gegen den 1. FC Köln (l.) und einem 5:0 im Endspiel durfte Kapitän **Libuda** 1972 den Pokal hochhalten.

STATISTIK

1976/77
1. Runde
102 7.8.1976   SV Wiesbaden – FC Schalke 04   1:3 (1:3)
2. Runde
103 17.10.1976 FC Schalke 04 – Ellingen/Bonef. 6:1 (2:0)
3. Runde
104 18.12.1976 FC Schalke 04 – FSV Frankfurt   1:0 (1:0)
Achtelfinale
105 8.1.1977   FC Schalke 04 – Eintr. Frankfurt   2:2
                                         (2:2, 2:0) n.V.
106 25.1.1977   Eintr. Frankfurt – FC Schalke 04   4:3 (2:0)

1977/78
1. Runde
107 30.7.1977   Göttingen 05 – FC Schalke 04   0:2 (0:2)
2. Runde
108 20.8.1977   FC Schalke 04 – TSG Bleidenst.   8:1 (4:1)
3. Runde
109 15.10.1977 FC Schalke 04 – Eintr. Frankfurt   1:0 (0:0)
Achtelfinale
110 19.11.1977 FC Schalke 04 – Hamburger SV   4:2 (2:0)
Viertelfinale
111 20.12.1977 FC Schalke 04 – Fortuna Düsseldorf   1:1
                                         (1:1, 0:0) n.V.
112 26.12.1977 F. Düsseldorf – FC Schalke 04   1:0 (0:0)

1978/79
1. Runde
113 5.8.1978   München 1860 – FC Schalke 04   0:5 (0:1)
2. Runde
114 24.9.1978   FC Schalke 04 – VfB Stuttgart   3:2 (1:1)
3. Runde
115 2.12.1978   Bayer Uerdingen – FC Schalke 04 2:1 (0:0)

1979/80
1. Runde
116 25.8.1979   Spfr. Eisbachtal – FC Schalke 04 0:1 (0:1)
2. Runde
117 29.9.1979   FC Schalke 04 – KSV Baunatal   3:0 (2:0)
3. Runde
118 12.1.1980   FC Schalke 04 – Bonner SC   3:1 (2:0)
Achtelfinale
119 16.2.1980   FC Schalke 04 – VfL Osnabrück   2:0 (2:0)
Viertelfinale
120 6.4.1980   FC Schalke 04 – SpVgg Bayreuth 3:1 (1:1)
Halbfinale
121 10.5.1980   FC Schalke 04 – 1. FC Köln   0:2 (0:1)

1980/81
1. Runde
122 30.8.1980   FC Schalke 04 – Bay. Uerdingen   2:5 (1:2)

1981/82
1. Runde
123 29.8.1981   Hessen Kassel – FC Schalke 04   4:1 (2:0)

1982/83
1. Runde
124 28.8.1982   FC Schalke 04 – Hessen Kassel   1:0 (1:0)
2. Runde
125 16.10.1982 FSV Mainz 05 – FC Schalke 04   3:6
                                         (2:2, 0:2) n.V.
Achtelfinale
126 17.12.1982 FC Schalke 04 – Arm. Bielefeld   2:2
                                         (1:1, 0:0) n.V.
127 25.1.1983   Arm. Bielefeld – FC Schalke 04   0:1 (0:1)
Viertelfinale
128 1.3.1983   1. FC Köln – FC Schalke 04   5:0 (3:0)

1983/84
1. Runde
129 27.8.1983   FC Schalke 04 – F. Düsseldorf   3:0 (2:0)
2. Runde
130 8.10.1983   SC Charlottenb. – FC Schalke 04 0:3 (0:0)
Achtelfinale
131 14.1.1984   FC Schalke 04 – Karlsruher SC   2:1 (1:0)
Viertelfinale
132 14.3.1984   Hertha BSC – FC Schalke 04   3:3
                                         (3:3, 1:1) n.V.
133 27.3.1984   FC Schalke 04 – Hertha BSC   2:0 (2:0)
Halbfinale
134 2.5.1984   FC Schalke 04 – Bay. München   6:6
                                         (4:4, 2:3) n.V.
135 9.5.1984   Bay. München – FC Schalke 04   3:2 (2:0)

1984/85
1. Runde
136 1.9.1984   Olympia Bocholt – FC Schalke 04 1:3 (1:1)
2. Runde
137 13.10.1984 Borussia Dortmund – FC Schalke 04   1:1
                                         (0:0, 0:0) n.V.
138 31.10.1984 FC Schalke 04 – Bor. Dortmund   3:2 (1:1)
Achtelfinale
139 22.12.1984 Hannover 96 – FC Schalke 04   1:0 (0:0)

1985/86
1. Runde
140 25.8.1985   Spfr. Eisbachtal – FC Schalke 04   1:2 (0:1)
2. Runde
141 19.10.1985 FC Schalke 04 – Bor. M'gladbach 3:1 (2:1)
Achtelfinale
142 13.11.1985 Alemannia Aachen – FC Schalke 04   1:2
                                                (1:1, 0:1) n.V.
Viertelfinale
143 20.12.1985 VfB Stuttgart – FC Schalke 04   6:2 (1:2)

1986/87
1. Runde
144 30.8.1986   FSV Mainz 05 – FC Schalke 04   1:0 (1:0)

1987/88
1. Runde
145 29.8.1987   Eintr. Frankfurt – FC Schalke 04   3:2 (2:1)

1988/89
1. Runde
146 6.8.1988   FC Schalke 04 – Bor. M'gladbach   1:1
                                                (1:1, 1:1) n.V.
147 16.8.1988   Bor. M'gladbach – FC Schalke 04 1:2 (0:0)
2. Runde
148 2.11.1988   Saar 05 Saarbrücken – FC Schalke 04 3:3
                                                (3:3, 0:2) n.V.
149 29.11.1988 FC Schalke 04 – S. Saarbrücken   7:1 (3:0)
Achtelfinale
150 9.12.1988   FC Schalke 04 – Bor. Dortmund   2:3 (0:0)

1989/90
1. Runde
151 19.8.1989   VfL Osnabrück – FC Schalke 04   3:1
                                                (1:1, 0:0) n.V.

1990/91
1. Runde
152 4.8.1990   S. Unterhaching – FC Schalke 04   0:1 (0:0)
2. Runde
153 3.11.1990   FC Schalke 04 – E. Braunschweig 4:0 (3:0)
Achtelfinale
154 1.12.1990   Werder Bremen – FC Schalke 04   3:1 (1:0)

1991/92
1. Runde
155 17.8.1991   Rot-Weiß Erfurt – FC Schalke 04   2:1 (1:0)

1992/93
1. Runde
156 18.8.1992   Göttingen 05 – FC Schalke 04   1:3 (1:0)
2. Runde
157 12.9.1992   Rot-Weiß Essen – FC Schalke 04   2:0 (1:0)

1993/94
1. Runde
158 24.8.1993   FC Schalke 04 – VfL Bochum   1:0
                                                (0:0, 0:0) n.V.
2. Runde
159 11.9.1993   FC Schalke 04 – Bay. München   2:3
                                                (1:1, 1:0) n.V.

1994/95
1. Runde
160 13.8.1994   SV Linx – FC Schalke 04   1:2 (1:0)
2. Runde
161 11.9.1994   FC Schalke 04 – Hamburger SV   3:2 (1:1)
Achtelfinale
162 25.10.1994 1860 München – FC Schalke 04   1:2
                                                (1:1, 1:0) n.V.
Viertelfinale
163 7.3.1995   Bor. M'gladbach – FC Schalke 04 3:2 (2:1)

1995/96
1. Runde
164 26.8.1995   SSV Vorsfelde – FC Schalke 04   0:5 (0:3)
2. Runde
165 19.9.1995   VfB Leipzig – FC Schalke 04   0:1 (0:0)
Achtelfinale
166 3.10.1995   1. FC K'lautern – FC Schalke 04   1:0 (1:0)

1996/97
1. Runde
167 11.8.1996   SSV Ulm 1846 – FC Schalke 04   0:2 (0:2)
2. Runde
168 1.10.1996   FC Schalke 04 – VfL Bochum   2:3 (1:2)

1997/98
1. Runde
169 14.8.1997   FSV Zwickau – FC Schalke 04   0:1 (0:1)
2. Runde
170 23.9.1997   Eintracht Trier – FC Schalke 04   1:0 (1:0)

1998/99
1. Runde
171 29.8.1998 VfB Lichterfelde – FC Schalke 04 0:6 (0:3)
2. Runde
172 21.9.1998 Borussia Dortmund – FC Schalke 04 1:0 (0:0, 0:0) n.V.

1999/2000
1. Runde Freilos
2. Runde
173 9.8.1999 1. FC Saarbr. – FC Schalke 04 0:1 (0:1)
3. Runde
174 13.10.1999 Energie Cottbus – FC Schalke 04 2:2 (1:1, 1:1) n.V.

2000/01
1. Runde
175 27.8.2000 TSV 1896 Rain – FC Schalke 04 0:7 (0:3)
2. Runde
176 1.11.2000 FC St. Pauli – FC Schalke 04 1:3 (1:1, 1:1) n.V.
Achtelfinale
177 29.11.2000 FC Schalke 04 – Bor. Dortmund 2:1 (2:1)
Viertelfinale
178 20.12.2000 1. FC Magdeb. – FC Schalke 04 0:1 (0:1)
Halbfinale
179 7.2.2001 VfB Stuttgart – FC Schalke 04 0:3 (0:3)
Finale (Berlin)
180 26.5.2001 FC Schalke 04 – Union Berlin 2:0 (0:0)

2001/02
1. Runde
181 26.8.2001 SC Freiburg (A) – FC Schalke 04 0:1 (0:0)
2. Runde
182 27.11.2001 Arm. Bielefeld – FC Schalke 04 1:2 (0:1)
Achtelfinale
183 12.12.2001 Darmstadt 98 – FC Schalke 04 0:1 (0:0) n.V.
Viertelfinale
184 30.1.2002 FC Schalke 04 – RW Oberhausen 2:0 (1:0)

2001 und 2002 gewann der **S04** den Cup zweimal in Folge.

Halbfinale
185 6.3.2002 FC Schalke 04 – Bay. München 2:0 (0:0, 0:0) n.V.
Finale (Berlin)
186 11.5.2002 FC Schalke 04 – B. Leverkusen 4:2 (1:1)

2002/03
1. Runde
187 31.8.2002 Bay. München (A) – FC Schalke 04 1:2 (0:1)
2. Runde
188 6.11.2002 FC Schalke 04 – Bor. M'gladbach 5:0 (3:0)
Achtelfinale
189 4.12.2002 Bay. München – FC Schalke 04 0:0 - 5:4 i.E.

2003/04
1. Runde
190 30.8.2003 TSV Aindling – FC Schalke 04 0:3 (0:1)
2. Runde
191 28.10.2003 SC Freiburg – FC Schalke 04 7:3 (3:3, 2:1) n.V.

2004/05
1. Runde
192 21.8.2004 Hertha BSC (A) – FC Schalke 04 0:2 (0:1)
2. Runde
193 22.9.2004 1. FC K'lautern – FC Schalke 04 4:4 (3:3, 0:1) n.V. - 3:4 i.E.
Achtelfinale
194 10.11.2004 Eintr. Frankfurt – FC Schalke 04 0:2 (0:1)
Viertelfinale
195 1.3.2005 FC Schalke 04 – Hannover 96 3:1 (2:1)
Halbfinale
196 19.4.2005 FC Schalke 04 – Werder Bremen 2:2 (1:1, 0:0) n.V. - 5:4 i.E.
Finale (Berlin)
197 28.5.2005 Bay. München – FC Schalke 04 2:1 (1:1)

2005/06
1. Runde
198 20.8.2005 Bremerhaven 93 – FC Schalke 04 0:3 (0:1)
2. Runde
199 25.10.2005 Eintr. Frankfurt – FC Schalke 04 6:0 (2:0)

2006/07
1. Runde
200 9.9.2006 H. Rostock II – FC Schalke 04 1:9 (0:5)
2. Runde
201 24.10.2006 1. FC Köln – Schalke 04 4:2 (2:2, 2:0) n.V.

RANGLISTE DER SPIELER NACH DFB-POKAL-EINSÄTZEN

Triumph in Berlin: **Andreas Möller** hat im DFB-Pokal-Finale 2002 gegen Bayer Leverkusen das vorentscheidende 3:1 markiert.

STATISTIK

	Spieler	Spiele	Tore								
1.	Klaus Fichtel	52	1		Michael Büskens	21	2		Oliver Reck	13	0
2.	Rolf Rüssmann	42	9		Bernard Dietz	21	3		Klaus Täuber	13	5
3.	Norbert Nigbur	41	0	34.	Yves Eigenrauch	20	1	65.	Jörg Böhme	12	7
4.	Klaus Fischer	39	34		Heinz van Haaren	20	6		Manfred Kreuz	12	4
	Ernst Kuzorra	39	24		Heinz Hinz	20	4		Thomas Linke	12	1
6.	Herbert Lütkebohmert	39	3		Michael Opitz	20	2		Gerd Neuser	12	6
7.	Ernst Kalwitzki	36	28	38.	Jens Lehmann	19	0		Manfred Pohlschmidt	12	5
8.	Fritz Szepan	35	20		Andreas Müller	19	2		Christian Poulsen	12	1
9.	Otto Tibulsky	34	1		Michael Prus	19	2		Sven Vermant	12	0
10.	Reinhard Libuda	32	4	41.	Marco van Hoogdalem	18	1		Walter Zwickhofer	12	0
11.	Mathias Schipper	31	3		Walter Junghans	18	0	73.	Walter Berg	11	2
12.	Olaf Thon	29	8		Ernst Poertgen	18	17		Herbert Burdenski	11	7
13.	Hans Bornemann	28	0		Tomasz Waldoch	18	0		Willi Koslowski	11	5
14.	Erwin Kremers	27	2	45.	Radoslav Látal	17	0		Valentin Przybylski	11	0
	Helmut Kremers	27	12		Bernd Thiele	17	0	77.	Hamit Altintop	10	0
	Otto Schweisfurth	27	1	47.	Hannes Bongartz	16	2		Waldemar Gerhardt	10	10
17.	Rudolf Gellesch	25	2		Nico van Kerckhoven	16	1		Hans Nowak	10	2
	Ebbe Sand	25	18		Niels Oude Kamphuis	16	1		Peter Stichler	10	1
19.	Gerald Asamoah	24	9	50.	Bernd Dierßen	15	3	81.	Klaus Beverungen	9	0
	Hans-Jürgen Becher	24	1		Hartmut Huhse	15	0		Bernhard Füller	9	1
	Hermann Eppenhoff	24	14		Michael Jakobs	15	3		Günter Herrmann	9	5
	Jiri Nemec	24	2		Jürgen Wittkamp	15	6		Gerd Kleppinger	9	1
	Adolf Urban	24	12	54.	Manfred Dubski	14	2		Lincoln	9	4
24.	Rüdiger Abramczik	23	10		Andreas Möller	14	4		**Darío Rodríguez**	9	2
	Klaus Scheer	23	5		Frank Rost	14	0		Uwe Scherr	9	2
26.	Ulrich Bittcher	22	2		Marc Wilmots	14	2		Willi Schulz	9	0
	Hans Klodt	22	0	58.	Manfred Drexler	13	5	89.	Jochen Abel	8	6
	Thomas Kruse	22	2		Tomasz Hajto	13	0		Hubert Clute-Simon	8	1
	Friedel Rausch	22	0		Jürgen Luginger	13	4		Norbert Elgert	8	1
	Jürgen Sobieray	22	3		Hermann Mellage	13	0		Mike Hanke	8	4
31.	Ingo Anderbrügge	21	5		Youri Mulder	13	7		Bernhard Klodt	8	0

DFB-Pokal-Sieger 2002: **FC Schalke 04**.

Victor Agali trifft zum 2:1 im Finale 2002 gegen Bayer Leverkusen.

	Spieler	Spiele	Tore
	Sven Kmetsch	8	1
	Levan Kobiashvili	8	0
	Mladen Krstajic	8	1
	Enver Maric	8	0
	Emile Mpenza	8	3
	Klaus Senger	8	0
	Gustavo Varela	8	1
101.	Klaus Berge	7	0
	Marcelo Bordon	7	1
	Hermann Erlhoff	7	0
	Winfried Geier	7	0
	Egon Horst	7	0
	Hermann Nattkämper	7	0
	Manfred Orzessek	7	0
	Günter Schlipper	7	1
	Wolfram Wuttke	7	0
110.	Karl-Heinz Bechmann	6	1
	Ulrich van den Berg	6	2
	Alexandr Borodjuk	6	1
	Günter Brocker	6	2
	Klaus Budde	6	2
	Willi Dargaschewski	6	0
	Rainer Edelmann	6	0
	Michael Goossens	6	0
	Volkmar Groß	6	0
	Günter Güttler	6	1
	Oliver Held	6	1
	Karl Kanthak	6	1
	Michael Klinkert	6	0
	Waldemar Ksienzyk	6	0
	Otto Laszig	6	0
	Carsten Marquardt	6	2
	Aníbal Matellán	6	0
	Horst Mühlmann	6	0
	Branko Oblak	6	1
	Dieter Schatzschneider	6	1
	Willi Schuh	6	1
	Peter Sendscheid	6	0
	Waldemar Slomiany	6	1
	Ernst Sontow	6	0
134.	Volker Abramczik	5	0
	Victor Agali	5	1
	Winfried Berkemeier	5	0
	Manfred Berz	5	1
	Nico Braun	5	3
	Theo Bücker	5	0
	Heinz Flotho	5	0
	Werner Garten	5	0
	Bjarne Goldbaek	5	3
	Frank Hartmann	5	4
	Hendrik Herzog	5	1
	Herbert Höbusch	5	0
	Thomas Kläsener	5	0
	Jürgen Klein	5	0
	Harald Klose	5	0
	Paul Matzkowski	5	2
	Martin Max	5	2
	Hansi Pirkner	5	0
	Heinz Pliska	5	0
	Dietmar Roth	5	0
	Uwe Wassmer	5	4
	Michael Wollitz	5	0
156.	Willi Berg	4	0
	Horst Blechinger	4	2
	Herbert Demange	4	0
	Norbert Dörmann	4	0
	Josef Elting	4	0
	Hellmuth Gabriel	4	0
	Paul Holz	4	0
	Johan de Kock	4	0
	Jaroslav Kotas	4	0
	Hans Krämer	4	1
	Werner Kretschmann	4	0
	Kevin Kuranyi	4	2
	Marco Kurz	4	0
	Carsten Marell	4	0
	Klaus Matischak	4	3
	Jörg Mielers	4	0
	Christian Pander	4	0
	Manfred Ritschel	4	0
	Helmut Sadlowski	4	5
	Gyula Toth	4	0
	Ilyas Tüfekci	4	1
	Uwe Weidemann	4	2
	Karl Zank	4	1
179.	Zlatan Bajramovic	3	1
	Rachid Belarbi	3	0
	Dieter Burdenski	3	0
	Bent Christensen	3	1
	Sergej Dikhtiar	3	1
	Vilson Dzoni	3	1
	Egon Flad	3	0
	Steffen Freund	3	0
	Erwin Harkener	3	0
	Uwe Höfer	3	2
	Werner Ipta	3	1
	Günter Karnhof	3	0
	Uwe Kleina	3	0
	Willi Kraus	3	1
	Harald Kügler	3	0
	Thomas Lander	3	0
	Søren Larsen	3	2
	Vladimir Ljuty	3	1
	Werner Lorant	3	0
	Caspar Memering	3	0
	Manfred Piontek	3	0
	Alfred Pyka	3	0
	Rafinha	3	0
	Ralf Regenbogen	3	1
	Walter Rodekamp	3	2
	Dietmar Schacht	3	0
	Wim Suurbier	3	0
	Filip Trojan	3	2
	Werner Vollack	3	0
208.	Ailton	2	1
	Ünal Alpugan	2	0
	Halil Altintop	2	1
	Karl Barufka	2	1
	Hans-Günter Bruns	2	0
	Heinz Crawatzo	2	0
	Michael Delura	2	0
	Kristijan Djordjevic	2	0
	Peter Ehmke	2	0
	Rene Eijkelkamp	2	0
	Christos Figas	2	0
	Hans-Jürgen Galbierz	2	0
	Jürgen Gede	2	1
	Werner Grau	2	2
	Markus Happe	2	0
	Franz Hasil	2	0
	Tim Hoogland	2	0
	Helmut Jagielski	2	0
	Norbert Janzon	2	1
	Heinz Kempen	2	1
	Walter Klimmek	2	0
	Michael Kroninger	2	0
	Peter Løvenkrands	2	1
	Richard Mademann	2	1

STATISTIK

	Hami Mandirali	2	2	Martin Giesel	1	0	Hans-Dieter Mangold	1	0
	Helmut Manns	2	1	Eduard Glieder	1	0	Megert	1	0
	Willi Mecke	2	1	Dieter Götz	1	0	Karl Menning	1	0
	Radmilo Mihajlovic	2	0	Bernd Grabosch	1	0	Bernd Michel	1	0
	Heinz Monka	2	2	Frode Grodås	1	0	Dragan Mutibaric	1	0
	Sergio Pinto	2	1	Winfried Hannes	1	0	**Mesut Özil**	1	0
	Heinz Prinz	2	0	Christofer Heimeroth	1	0	Helmut Pabst	1	0
	Rattay	2	0	Matthias Herget	1	0	Wolfgang Patzke	1	0
	Werner Ruthmann	2	0	Otto Hölzermann	1	0	Miguel Pereira	1	0
	Mark Schierenberg	2	0	Abdul Iyodo	1	0	Sladan Peric	1	0
	Mathias Schober	2	0	Kurt Jara	1	0	Gert Rappenberg	1	0
	Friedhelm Schütte	2	1	Wilfried Karstens	1	0	Peter Sandhofe	1	0
	Michael Tönnies	2	0	Heinz Kersting	1	0	Wilhelm Schabram	1	0
	David Wagner	2	0	Mario Klinger	1	0	Heinz Schmidt	1	0
	Friedrich Wagner	2	0	Hans-Peter Kirchwehm	1	0	Frank Schön	1	0
	Jürgen Welp	2	0	Hans Kleina	1	0	Klaus Schonz	1	0
	Günther Wilmovius	2	1	Denis Kliouev	1	0	Harald Schumacher	1	0
	Alban Wüst	2	1	Friedhelm Knoppke	1	0	Jochen Seitz	1	0
	Paul Winkler	2	3	Stefan Kohn	1	0	Günter Siebert	1	0
251.	**Matthias Abel**	1	0	Uwe Kosien	1	0	Michael Skibbe	1	0
	Eduardo Alcides	1	0	Bernhard Kruck	1	1	Willi Soya	1	1
	Markus Anfang	1	0	Günter Kuczinski	1	0	Detlev Szymanek	1	0
	Marinus Bester	1	0	Kurella	1	0	Filip Tapalović	1	0
	Andre Bistram	1	0	Karl-Heinz Kuzmierz	1	0	Hans-Joachim Wagner	1	0
	Mario Boljat	1	0	Heinz Kuzniewski	1	0	Erich Weichert	1	0
	Henning Bürger	1	0	Lennart Larsson	1	0	Ludger Winkel	1	0
	Simon Cziommer	1	0	Joseph Laumann	1	0	Thomas Zechel	1	0
	Dieter Eckstein	1	1	Lehrmann	1	1			
	Norbert Eilenfeldt	1	0	Herbert Lichtner	1	0			
	Fabian Ernst	1	0	Heinz-Dieter Lömm	1	0			
	Holger Gehrke	1	0	Pavel Macak	1	0			

Gesamt: 320 Spieler
2444 Einsätze | 506 Tore

Huub Stevens schenkte sich und dem S04 zum Abschied den Pokal.

Die Mannschaft auf dem Rathausbalkon in Gelsenkirchen.

EUROPAPOKAL-SPIELE

CHAMPIONS LEAGUE

Teilnahmen	Spiele	Siege	Remis	Niederlagen	Tore
2	12	4	2	6	21:18

EUROPAPOKAL DER LANDESMEISTER

Teilnahmen	Spiele	Siege	Remis	Niederlagen	Tore
1	7	3	2	2	13:13

EUROPAPOKAL DER POKALSIEGER

Teilnahmen	Spiele	Siege	Remis	Niederlagen	Tore
2	14	9	2	3	21:14

UEFA-POKAL

Teilnahmen	Spiele	Siege	Remis	Niederlagen	Tore
10	60	31	14	15	95:55

GESAMT

Spielzeiten*	Spiele	Siege	Remis	Niederlagen	Tore
14	93	47	20	26	150:100

* In der Saison 05 I 06 nahmen die Knappen an der Champions League und am UEFA-Pokal teil.

Vor zehn Jahren gewannen die **Eurofighter** den UEFA-Cup.

Das **Schalker Team 2006** vor dem Rückspiel bei AS Nancy.

STATISTIK

EUROPAPOKAL DER LANDESMEISTER 1958/59
1. Runde
1 26.8.1958 Kopenhagen BK – FC Schalke 04 3:0 (2:0)
2 17.9.1958 Schalke 04 – Kopenhagen BK 5:2 (2:0)
3 1.10.1958 Schalke 04 – Kopenhagen BK 3:1 (0:0)
Achtelfinale
4 12.11.1958 W. Wanderers – Schalke 04 2:2 (0:1)
5 18.11.1958 Schalke 04 – W. Wanderers 2:1 (2:0)
Viertelfinale
6 4.3.1959 Atlético Madrid – Schalke 04 3:0 (0:0)
7 18.3.1959 Schalke 04 – Atlético Madrid 1:1 (1:0)

EUROPAPOKAL DER POKALSIEGER 1969/70
1. Runde
8 17.9.1969 Shamrock Rovers – Schalke 04 2:1 (0:1)
9 1.10.1969 Schalke 04 – Shamrock Rovers 3:0 (1:0)
Achtelfinale
10 12.11.1969 IFK Norrköping – Schalke 04 0:0
11 26.11.1969 Schalke 04 – IFK Norrköping 1:0 (1:0)
Viertelfinale
12 4.3.1970 Dinamo Zagreb – Schalke 04 1:3 (0:1)
13 18.3.1970 Schalke 04 – Dinamo Zagreb 1:0 (0:0)
Halbfinale
14 1.4.1970 Schalke 04 – Manchester City 1:0 (0:0)
15 15.4.1970 Manchester City – Schalke 04 5:1 (3:0)

EUROPAPOKAL DER POKALSIEGER 1972/73
1. Runde
16 13.9.1972 Schalke 04 – Slavia Sofia 2:1 (1:0)
17 28.9.1972 Slavia Sofia – Schalke 04 1:3 (0:2)
Achtelfinale
18 25.10.1972 Cork Hibernians – Schalke 04 0:0
19 8.11.1972 Schalke 04 – Cork Hibernians 3:0 (2:0)
Viertelfinale
20 7.3.1973 Schalke 04 – Sparta Prag 2:1 (2:1)
21 21.3.1973 Sparta Prag – Schalke 04 3:0 (1:0)

UEFA-POKAL 1976/77
1. Runde
22 8.9.1976 FC Porto – Schalke 04 2:2 (0:2)
23 29.9.1976 Schalke 04 – FC Porto 3:2 (0:0)
2. Runde
24 20.10.1976 Sportul Bukarest – Schalke 04 0:1 (0:0)
25 3.11.1976 Schalke 04 – Sportul Bukarest 4:0 (3:0)
Achtelfinale
26 24.11.1976 RWD Molenbeek – Schalke 04 1:0 (0:0)
27 8.12.1976 Schalke 04 – RWD Molenbeek 1:1 (1:1)

UEFA-POKAL 1977/78
1. Runde
28 14.9.1977 AC Florenz – Schalke 04 0:0
*Wertung 0:3, weil Florenz gesperrten Spieler einsetzte.
29 28.9.1977 Schalke 04 – AC Florenz 2:1 (1:0)
2. Runde
30 19.10.1977 1. FC Magdeburg – Schalke 04 4:2 (2:0)
31 2.11.1977 Schalke 04 – 1. FC Magdeburg 1:3 (0:2)

UEFA-POKAL 1996/97
1. Runde
32 10.9.1996 Schalke 04 – Roda JC Kerkrade 3:0 (2:0)
33 24.9.1996 Roda JC Kerkrade – Schalke 04 2:2 (1:1)
2. Runde
34 15.10.1996 Schalke 04 – Trabzonspor 1:0 (0:0)
35 29.10.1996 Trabzonspor – Schalke 04 3:3 (0:2)
Achtelfinale
36 19.11.1996 Club Brügge – Schalke 04 2:1 (1:0)
37 3.12.1996 Schalke 04 – Club Brügge 2:0 (1:0)
Viertelfinale
38 4.3.1997 Schalke 04 – Valencia CF 2:0 (1:0)
39 18.3.1997 Valencia CF – Schalke 04 1:1 (1:1)
Halbfinale
40 8.4.1997 CD Teneriffa – Schalke 04 1:0 (1:0)
41 22.4.1997 Schalke 04 – CD Teneriffa 2:0 n.V. (1:0, 0:0)
Finale
42 7.5.1997 Schalke 04 – Inter Mailand 1:0 (0:0)
43 21.5.1997 Inter Mailand – Schalke 04 1:0 n.V. (1:0; 0:0) – 1:4 i.E.

UEFA-POKAL 1997/98
1. Runde
44 16.9.1997 Schalke 04 – HNK Hajduk Split 2:0 (2:0)
45 30.9.1997 HNK Hajduk Split – Schalke 04 2:3 (2:1)
2. Runde
46 21.10.1997 Schalke 04 – RSC Anderlecht 1:0 (1:0)
47 4.11.1997 RSC Anderlecht – Schalke 04 1:2 (1:0)
Achtelfinale
48 25.11.1997 SC Braga – Schalke 04 0:0
49 9.12.1997 Schalke 04 – SC Braga 2:0 (0:0)
Viertelfinale
50 3.3.1998 Inter Mailand – Schalke 04 1:0 (1:0)
51 17.3.1998 Schalke 04 – Inter Mailand 1:1 n.V. (1:0; 0:0)

UEFA-POKAL 1998/99
1. Runde
52	15.9.1998	Schalke 04 – SK Slavia Prag	1:0 (1:0)
53	29.9.1998	SK Slavia Prag – Schalke 04	1:0 n.V.
			(0:0, 1:0) – 5:4 i.E.

CHAMPIONS LEAGUE 2001/02
1. Gruppenphase
54	11.9.01	Schalke 04 – Panath. Athen	0:2 (0:0)
55	19.9.01	Arsenal FC – Schalke 04	3:2 (2:1)
56	26.9.01	Schalke 04 – RCD Mallorca	0:1 (0:0)
57	16.10.01	RCD Mallorca – Schalke 04	0:4 (0:2)
58	24.10.01	Panath. Athen – Schalke 04	2:0 (1:0)
59	30.10.01	Schalke 04 – Arsenal FC	3:1 (1:0)

UEFA-POKAL 2002/03
1. Runde
60	19.9.02	FC Gomel – Schalke 04	1:4 (0:0)
61	3.10.02	Schalke 04 – FC Gomel	4:0 (1:0)

2. Runde
62	29.10.02	Legia Warschau – Schalke 04	2:3 (0:0)
63	14.11.02	Schalke 04 – Legia Warschau	0:0

3. Runde
64	28.11.02	Wisla Krakau – Schalke 04	1:1 (1:0)
65	10.12.02	Schalke 04 – Wisla Krakau	1:4 (1:1)

UEFA-POKAL 2003/04
1. Runde
66	26.9.03	NK Kamen Ingrad Velika – Schalke 04	0:0
67	16.10.03	Schalke 04 – NK K. Ingrad Velika	1:0 (0:0)

2. Runde
68	6.11.03	Schalke 04 – Bröndby IF	2:1 (0:1)
69	27.11.03	Bröndby IF – Schalke 04	2:1
			(2:1, 1:0) n.V. – 3:1 i.E.

UEFA-POKAL 2004/05
1. Runde
70	16.9.04	Schalke 04 – Liepajas Metalurgs	5:1 (1:1)
71	30.9.04	Liepajas Metalurgs – Schalke 04	0:4 (0:1)

Gruppenphase
72	21.10.04	Schalke 04 – FC Basel	1:1 (1:0)
73	4.11.04	Heart of Midlothian – Schalke 04	0:1 (0:0)
74	25.11.04	Schalke 04 – Ferencvarosi TC	2:0 (2:0)
75	1.12.04	Feyen. Rotterdam – Schalke 04	2:1 (2:1)

Runde der letzten 32
76	16.2.05	Schachtjor Donezk – Schalke 04	1:1 (0:1)
77	24.2.05	Schalke 04 – Schachtjor Donezk	0:1 (0:1)

CHAMPIONS LEAGUE 2005/06
Gruppenphase
78	13.9.05	PSV Eindhoven – Schalke 04	1:0 (1:0)
79	28.9.05	Schalke 04 – AC Milan	2:2 (1:1)
80	19.10.05	Fenerbahce SK – Schalke 04	3:3 (1:0)
81	1.11.05	Schalke 04 – Fenerbahce SK	2:0 (1:0)
82	23.11.05	Schalke 04 – PSV Eindhoven	3:0 (1:0)
83	6.12.05	AC Milan – Schalke 04	3:2 (1:1)

UEFA-POKAL 2005/06
Runde der letzten 32
84	15.2.06	Schalke 04 – RCD Espanyol	2:1 (0:1)
85	23.2.06	RCD Espanyol – Schalke 04	0:3 (0:0)

Achtelfinale
86	9.3.06	US Palermo – Schalke 04	1:0 (1:0)
87	16.3.06	Schalke 04 – US Palermo	3:0 (1:0)

Viertelfinale
88	30.3.06	PFC Levski Sofia – Schalke 04	1:3 (1:0)
89	6.4.06	Schalke 04 – PFC Levski Sofia	1:1 (0:1)

Halbfinale
90	20.4.06	Schalke 04 – Sevilla FC	0:0
91	27.4.06	Sevilla FC – Schalke 04	1:0 n.V. (0:0)

UEFA-POKAL 2006/07
1. Runde
92	14.9.2006	FC Schalke 04 – AS Nancy	1:0 (0:0)
93	28.9.2006	AS Nancy – FC Schalke 04	3:1 (2:0)

Jubel nach **Youri Mulders** Treffer zum 1:0 (Endstand: 3:1) gegen den Arsenal FC in der Champions League Saison 2001/02.

RANGLISTE DER SCHALKER EUROPAPOKAL-SPIELER

Rang	Spieler	Spiele	Tore	Rang	Spieler	Spiele	Tore	Rang	Spieler	Spiele	Tore
1.	Asamoah	34	3	46.	Fischer	9	7		Borutta	4	0
	Rost	34	0		Kmetsch	9	1		Gede	4	0
3.	Sand	31	10		Scheer	9	3		Groß	4	0
4.	Poulsen	29	2		Thiele	9	0		Kreuz	4	0
5.	Wilmots	26	9	50.	Bongartz	8	2		Manns	4	0
6.	Kobiashvili	25	7		van Haaren	8	0		Rausch	4	0
	Nemec	25	0		Held	8	0		Schipper	4	0
8.	Büskens	23	1		van Kerckhoven	8	0		Siebert	4	3
9.	Rodríguez	22	1		Möller	8	1		Slomiany	4	0
	Thon	22	1		Pander	8	0	100.	Delura	3	0
11.	Hamit Altintop	21	1		Sobieray	8	0		Demange	3	1
12.	Fichtel	20	2	57.	Agali	7	1		Djordjevic	3	0
	van Hoogdalem	20	3		Ailton	7	1		Frey	3	0
	Látal	20	0		Dooley	7	0		Lander	3	0
15.	Bordon	19	2		Jagielski	7	0		Pinto	3	0
	Lehmann	19	0		B. Klodt	7	3		Schober	3	0
	Lincoln	19	7		Ködell	7	1		Senger	3	0
	Lütkebohmert	19	1		Koslowski	7	1		Soya	3	0
	Rüssmann	19	2		Libuda	7	3		van den Berg	3	0
20.	Krstajic	18	0		Mpenza	7	2		Weidemann	3	0
	Linke	18	2		Neuser	7	0	111.	Halil Altintop	2	0
	Max	18	4		Pirkner	7	3		Azaouagh	2	1
	Müller	18	0		Pohlschmidt	7	0		Beverungen	2	0
	Varela	18	3	69.	Becher	6	1		Dörmann	2	0
25.	Anderbrügge	16	1		Dubski	6	0		Elting	2	0
	Hajto	16	2		Goossens	6	3		Holz	2	0
	de Kock	16	2		Huhse	6	0		Kleim	2	0
	Oude Kamphuis	16	0		H. Laszig	6	0		Kliouev	2	0
29.	E. Kremers	15	2		Oblak	6	0		Løvenkrands	2	0
	H. Kremers	15	1		Reck	6	0		Loweg	2	0
	Vermant	15	1		Wüst	6	0		O. Laszig	2	0
32.	Kuranyi	14	3		Wittkamp	6	1		Sadlowski	2	1
	Rafinha	14	0	78.	Brocker	5	1	123.	Anfang	1	0
	Waldoch	14	0		Erlhoff	5	0		Baumjohann	1	0
35.	Bajramović	13	0		Karnhof	5	0		Boenisch	1	0
	Ernst	13	1		Kläsener	5	0		Budde	1	0
	Hanke	13	9		Kurz	5	0		Cziommer	1	0
	Larsen	13	3		Maric	5	0		Klein	1	0
39.	Eigenrauch	12	0		Nowak	5	3		Lamotte	1	0
	Mulder	12	4		Orzessek	5	0		Özil	1	0
	Nigbur	12	0		Trojan	5	0		Pereira	1	0
42.	R. Abramczik	10	4		D. Wagner	5	1		Schubert	1	0
	Böhme	10	0	88.	Braun	4	2		Seitz	1	0
	Eijkelkamp	10	3		Ehmke	4	2				
	Matellán	10	0		Bittcher	4	0				

STATISTIK

231

SCHALKER IN DER DEUTSCHEN NATIONALMANNSCHAFT

	Name	Spiele S04	Tore	Zeitraum	Spiele gesamt
1.	**Gerald Asamoah**	43	6	01–	
2.	Olaf Thon	40	3	84–98	(52/3)
3.	Fritz Szepan	34	8	29–39	
4.	Klaus Fischer	30	23	77–81	(45/32)
5.	Reinhard Libuda	24	3	63–70	(26/3)
6.	Klaus Fichtel	23	1	67–71	
7.	Willi Schulz	22	0	60–65	(66/0)
8.	Adolf Urban	21	11	35–41	
9.	Rudolf Gellesch	20	1	35–41	
	Rolf Rüssmann	20	1	77–78	
11.	Bernhard Klodt	19	3	50–59	
	Rüdiger Abramczik	19	2	77–79	
13.	Hans Klodt	17	0	38–41	
14.	Erwin Kremers	15	3	72–74	
	Hans Nowak	15	0	61–64	
16.	Ernst Kuzorra	12	7	27–38	
17.	**Kevin Kuranyi**	11	4	05–	(40/18)
18.	Jörg Böhme	10	1	01–03	
19.	Helmut Kremers	8	0	73–75	
20.	Norbert Nigbur	6	0	74–80	
21.	Mike Hanke	5	1	05	(6/1)
22.	Hannes Bongartz	4	0	76–77	
	Fabian Ernst	4	0	05–	(24/1)
24.	Ernst Pörtgen	3	5	35–37	
	Hermann Eppenhoff	3	3	40–42	
	Herbert Burdenski	3	1	41–42	(5/2)
	Willi Koslowski	3	1	62	
	Frank Rost	3	0	02–	(4/0)
29.	Günter Herrmann	2	0	67	(9/1)
	Jens Lehmann	2	0	98	(31/0)
	Thomas Linke	2	0	97–98	(43/1)
	Otto Tibulsky	2	0	36–39	
33.	Walter Berg	1	0	38	
	Heinz Kördell	1	0	58	
	Hennes Tibulsky	1	0	31	

Gesamt: 438 Berufungen I 35 Spieler I 88 Tore

In der vergangenen Saison kam **Gerald Asamoah** zu zwei Länderspielen, **Kevin Kuranyi** schoss das DFB-Team in Tschechien im Alleingang zum Sieg.

DIE VORSITZENDEN DES FC SCHALKE 04
UND SEINER VORGÄNGER-VEREINE

Westfalia Schalke
1. Wilhelm Gies 1904 – 1909
   Führungspositionen sollen außerdem Heinrich Kullmann und Adolf Oetzelmann inne gehabt haben.
2. Heinrich Hilgert 1909 – 17.3.1912

Turnverein Schalke 1877 (Fusion mit Westfalia Schalke am 17. März 1912)
3. Fritz Unkel 17.3.1912 – 1915 mit Gerhard Klopp als Abteilungsleiter

Westfalia Schalke (Neugründung)
4. Robert Schuermann 1915 – 25.7.1919
   von 1916 – 18. Juli 1918 (†) führte seine Frau Christine Schuermann den Verein

Turn- und Sportverein Schalke 1877
(Fusion von Turnverein Schalke 1977 und Westfalia Schalke am 25. Juli 1919)
5. Fritz Unkel 25.7.1919 – 24.1.1924

FC Schalke 04 (Gründung durch Abspaltung vom Turn- und Sportverein Schalke 1877 am 24. Januar 1924)

5.	Fritz Unkel	24.1.1924 – 23.7.1932
6.	Wilhelm Münstermann	23.7.1932 – 1.4.1933
7.	Stolze	5.4.1933 – 24.6.1933
8.	Fritz Unkel	24.6.1933 – 6.8.1939
9.	Heinrich Tschenscher	6.8.1939 – 30.4.1940 (†)
10.	Heinrich Pieneck	30.4.1940 – 2.1946
	offiziell im Range eines Geschäftsführers	
11.	Fritz Mattner	2.19.46 – 25.6.1946
12.	Dr. Friedrich Maria Lenig	25.6.1946 – 22.2.1947
13.	Josef Wietfeld	18.7.1947 – 21.6.1950
14.	Albert Wildfang	21.6.1950 – 29. 7.1953
15.	Albert Möritz	29.7.1953 – 22.8.1958
16.	Dr. Hans-Georg König	4.9.1958 – 27.7.1964
17.	Fritz Szepan	27.7.1964 – 21.7.1965
18.	Kurt Hatlauf	21.7.1965 – 5.1.1966
19.	Fritz Szepan	14.9.1966 – 27.9.1967
20.	Günter Siebert	27. 9.1967 – 11.11.1976
21.	Dr. Karl-Heinz Hütsch	11.11.1976 – 9.3.1978
22.	Günter Siebert	9.3.1978 – 1.12.1979
23.	Dr. Hans-Joachim Fenne	6.5.1980 – 5.12.1986
24.	Günter Siebert	2.2.1987 – 19.9.1988
25.	Michael Zylka	21.11.1988 – 24.11.1988
26.	Günter Eichberg	16.1.1989 – 17.10.1993
27.	Bernd Tönnies	7.2.1994 – 1.7.1994 (†)
28.	Helmut Kremers	12.9.1994 – 6.12.1994
29.	Gerhard Rehberg	12.12.1994 – 18.6.2007
30.	**Josef Schnusenberg**	seit dem 18.6.2007

Gerhard Rehberg und sein Nachfolger **Josef Schnusenberg**.

DIE TRAINER DES FC SCHALKE 04

	Name	Zeitraum	Erfolge
1.	Heinz Ludewig	3.4.1925 – 1927	
2.	Gustav Wieser	25.5.1928 – 1929	Westdeutscher Meister (1929)
3.	Kurt Otto	11.8.1929 – 1930	Westdeutscher Meister (1930)
4.	August Sobotka	1930 – 1931	Mannschaft gesperrt
5.	Hans Sauerwein	1.8.1931 – 1.7.1932	Westdeutscher Meister (1932)
6.	Kurt Otto	20.7.1932 – 1933	Vize-Meister (1933)
7.	Hans Schmidt	15.8.1933 – 7.7.1938	Deutscher Meister (1934, 1935, 1937) Vize-Meister (1938) Deutscher Pokalsieger (1937) Pokalendspiel (1935, 1936)
8.	Otto Faist	26.10.1938 – 1942	Deutscher Meister (1939, 1940, 1942) Vize-Meister (1941) Pokalendspiel (1941, 1942)

Faist wurde 1942 eingezogen, anschließend leitete Spielführer Kuzorra das Training bis zur Einstellung des Spielbetriebs.

	Name	Zeitraum	Erfolge
9.	Ernst Kuzorra	1.12.1946 – 1947	
10.	Willi Schäfer	4.11.1947 – 1948	
11.	Theo Langl	1948	
12.	Ferdl Swatosch	1.12.1948 – 1949	
13.	Fritz Szepan	31.8.1949 – 1954	Oberliga-Meister (1951)
14.	Edi Frühwirth	1954 – 31.5.1959	Deutscher Meister (1958), Oberliga-Meister (1958) Pokalendspiel (1955)
15.	Nandor Lengyel	1959 – 1960	
16.	Georg Gawliczek	1960 – 25.4.1964	Einführung Bundesliga 1963
17.	Fritz Langner	26.4.1964 – 30.6.1967	
18.	Karl-Heinz Marotzke	1.7.1967 – 13.11.1967	
19.	Günter Brocker	18.11.1967 – 17.11.1968	
20.	Rudi Gutendorf	22.11.1968 – 7.9.1970	
21.	Slobodan Cendic	8.9.1970 – 30.6.1971	
22.	Ivica Horvat	1.7.1971 – 30.6.1975	Deutscher Pokalsieger (1972) Vize-Meister (1972)
23.	Max Merkel	1.7.1975 – 9.3.1976	
24.	Friedel Rausch	10.3.1976 – 20.12.1977	Vize-Meister (1977)
25.	Uli Maslo	21.12.1977 – 24.5.1978	
26.	Ivica Horvat	1.7.1978 – 17.3.1979	
27.	Gyula Lorant	19.3.1979 – 4.12.1979	
28.	Dietmar Schwager	5.12.1979 – 20.4.1980	
29.	Fahrudin Jusufi	21.4.1980 – 26.5.1981	1. Abstieg (1981)
30.	Rudi Assauer/H. Redepenning	27.5.1981 – 30.6.1981	
31.	Siegfried Held	1.7.1981 – 20.1. 1983	2. Liga, 1. Aufstieg (1982)
32.	Rudi Assauer	21.1.1983 – 23.1.1983	
33.	Jürgen Sundermann	24.1.1983 – 30.6.1983	2. Abstieg (1983)
34.	Diethelm Ferner	1.7.1983 – 30.6.1986	2. Liga, 2. Aufstieg (1984)
35.	Rolf Schafstall	1.7.1986 – 7.12.1987	

STATISTIK

36.	Horst Franz	1.1.1988 – 18.9.1988	3. Abstieg (1988)
37.	Diethelm Ferner	18.9.1988 – 6.4.1989	2. Liga
38.	Helmut Kremers	7.4.1989 – 10.4.1989	2. Liga
39.	Peter Neururer	11.4.1989 – 13.11.1990	2. Liga
40.	Klaus Fischer/H. Kremers	14.11.1990 – 15.1. 1991	2. Liga
41.	Aleksandar Ristic	16.1.1991 – 29.4.1992	2. Liga 3. Aufstieg (1991)
42.	Klaus Fischer	30.4.1992 – 30.6.1992	
43.	Udo Lattek	1.7.1992 – 17.1.1993	
44.	Helmut Schulte	18.1.1993 – 9.10.1993	
45.	Jörg Berger	12.10.1993 – 3.10.1996	
46.	Hubert Neu	4.10.1996 – 7.10.1996	
47.	Huub Stevens	8.10.1996 – 30.6.2002	UEFA-Pokal-Sieg (1997), Deutscher Pokalsieger (2001, 2002) Vize-Meister (2001)
48.	Frank Neubarth	1.7.2002 – 26.3.2003	
49.	Marc Wilmots	26.3.2003 – 24.6.2003	
50.	Jupp Heynckes	25.6 2003 – 15.9.2004	
51.	Eddy Achterberg	15.9.2004 – 28.9.2004	
52.	Ralf Rangnick	28.9.2004 – 12.12.2005	Vize-Meister (2005)
53.	Oliver Reck	12.12.2005 – 4.1.2006	
54.	**Mirko Slomka**	seit 4. Januar 2006	Vize-Meister (2007)

SPIEL FÜR SPIEL IN DER BUNDESLIGA

	Name	Spiele			
1.	Huub Stevens	195	18.	Gyula Lorant	26
2.	Ivica Horvat	159		Frank Neubarth	26
3.	Jörg Berger	99	20.	Max Merkel	23
4.	Fritz Langner	89	21.	Siegfried Held	17
5.	Diethelm Ferner	68		Udo Lattek	17
6.	Friedel Rausch	64	23.	Jürgen Sundermann	16
7.	Rudi Gutendorf	57	24.	Horst Franz	15
8.	Rolf Schafstall	53		Uli Maslo	15
9.	**Mirko Slomka**	51	26.	Dietmar Schwager	14
10.	Ralf Rangnick	44	27.	Karl-H. Marotzke	13
11.	Jupp Heynckes	38	28.	Marc Wilmots	8
12.	Günter Brocker	36	29.	Rudi Assauer	4
	Fahrudin Jusufi	36		Klaus Fischer	4
14.	Aleksandar Ristic	34	31.	Eddy Achterberg	2
15.	Slobodan Cendic	30	32.	Hubert Neu	1
16.	Georg Gawliczek	29		Oliver Reck	1
	Helmut Schulte	28			

In der Bundesliga-Rangliste auf dem Vormarsch: **Mirko Slomka**.

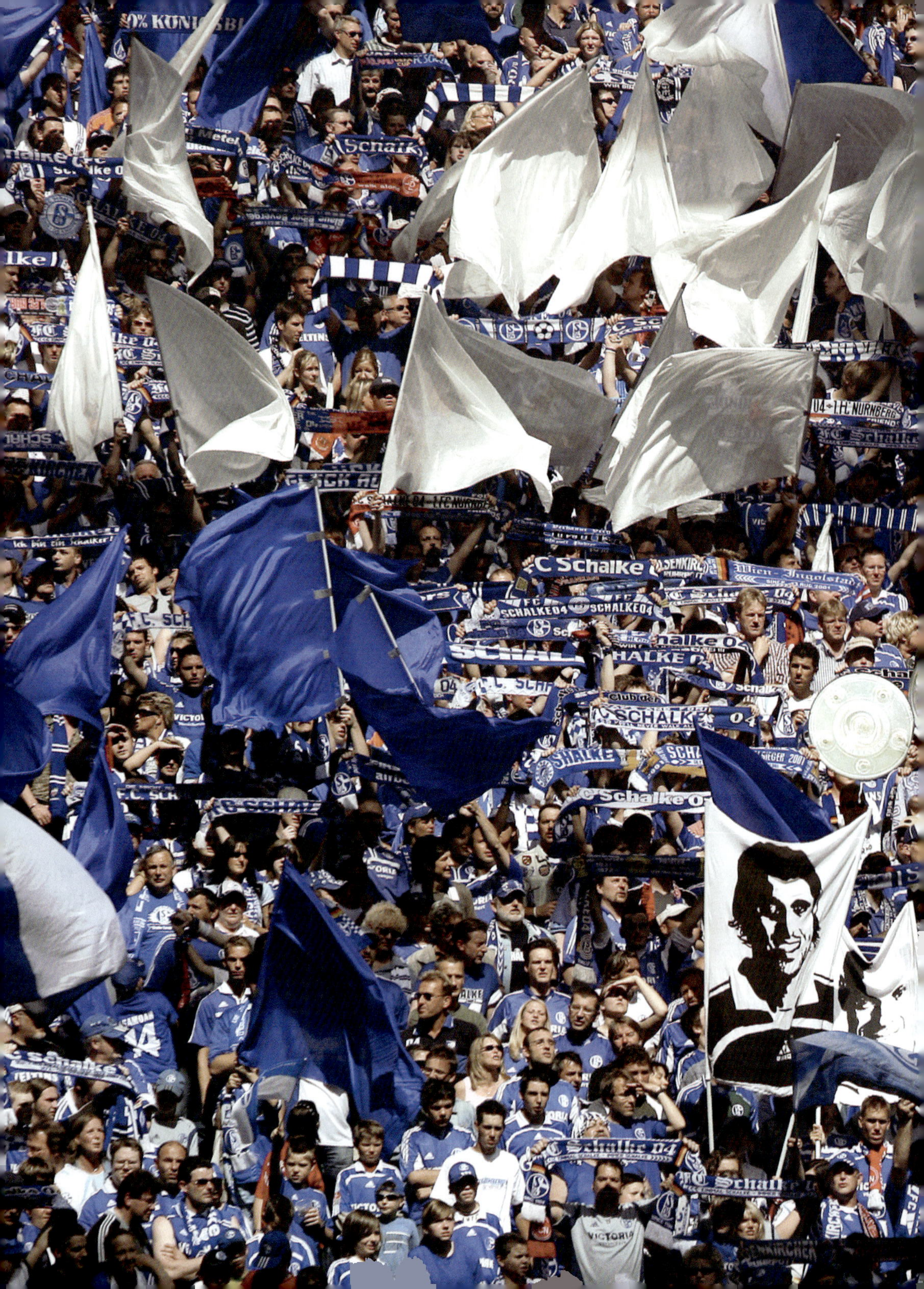
FC Schalke
SCHALKE04
Schalke 04

FAN-CLUBS

SCHALKER FAN-CLUB VERBAND STEUERT AUF DAS NÄCHSTE JUBILÄUM ZU
DIE RICHTIGE ADRESSE FÜR DIE ANHÄNGER

DER SCHALKER FAN-CLUB VERBAND (SFCV) WÄCHST UND WÄCHST. RUND 70.000 MENSCHEN BETREUT DIE FAN-ORGANISATION DER KÖNIGSBLAUEN INZWISCHEN. MÖGLICHT GEMACHT HAT DEN ERNEUTEN MITGLIEDERZUWACHS DIE PARTNERSCHAFT DER KNAPPEN MIT GAZPROM. ZUR OFFIZIELLEN SAISONERÖFFNUNG WIRD DER ERSTE DEUTSCH-RUSSISCHE FAN-CLUB SEINEN AUFNAHMEANTRAG BEIM SFCV ABGEBEN. „AN DIESEN ENTWICKLUNGEN ZEIGT SICH, DASS WIR MIT UNSEREN ANGEBOTEN DEN BEDÜRFNISSEN DER FANS GERECHT WERDEN", SAGT ROLF ROJEK, SEIT VIELEN JAHREN 1. VORSITZENDER DES SFCV UND SEIT 1994 ALS FANVERTRETER MITGLIED IM AUFSICHTSRAT DES VEREINS. SOMIT SIEHT ROJEK DEN VERBAND FÜR DIE NÄCHSTEN GROSSEN AUFGABEN GUT AUFGESTELLT.

Für S04-Fans führen viele Wege zum SFCV: Wer Karten für die Schalker Auswärtsspiele möchte, lädt das Bestellformular über www.sfcv.de herunter. Beim Stammtisch in die Fankneipe „Auf Schalke" stehen die Profis den Fans Rede und Antwort, beim Regionaltreffen oder zu den Neujahrsempfängen reisen sie sogar viele Kilometer zu ihren Anhängern an. Mit Experten nach den Spielen fachsimpeln, das ist beim Veltins-Frühschoppen möglich. Aber auch, wer bei den Kartenpreisen seine Meinung einbringen oder grundsätzliche Verbesserungsvorschläge anbringen will, der ist beim SFCV an der richtigen Adresse. Der Kartenausschuss und die Meckerstunde sind hier die richtige Anlaufstelle. Bei allen Pflichtspielen ist der SFCV ebenfalls präsent. An der VELTINS-Arena stellt der Doppeldeckerbus, auswärts das Infomobil vor der Gästekurve die Anlaufstelle dar. Oder man steuert am Gelsenkirchener Hauptbahnhof den Fan-Treff an. Daheim setzt der SFCV 125 ehrenamtliche Helfer ein, auswärts sind es immerhin 10.

Auf ein Verbandsprojekt ist Rolf Rojek besonders stolz: Inzwischen besitzen 18.000 Anhänger die Fan-Card des SFCV. Vergünstigungen bei allen Auswärts-Sonderfahrten, eine bevorzugte Behandlung bei der Vergabe der Karten – ohne Garantie auf Zuteilung – und zusätzlicher Versicherungsschutz sind für sechs bzw. zwölf Euro pro Jahr zu haben. Die Karte kann in der VELTINS-Arena auch als Knappenkarte eingesetzt werden.
Dem Schalker Fan-Club Verband gelingt es auch, alle großen königsblauen Fan-Organisationen auf sich zu vereinigen. Als die Anhänger in der abgelaufenen Saison mit einigen Entwicklungen nicht zufrieden waren, bildeten sie beim SFCV einen Runden Tisch. Ob Supporters Club, Ultras, Fan-Initiative – gemeinsam mit dem SFCV gab man Impulse, die ein Mosaikstein waren, die Schalker Saison 06/07 in die Erfolgsbahn zu lenken. Der Schalker Fan-Club Verband hat im Jahr 2008 auf jeden Fall etwas zu feiern: sein 30-jähriges Bestehen. „Die Planungen laufen erst in den kommenden Monaten an", so Rojek: „Aber eines ist klar: 2008 wird es auf jeden Fall ein großes Fest geben!"

Schalker Fan-Club Verband

Gegründet: 12. August 1978 | **Mitarbeiter:** 29 Hauptamtliche, 100 Ehrenamtliche | **Betreute Fan-Clubs:** 1350 | **Betreute Fans:** 70.000
Geschäftsstelle: Berni-Klodt-Weg 1, 45891 Gelsenkirchen, Tel. 0209/958860, E-Mail: info@sfcv.de, www.sfcv.de | **Gaststätte:** Fan-Kneipe „Auf Schalke" (neben der Glückauf-Kampfbahn), Kurt-Schumacher-Straße 119, 45881 Gelsenkirchen | **Vorstand:** 1. Vorsitzender: Rolf Rojek, 2. Vorsitzender: Harry Saupe, **Geschäftsführer:** Arthur Saager, **Kassierer:** Reinhard König, **Pressewart:** Olivier Kruschinski, **Schriftführer:** Jürgen Liefland | **Zeitschrift:** „Das Sprachrohr" (Preis 1 €; erscheint zehn Mal pro Jahr) | **Veranstaltungen: Stammtisch:** an jedem dritten Dienstag im Monat mit einem Spieler oder Offiziellen während der Saison in der Fan-Kneipe „Auf Schalke" | **Regionaltreffen:** einmal pro Vierteljahr mit Spielern und Offiziellen des FC Schalke 04 in ganz Deutschland | **Runder Tisch:** Treffen der Fan-Organisationen an jedem ersten Mittwoch im Monat in der Fan-Kneipe „Auf Schalke" | **Veltins-Frühschoppen:** Samstag oder Sonntag nach den Heimspielen in der Fan-Kneipe „Auf Schalke" | **Anlaufstellen an Heimspieltagen Fan-Treff** im Gelsenkirchener Hauptbahnhof, **Doppeldeckerbus** auf Parkplatz P2 in unmittelbarer Nähe der VELTINS-Arena

FAN-CLUBS DES FC SCHALKE 04

1 Heek
Kai Terwollbeck, Eichengrund 3, 48619 Heek
Tel.: 0160|90321457

2 Blau-Weiß Eschenbach
Joachim Kiwitz, Kohlstückering 14, 36381 Schlüchtern
Tel. 06661|730063, E-Mail: joachim@kiwitz.org

3 Blue Boys Solms
Andreas Metz, Burger Hauptstraße 8, 35745 Herborn-Burg
Tel. 02772|3296, E-Mail: Andreas.Metz@schenk-group.com

4 Eagles 82 Harburg|Schwaben
Norbert Langer, Am Heckelsberg 20, 86655 Harburg
Tel. 09080|921653, E-Mail: langer.harburg@freenet.de

5 Hüller Freunde Gelsenkirchen
Frank Wippermann, Posenerstr. 32, 45888 Gelsenkirchen
Tel. 0209|207488, E-Mail: s04wippi@t-online.de

6 Club Schalker Freunde e.V.
Helmut Zebunke, Wüllnerskamp 28, 45329 Essen
Tel. 0201|367195, E-Mail: clubschalkerfreunde@onlinehome.de

7 Niederrhein Kleve e.V.
Helmut Daams, Engelsstraße 4a, 47533 Kleve
Tel. 0175|5606173, E-Mail: helmut.daams@t-online.de

8 Blau-Weiß Merken 77 e.V.
Frank Lotz, Reginastraße 16, 52353 Düren
Tel. 02121|83802, E-Mail: franklotzfl@aol.com

9 Korbach 1984 e.V.
Jörg Becker, Hauer Straße 3, 34497 Korbach
Tel. 05631|64302, E-Mail: joerg.gerry.becker@t-online.de

10 Die blauen Klausen-Fans Wesel
Uschi Dagott, Sandstraße 30, 46483 Wesel
Tel. 0281|26557, E-Mail: info@schalker-fan-club-wesel.de

11 Blau-Weiß 80 Horn-Bad Meinberg
Thomas Brehm, Brombergstr. 17, 32816 Schieder-Schwalenberg
Tel. 05233|952341, E-Mail: thomas-brehm@freenet.de

12 FC Knappen Freckenhorst
Gregor Kaldewey, Am Ahmerkamp 7a, 48231 Warendorf
Tel. 02581|4323, E-Mail: Gkaldewey@aol.com

14 Altmeister Krefeld 1983 e.V.
Heinz-Jürgen Müller, Am Lohkamp 12, 47239 Duisburg
Tel. 02151|481217, E-Mail: Altmeister-Mueller@web.de

15 Fantastic Blue Reken e.V.
Martin Büning, Birkhuhnweg 10, 48734 Reken
Tel. 02864|7852

16 Siegerland-Nord
Bernd Dotzauer, Brunnenstraße 15, 57271 Hilchenbach
Tel. 02733|2850, E-Mail: BerndDotzauer-Hilchenbach@t-online.de

17 Iron Blue 1983 Heidelberg
Michael Fryczewski, Ludwig-Marum-Weg 13, 76646 Bruchsal
Tel. 07251|982624, E-Mail: Prian@ironblue1983.de

18 Katastrophen Kommando Essen-Kupferdreh
Sven-Erich Baudisch, Sandstraße 13, 45257 Essen
Tel. 0201|4088989, E-Mail: sven-baudisch@gmx.de

19 Schalker Freunde Mettingen e.V.
Hubert Baune, Sonnenstraße 2, 49497 Mettingen
Tel. 05452|509318, E-Mail: schalker.freunde@osnanet.de

20 Blau-Weiß Saerbeck e.V.
Rolf Rojek, Ebertstraße 20, 45879 Gelsenkirchen
Tel. 0209|958860, E-Mail: info@schalkerfanclubverband.de

21 Schalker Treff Speicher Eifel
Christoph Haas, Gartenstraße 7, 54662 Speicher
Tel. 06562|8758, E-Mail: hansihaas04@aol.com

22 Die Treuen Grafschaft
Dirk Esser, Stefanstraße 1, 53501 Oeverich
Tel. 02641|200403, E-Mail: Dirk1096@aol.com

23 Knappen der Tabakstadt 98
Oliver Rakohl, Schierholzstraße 84a, 32257 Bünde
Tel. 05223|990845, E-Mail: tabakstadt98@aol.com

24 Schalker Knappen Coesfeld e.V.
Holger Deitert, Landweg 25, 48653 Coesfeld
Tel. 02541|82985, E-Mail: 1.vorsitzender@knappen-coesfeld.de

25 Schalker Freunde Kraichgau e.V.
Armin Schäfer, Gartenstraße 4, 74933 Neidenstein
Tel. 06268|1249, E-Mail: S04kraichgau@t-online.de

26 Büdinger Schalke-04-Fan-Club
Erich Grzemski, Thiergartenstraße 67b, 63654 Büdingen
Tel. 06042|2662

27 Schalke-Szene Franken Herzogenaurach
Jens Becker, Langer Platz 5, 91074 Herzogenaurach
Tel. 09132|8534, E-Mail: Jens.Becker@herzovision.de

28 Müsse 1982
Thomas Fischer, Zu den Gründen 7, 57319 Bad Berleburg
Tel. 02751|529367, E-Mail: vorstand@fanclub-muesse.de

29 Blau-Weiß Höxter-Warburg
Stefan Krohn, Heinrich-Heine-Str. 8, 34414 Warburg
Tel. 05641|742909, E-Mail: s04warburg@aol.com

FAN-CLUBS

30 World-Wide-Schalke e.V.
Michael Hentschel, Ostring 16, 45701 Herten
Tel. 0177|7880404, E-Mail: micha@hentschel.info

31 Schalker Freunde Osnabrück
Hartmut Wellen, Mühlenstraße 39, 49134 Wallenhorst
Tel. 05407|860263, E-Mail: Hartmut-Wellen@web.de

32 Blau-Weiß Frillendorf Heimstatt Engelbert e.V.
Lothar Pawlowski, Liegnitzerstraße 18, 45888 Gelsenkirchen
Tel. 0209|815658, E-Mail: Leistung@heimstatt-engelbert.de

33 Attacke Lünen!
Andreas Klein, Baukelweg 55, 44532 Lünen
Tel. 02306|36958, E-Mail: Sfc@attacke-luenen.de

34 Schalke-Nürnberg Fan-Club Ruhrpott-Franken
Gaststätte „Mechtenbergs Höhe", Mechtenbergstraße 156, 45884 Gelsenkirchen, Tel. 0209|136672, E-Mail: ruhrpottfranken@yahoo.de

35 1986 Ederbergland Laisa e.V.
Wolfgang Koch, Eichenstraße 11, 35088 Battenberg
Tel. 06452|5487, E-Mail: wolfgangkochlaisa@hotmail.com

36 Schalker Jungs Reckenfeld e.V.
Peter Schampera, Goethestraße 23, 48268 Greven
Tel. 0171|8159115, E-Mail: boschi04@t-online.de

37 Blau-Weiße Treue Ennigerloh|Neubeckum
Rainer Mergner, Feldstraße 20, 59320 Ennigerloh
Tel. 02587|935442, E-Mail: heavysoftys04@freenet.de

39 Blue Rangers
Manfred Kubsch, Engelhardstraße 30, 57462 Olpe
Tel. 02761|64342

40 Arnsberg e.V.
Klaus Simon, Im Surkhahn 9, 59823 Arnsberg
Tel. 02931|77122, E-Mail: FanclubArnsberg@gmx.de

41 Blau-Weiße Ritter Lüdinghausen e.V.
Albert Vennemann, Breslauer Ring 24, 59348 Lüdinghausen
Tel. 02591|5171, E-Mail: AlbertVennemann@web.de

42 Bueraner Lausbuben
André Sußmann, Hochstraße 70, 45894 Gelsenkirchen
Tel. 0209|398731, E-Mail: info@sabine-greske.de

43 Blue Mennes Kevelaer
Wolfgang Toonen, Eichenstraße 8, 47624 Kevelaer
Tel. 02832|5213, E-Mail: Wolfgang.Toonen@stadt-kevelaer.de

44 Unna 1987
Klaus Horstmann, Grabengasse 43, 59423 Unna
Tel. 02303|237677, E-Mail: info@unna87.de

46 Letmathe e.V.
Herbert Karg, Bollenberg 12, 57234 Wilnsdorf
Tel. 02352|21502

47 Oberes Johannland e.V.
Paul Stötzel, Am Hundsberg 21, 57520 Wilnsdorf
Tel. 02739|891984, E-Mail: Elschorni@aol.com

48 Neuenhaus e.V.
Friedhelm Fromme, ten-Welberg-Straße 6, 48529 Nordhorn
Tel. 05921|74939

49 Blaue Jungs Epe
Markus Elikmann, Bischof-Kettleler-Ring 4, 48599 Gronau
Tel. 0176|2353126, E-Mail: m.elikmann@gmx.de

50 Ostsee
Michael Engstfeld, Am Sackenfeld 46, 23774 Heiligenhafen
Tel. 04362|1810

51 Bruchhausen|Ruhr
Ralf Amen, Frettchenweg 4, 59759 Arnsberg
Tel. 02932|280797, E-Mail: sedlaczek-gmbh@vr-web.de

52 The Royal Blues 87
Volker Kraft, Geitenfeld 10, 45663 Recklinghausen
Tel. 02361|996012, E-Mail: praesident@royalblues.de

53 Parklücke Wilhelmshaven
André Gehring, Freiligrathstraße 277, 26386 Wilhelmshaven
Tel. 04421|64423, E-Mail: andre.gehring@t-online.de

54 Blau-Weiß Forever Madfeld e.V.
Hermann Mesched, Friedhofsstraße 15, 59929 Brilon
Tel. 02991|1346, E-Mail: Hermann.Mesched@web.de

55 Wir lassen die Sau raus e.V.
Holger Finke, Zur Kloppenburg 6, 32469 Petershagen
Tel. 05704|16310, E-Mail: Finke.ol@t-online.de

56 Möhnetal e.V.
Sebastian Koch, Dorfstraße 83, 59581 Warstein
Tel. -, homer.sebastian@freenet.de

57 Ruhr-Franken 512
Armin Herzog, Burgstraße 13, 91781 Weißenburg
Tel. 09141|92965, E-Mail: ruhrfranken512wug@web.de

58 89 Wülfrath
Dieter Brocks, Rotdornweg 47, 42489 Wülfrath
Tel. 02058|5923

59 Königsblaue Treue Wennemen e.V.
Erich Theune, Biekestr. 19, 59872 Meschede
Tel. 02903|852807, E-Mail: ErichTheune@t-online.de

60 Blau-Weiß Repetal
Christof Saure, Heidenstraße 43, 57439 Attendorn
Tel. 02721|3773, E-Mail: c.saure1904@t-online.de

62 Brakelsiek e.V.
Peter Meinberg, Sportweg 6, 32816 Schieder
Tel. 05284|5408, E-Mail: maik.scholtzel@opel-henning.de

63 94er Schajucas Schalker Jungens Castrop
Michael Kremer, Recklinghauser Straße 110, 44581 Castrop-Rauxel
Tel. 02305|355889, E-Mail: Schajucas@aol.com

64 Königsblau Solling 92 e.V.
Volker Higger, Dahlienstraße 15, 37586 Dassel
Tel. 05564|441, E-Mail: Koenigsblau-Solling@web.de

65 Gemen
Günter Kurbjuhn, Neumühlenallee 22, 46325 Borken
Tel. 02861|7979

67 1. Deutsch-Holländischer S04-Fan-Club Suderwick
Stefan Jansen, Hellweg 36, 46399 Bocholt
Tel. 02871|46241, E-Mail: sailor04@aol.com

68 Schalker Klutis Ennepetal
Markus Rummler, Friedenshöhe 1 a, 58256 Ennepetal
Tel. 02333|861478, E-Mail: mrummler@web.de

70 Schöntaler Üchli
Heiko Knörzer, Winterhalde 4, 74214 Schöntal
Tel. 07943|943518, E-Mail: H.Knoerzer@gmx.de

71 Teutonia Freienohl
Olaf König, Bettenhelle 15, 59872 Meschede
Tel. 02903|852573, E-Mail: Olafkoenig04@aol.com

72 Supporters Club e.V.
Frank Arndt, Hauptstraße 47, 45879 Gelsenkirchen
Tel. -, E-Mail: ticket@sfcv.de

73 Schalke-Fans Ingelheim
Tilo Immerheiser, Lotharstraße 23, 55218 Ingelheim
Tel. 06132|41428, E-Mail: immerheiser@midas-pharmachemie.de

74 Blue Giants Preußisch Oldendorf
Mike Müller, Schützenstraße 23, 32361 Preußisch Oldendorf
Tel. 05742|5945 E-Mail: Mueller-Bredebusch@freenet.de

76 Königsblau Böblingen e.V.
Dirk Biermann, Neckarstraße 41, 73240 Wendlingen am Neckar
Tel. 07024|501778, E-Mail: Bieri04@aol.com

77 Königsblau Vreden
Tom Beuting, Eschke 13, 48691 Vreden
Tel. 02567|3645, E-Mail: TomBeuting@web.de

78 Badelicum
Christian Sellmann, Böttcherstr. 17, 59581 Warstein
Tel. 02902|71682, E-Mail: christian.sellmann@freenet.de

79 Schalke-Nürnberg-Freunde e.V. Pfinztal
Michael Wild, Schulstraße 38, 75196 Remchingen
Tel. 07232|79077, E-Mail: youriS04@aol.com

80 Kohlenpott
Michael Franz, Steinheimerstr. 22, 45896 Gelsenkirchen
Tel. 0209|349836, E-Mail: michael.franz@online.de

81 Allgäu-Schalker
Rainer Wetzel, Happach 26, 88167 Maierhöfen
Tel. 08381|4415, E-Mail: Rainer0901wetzel@aol.com

83 Cherusker
Willi Strahs, Loccumer Straße 28, 32469 Petershagen
Tel. 05705│652, E-Mail: wstrahs@S04-cherusker.de
86 Glückauf 1991 Benfe e.V.
Karl-Heinz Six, In der Litzel 9, 57339 Erndtebrück
Tel. 02753│3128, E-Mail: R.Heppner@freenet.de
87 Lippe-Power Sabbenhausen e.V.
Guido Küster, Auf dem Kiel 12, 32676 Lügde
Tel. 05283│1549, E-Mail: lippepower91@aol.com
88 Emspower Rheine 91 e.V.
Oliver Attameyer, Hopstener Straße 118, 48429 Rheine
Tel. 05971│985950
89 Geithain│Sachsen
Heiko Ledig, Katharinenstraße 1, 04643 Geithain
Tel. 034341│42826, E-Mail: citybaeckerei@gmx.de
90 Blau-Weißer Mammut Ahlen
Peter Ellefred, Heinrich-Sommer-Straße 60, 59227 Ahlen
Tel. 02382│803002, E-Mail: P.Ellefred@ls-group.com
91 Hersdorf│Eifel
Stefan Bart, Kesfelderstraße 2, 54619 Großkampenberg
Tel. –
92 De Kloawender
Thorsten Fechner, Johanneshütte 14, 57072 Siegen
Tel. 0271│3180848
93 Blau-Weiße Kumpels Sassenberg 1991 e.V.
Peter Scholz, Johann-Strauß-Straße 8, 48336 Sassenberg
Tel. 02583│2492, E-Mail: Scholz045@aol.com
94 Hückkoppers 04
Thomas Becker, Goethestraße 32, 42499 Hückeswagen
Tel. –
96 Almetal
Klaus Henkefend, Taubenweg 9, 33102 Paderborn
Tel. 05251│6997711, E-Mail: klaus.henkefend@t-online.de
97 Nordhorn
Jürgen Koel, Heideweg 41, 48529 Nordhorn
Tel. 05921│89220, E-Mail: Qli@Qli.de
98 Rheinland 1991
Hans Watermann, Reindorferstraße 30, 53332 Bornheim-Hersel
Tel. 02222│976639, E-Mail: hans.watermann@12move.de
99 Blau-Weiß Riesenbeck
Bernhard Sundermann, Stockhoff 13, 48477 Riesenbeck
Tel. 05454│99864, E-Mail: Bernhard.Sundermann@osmanet.de
100 Schalker Kumpels Derikum
Frank Hoppe, Kapellenweg 6, 41470 Neuss
Tel. 02137│788660
101 Uelsen
Achim Rosental, Am Markt 10, 49843 Uelsen
Tel. 05942│1609, E-Mail: veldboer@web.de
103 Schalker Wölfe Wulfen e.V.
Klaus Lakomy, Orthöverweg 132, 46286 Dorsten
Tel. 0171│2832616, E-Mail: Schalker.Woelfe.Wulfen@gmx.de
104 Daniel Nördlingen
Roland Horak, Wagga-Wagga-Straße 85, 86720 Nördlingen
Tel. 09081│3929, E-Mail: deadhead@freenet.de
105 Blaue Wolke Siegerland
Alfred Kreutz, Unterm Rotscheid 1, 57234 Wilnsdorf
Tel. 02739│7713, E-Mail: fred.kreutz@online.de
106 Die Kurvenvollsten
Jochen Böing, Steinstraße 26, 46395 Bocholt
Tel. 0170│2102832, E-Mail: onkelbenz@tiscali.de
107 Schalker Freunde Lünen
Heinz Bössing, Laakstraße 27, 44534 Lünen
Tel. 02306│51461
109 Königsblau Brilon e.V.
Manfred Marx, Am Hellenteich 24, 59929 Brilon
Tel. 02961│960886
110 Schalke-Freunde 04 Glandorf e.V.
Stefan Ellßel, Schulstraße 28, 49536 Lienen
Tel. 05483│749191, E-Mail: stefanellsel@t-online.de

111 Brohltal
Marcus Köppen, Rodderweg 28, 56651 Niederdürenbach
Tel. 02636│970780, E-Mail: MarkusKoeppen@aol.com
112 total normal Bottrop-Boy 1992
Marcel Janssen, Am Mühlenbach 29, 46119 Oberhausen
Tel. 0208│8102907, E-Mail: marcel_janssen@t-online.de
113 Attacke 91 Puderbach
Olaf Schreiber, Rainstraße 1d, 57334 Bad Laasphe
Tel. 02752│477019, E-Mail: Elschnelle@web.de
114 Nienborger Kreisel
Detlef Faulhaber, Dorotheenstraße 5, 48599 Gronau
Tel. 02565│4431, E-Mail: Georg.Exner@web.de
115 Die Franken
Reiner Schnitter, Neu-Glosberg 1, 96317 Kronach
Tel. 09261│95726, E-Mail: breakinferno2@web.de
116 Windeck 1991 e.V.
Birgit Schläger, Im Trotz 10, 51570 Windeck
Tel. 02292│929443, E-Mail: schlaeger63@gmx.de
117 Total Blau Stadtlohn 91
Christian Barthus, Sonnenallee 4, 48703 Stadtlohn
Tel. 02563│98123, E-Mail: christian.barthus@t-online.de
118 Lipperbruch e.V.
Torsten Kirschner, Oppelnerstraße 11, 59558 Lippstadt
Tel. 02941│80724
119 Lembeck e.V.
Dirk Homfeldt, Bonhoefferring 19, 46286 Dorsten
Tel. 02369│77256, E-Mail: otto.04@web.de
122 FC Gully S04
Harry Saupe, Im Meierdreh 4, 32545 Bad Oeynhausen
Tel. 05731│980717, E-Mail: harrysaupe@aol.com
123 Geislingen
Uwe Sulzberger, Löhrestraße 5, 72351 Geislingen
Tel. 0173│9628882, E-Mail: u.sulzberger@s04geislingen.de
125 Kreisel-Power e.V.
Markus Jung, Stachstückstraße 18, 57482 Wenden
Tel. 02762│400881, E-Mail: kreiselpower@web.de
126 Schalker Virus Horstmar e.V.
Klaus Mensing, Tulpenweg 1, 48612 Horstmar
Tel. 02558│7525, E-Mail: schalker-virus@freenet.de
127 Selmer Knappen
Ralf Kapuschenski, Ludgeristraße 42, 59379 Selm
Tel. 02592│981457, E-Mail: RalfKap@web.de
128 Let's go Bismarck
Tanja Weiß, Nikolaus-Groß-Straße 60, 45886 Gelsenkirchen
Tel. 0209│271945, E-Mail: weisswt@aol.com
129 Glückauf Ramsbeck
Jürgen Tillmann, Anton-Bange-Straße 11, 59872 Meschede
Tel. 0291│59630, E-Mail: schei-chy@t-online.de
130 Schalker Falken Raesfeld│Erle
Maik Jänicke, Weidengrund 36, 46348 Raesfeld
Tel. 02865│204115, E-Mail: mmaiki04@aol.com
131 Attacke Königsblau Sauerland
Josef Hömberg, Ostentroper Straße 9, 57413 Finnentrop
Tel. 02721│50864
132 Ab auf Schalke Büderich
Holger Fiegenbaum, Marianne-Heese-Str. 8, 59457 Werl
Tel. 02922│82781, E-Mail: anke.seifert@cityweb.de
133 Schalker Freunde Paderborn
Josef Striewe, Uhlenbruch 23, 33098 Paderborn
Tel. 05251│63721
134 Attacke Immer Blau
Thomas Wittenberg, Am Jahnplatz 19, 46282 Dorsten
Tel. 0175│2075192, E-Mail: post@attacke-immer-blau.de
135 Castrop-Rauxel
Arthur Seppendorf, Erfurter Straße 30, 44577 Castrop-Rauxel
Tel. 02305│549425
136 Blue Diamonds Waldhessen e.V.
Andreas Weinbrenner, Hasselfeld 6, 36214 Nentershausen
Tel. 06627│914917, E-Mail: Bebbo1974@aol.com

FAN-CLUBS

139 Die Königsblauen
Wolfgang Brauer, Oskar-Meßter-Straße 10, 06886 Wittenberg
Tel. 03491|612840, E-Mail: Koenigsblauer.Brauer@t-online.de
140 Fröhliche Knappen | Mülheim-Dümpten
Wolfgang Zimmermann, Denkhauser Höfe 80, 45475 Mülheim|Ruhr
Tel. 0208|2998750, E-Mail: w-e-zimmermann-muelheim@t-online.de
141 Sömmerdarer Falken
Peter Jost, Lucas-Cranach-Str 46, 99610 Sömmerda
Tel. 03634|335354, E-Mail: frankronaldnagel@web.de
143 Daseburg
Ludwig Wecker, Lütgenedener Str. 1, 34414 Warburg
Tel. 05641|740104, E-Mail: ina.wecker@gmx.de
146 Blue Dragons Hiddenhausen
Thomas Stork, Sandbrink 34, 32120 Hiddenhausen
Tel. 05223|83152
147 Schalke-Jonges Düsseldorf
Ingo Daneyko, Am Rahmer Bach 146, 47269 Duisburg
Tel. 0203|7127057, E-Mail: idaneyko@yahoo.de
148 Königsblau Dodenau
Markus Sassor, Weststraße 11, 35088 Battenberg
Tel. 06452|1289, E-Mail: markus.sassor@arcor.de
149 Königsblau Rade 92
Thomas Ulbrich, Montanusplatz 5, 42477 Radevormwald
Tel. 02195|30126, E-Mail: ulle.ulbrich@web.de
150 Stauder-Löwen Haverkamp
Holger Pfeiffer, Greifswalderstr. 6, 45889 Gelsenkirchen
Tel. 0176|2336294, E-Mails04fanclub_stauderloewen@web.de
151 Schwaben e.V.
Harry Schöpe, Steinhausergasse 5, 72108 Rottenburg
Tel. 07472|925640, E-Mail: Harry.Schoepe@t-online.de
154 Jahn-Wölfe Güntersleben
Christian Wolf, Fichtenstraße 15, 97261 Güntersleben
Tel. 09365|2171, Jahnwolf@web.de
155 Schalker Freunde Weser-Leine
Jens-Uwe Meyer, Waldstraße 2, 37632 Eschershausen
Tel. 05534|999955, E-Mail: raabestaedter@online.de
156 Die Glücksritter (Parkplatz A)
Frank Feistner, Nackenhof 13, 58313 Herdecke
Tel. 02330|608745, E-Mail: f.feistner@freenet.de
158 Nordeifel 92
Bachem-Stollenwerk, Schwammenaueler Str. 43, 52396 Heimbach
Tel. 02446|200, E-Mail: Ingrid.Bachem@vr-web.de
159 Wickeder Ruhrknappen
Alfons Drees, Bachstraße 8, 58739 Wickede|Ruhr
Tel. 02377|3547, E-Mail: ruhrknappen@web.de
160 Erzgebirger Knappen e.V.
Steffen Böhme, Ph.-Müller-Straße 4, 09405 Zschopau
Tel. 03725|20343
161 Graf Bernhard Lippstadt
Volker Laukötter, Traberweg 2a, 59557 Lippstadt
Tel. 02941|7426922, E-Mail: Laukoetter-v@versanet.de
163 Blue White Soccer Florida
Karl Herth, Lerchenstraße 29, 74915 Waibstadt
Tel. 0763|4242, E-Mail: karl-herth@web.de
164 Schalker Bube, Schalker Mädchen
Thomas Sauder, Hillersheimer Weg 12, 67587 Wintersheim
Tel. 06733|8114, E-Mail: Marcovan@web.de
167 Schalker Freundeskreis Halle|Saale
Dirk Behrens, Wolfsburger St. 40, 06126 Halle|Saale
Tel. 0160|96487166
168 Kierspe-Knappen e.V.
Klaus Müller, Drosselweg 20a, 58566 Kierspe
Tel. 02359|295447, E-Mail: vorstand@kierspe-knappen.de
169 Blau-Weiße Vechte 92 e.V.
Michael Kortüm, Amtsstraße 11, 48624 Schöppingen
Tel. 02555|535, E-Mail: blau.weisse.vechte92@web.de
170 Soester Börde
Rolf Hamers, Postfach 2133, 59481 Soest
Tel. 02921|343772, E-Mail: Rolf.Hamers@web.de

171 Diemel 1992 e.V.
Wilhelm Plempe, Robert-Koch-Straße 8, 34431 Marsberg
Tel. 02994|1397, E-Mail: w.plempe@sfc-diemel.de
172 Ohmtal e.V.
Norbert Pfeiffer, Zu den Jakobsäckern 6a, 35274 Kirchhain
Tel. 06422|7383, E-Mail: piff66@web.de
173 Die Hochwaldknappen
Ralf Ensel, Hochwaldsstr. 9, 66687 Wadern-Wadrill
Tel. 06871|3786, E-Mail: Rensel@wadern.de
174 Die Löwen
Thomas Nickel, Mengederstr. 249, 44577 Castrop-Rauxel
Tel. 0160|5056135, E-Mail: fam_kobi@web.de
175 Pottbäcker Power Ochtrup e.V.
Markus Wolf, Lechtestraße 3a, 48565 Steinfurt
Tel. 02553|80742, E-Mail: markus04wolf@aol.com
176 Immer Blau Haverkamp
Jörg Bernard, Manfredstraße 2a, 45891 Gelsenkirchen
Tel. 0209|797522, E-Mail: JBWaagen@aol.com
177 Berger Knappen
Andreas Schauf, August-Macke-Weg 5, 59063 Hamm
Tel. 02381|9735630, E-Mail: vres18@helimail.de
178 Blau-Weiße Erde GE-Resse
Peter Srock, Hertener Str. 60, 45892 Gelsenkirchen
Tel. 0173|8509360
179 Reeser Kreisel
Nils Jonkhans, Wannwickerstraße 6, 46459 Rees
Tel. 02851|1869, E-Mail: ThomasVerhoeven@t-online.de
180 Königsblau Reutlingen
Thomas Wurster, Öschelstraße 23, 72116 Belsen
Tel. -, E-Mail: Thomas.t.wurster@daimlerchrysler.com
181 Schalker Freunde Ottmarsbocholt
Olaf Giese, Feldmark 23, 48308 Senden
Tel. 02598|714, E-Mail: OlafGiese04@aol.com
182 Königsblau Lichtenau e.V.
Thomas Schönebeck, Ermlandstraße 42, 33165 Lichtenau
Tel. 05295|1872, E-Mail: thomaS04@onlinehome.de
183 Königsblau Südlohn
Josef Nagel, Kirchplatz 8, 46354 Südlohn
Tel. 02862|98040, E-Mail: info@hotel-nagel.de
184 Titanic Blue Boys
Markus Allmüller, Klopstockstr. 32a, 45964 Gladbeck
Tel. 0234|3249359, E-Mail: Damyr@arcor.de
185 NRW 93 – Die Echten
Marion Roshalm, Pastor-Saß-Straße 4, 45889 Gelsenkirchen
Tel. 0209|8008648, E-Mail: mroshalm@gelsennet.de
186 Oberes Sauerland
Andreas Hümmecke, Am Studenbusch 33, 59955 Winterberg
Tel. 02985|541, E-Mail: HuemmeckeWinterberg@t-online.de
188 Loreley
Stefan Grünewald, Ahornweg 18, 55471 Keidelheim
Tel. 06761|908129, E-Mail: gruenewald.stefan@freenet.de
189 Glück Auf Lindenhof
Markus Strunk, Siegtalstraße 118, 57080 Siegen
Tel. 0271|350511
190 Marburg
Klaus Buss, Huteweg 8, 35041 Marburg
Tel. 06421|85412, E-Mail: kmanuela@aol.com
191 Schalke mich kreiselt's
Frank Reinelt, Donauschwabenstraße 82, 74821 Mosbach
Tel. 06261|675565, E-Mail: teddy080204@yahoo.de
193 Königsblaue Germanen Bredenborn 93
Stefan Mika, Alsterstr. 13, 34434 Borgentreich
Tel. 05276|985260, E-Mail: Stefan.Mika@gmx.net
194 Herzberger Elster-Biber von weit weg
Thomas Neukirch, Katharinenstraße 24, 04916 Herzberg
Tel. -
195 Blau-Weiß Hönnetal
Dirk Mösta, Fr.-Bettermann-Str. 24, 58710 Menden
Tel. 02373|84821, E-Mail: d.moesta@t-online.de

196 Immer Treu e.V.
Frank Bremmer, Georg Itter Str. 3, 34560 Fritzlar
Tel. 05622 | 5584, E-Mail: bremmerfrank@aol.com
197 Einmal Blau, immer Blau Bocholt
Thomas Lehmschlöter, Nelly Sachs Weg 26, 46397 Bocholt
Tel. 02871 | 184238
198 Blue Hammers Südbaden
Steffen Fischer, Bussardweg 49, 79110 Freiburg
Tel. 0172 | 7643115, E-Mail: S04fischer@web.de
200 Monasteria
Thomas Borgmeier, Heisstraße 2, 48145 Münster
Tel. 0251 | 34463
201 Blau-Weißer Virus Schwarzenbek
Michael Wecker, Düneberger Str. 73m, 21502 Geesthacht
Tel. 040 | 72008283, E-Mail: MichaelWecker26@freenet.de
202 Mainschleife e.V.
Winfried Haupt, Laub 95, 97357 Prichsenstadt
Tel. 09383 | 994113, E-Mail: haupt.w@pg.com
203 Freundschaft Gelsenkirchen e.V.
Erika Mayer, Heistraße 18, 45891 Gelsenkirchen
Tel. 0209 | 9772086
204 Königsblaue Harzer Goslar
Karl-Heinz Hense, Marienbader Weg 17, 38685 Langelsheim
Tel. 05326 | 8149, E-Mail: karlang1904@t-online.de
205 Blau-Weiße Freunde Lütmarsen
Jens Kossol, Lütmarser Tal 24, 37671 Höxter
Tel. 05271 | 37580, E-Mail: joergel874l@web.de
206 Zum Eiskeller Dinslaken
Richard Kraschinski, Grenzstr. 47 c, 46535 Dinslaken
Tel. 02064 | 50127
207 Die blau-weißen Katzen Albersloh
Michael Kathrein, Bergstraße 22, 48324 Albersloh
Tel. 02581 | 220, E-Mail: KathreinKatz@aol.com
208 Königsblaue Jungs Heiden e.V.
Karsten Knuf, Lohauser Esch 4, 46359 Heiden
Tel. 02867 | 908586, E-Mail: karstenknuf@gmx.de
209 Königsblau Werdohl
Michael Herberhold, Stettiner Straße 38 a, 58791 Werdohl
Tel. 02392 | 12151, E-Mail: mi-herberhold@t-online.de
210 Zur Schranke Delrath
Meggy Lorkowski, Balgheimerstr. 22, 41542 Dormagen
Tel. 02133 | 227140, E-Mail: lorkis04@aol.com
211 Schalkepower Hohenlohe
Giuseppe Renna, Römerstraße 23, 74670 Forchtenberg
Tel. –
212 Immer Blau Westenfeld
Christof Becker, Bainghauser Weg 28, 59846 Sundern
Tel. 02933 | 4616, E-Mail: ncdbecker@compuserve.de
213 Schalker Freunde Ruhr-Zoo e.V. 1993
Kurt Zirkenbach, Krachtstraße 25, 45889 Gelsenkirchen
Tel. 0170 | 4116150
215 Bad Fredeburg 1981 e.V.
Klaus van Doorn, Mittelstraße 14, 57392 Schmallenberg
Tel. 02974 | 833584, E-Mail: Klaus-van-Doorn@t-online.de
216 Chiclana Power 94
Josef Hahn, Galmerstr. 2, 65549 Limburg
Tel. 06438 | 479144
217 Glück Auf Glesch e.V.
Hans Schlüssel, Freiheitsstraße 3a, 50126 Bergheim
Tel. 02272 | 3763, E-Mail: rita.schluessel@t-online.de
219 Fan-Initiative Schalker gegen Rassismus e.V.
Postfach 10 24 11, 45881 Gelsenkirchen,
Tel. 0209 | 24104
220 Schalker Freunde Nordseepower
Pierre Hönig, Hüttenstieg 15, 21745 Hemmoor
Tel. 04771 | 887311
221 Sledgehammer Heeren
Thomas Hampel, Burgstraße 19a, 59192 Bergkamen
Tel. 02306 | 983690, E-Mail: thomashampel@t-online.de

222 Filderpower S04 | Württemberg
Stefan Hübner, Schmiedgasse 1, 71384 Weinstadt
Tel. 07151 | 606753, E-Mail: silkestefanhuebn@aol.com
223 Blue-White Angels
Petra Meyer, Berkenberg 27, 45309 Essen
Tel. 0201 | 210515, E-Mail: meyer1904@t-online.de
224 Tomburg-Fighter
Peter Waldhauer, Ahrweg 10, 53359 Rheinbach
Tel. 02225 | 10004, E-Mail: peter.waldhauer@t-online.de
226 Wittgensteiner Knappen
Thorsten Gans, Brandenburger Straße 14, 57319 Bad Berleburg
Tel. 02751 | 892998, E-Mail: ganter@web.de
227 Blue-White-Bulls
Michael Krause, Adolph-Kolping-Ring 12, 49661 Cloppenburg
Tel. 04471 | 81524, E-Mail: 04schalke@gmx.de
228 Schalke-Supporters Wolfsburg e.V.
Holger Mustroph, Achtenbüttelweg 12, 38448 Wolfsburg
Tel. 05363 | 7757, E-Mail: hmustroph@t-online.de
229 S04-Freunde Mülheim | Ruhr
Rosi Jähnert, Eichenbergstr. 27, 45473 Mülheim | Ruhr
Tel. 0208 | 4458413, E-Mail: Holgimh@web.de
230 Blue White Queens Fliedetal
Jörg Wehner, Zentstraße 24, 36103 Flieden
Tel. 06655 | 2403, E-Mail: info@gasthaus-zentrum.de
231 Schalker Freunde Donautal
Wolfgang Schätzle, Postfach 120, 78568 Mühlheim | Donau
Tel. 07463 | 163822, E-Mail: w.gonzo1904@gmx.de
232 Blau-Weiße Unstrut-Perle Nebra
Jens Trautmann, Pappelweg 11, 06642 Nebra
Tel. 034461 | 22279, E-Mail: wtp-nebra@t-online.de
234 Attacke Hamm
Brigitte Farwick, Bruktererweg 7, 59067 Hamm
Tel. 02381 | 444545, E-Mail: AttackeHamm@aol.com
235 Wettringer Attacke 94 e.V.
Berthold Bültgerds, Karl-Wagenfeld-Straße 7, 48493 Wettringen
Tel. 02557 | 98843, E-Mail: berthold.bültgerds@wettringen.de
236 Schalker Knappen Nieder-Ohmen
Bistro „E-Zwo", Bernsfelder Straße 7, 35325 Mücke | Nieder-Ohmen
Tel. 06400 | 6895, E-Mail: koerbacher.uwe@t-online.de
237 Blue-White Indians
Wolfgang Schlotmann, Nachtigallenweg 12, 49424 Goldenstedt
Tel. 04444 | 2745, E-Mail: manitu@blue-white-indians.de
239 Ostallgäu e.V.
Marco Gellrich, Schwabenstraße 51c, 87616 Marktoberdorf
Tel. 08342 | 40212, E-Mail: marco.gellrich@t-online.de
240 Bravehearts 2000 Ahaus
Matthias Vennemann, Quantwick 25, 48683 Ahaus
Tel. 02561 | 987020, E-Mail: matthias_vennemann@web.de
242 Delbrücker Kreisel e.V.
Jürgen Davidhaimann, Droste-Hülshoff-Straße 3, 33129 Delbrück
Tel. 05250 | 934085, E-Mail: juergendh@aol.com
243 Schalker Freunde Belzig e.V.
Olaf Riestock, Weitzgrunder Straße 7, 14806 Belzig
Tel. 033841 | 35056, E-Mail: schalke04i@online.de
244 Aartal
Kurt Schreiner, Ginsterweg 10, 35649 Niederweidbach
Tel. 06444 | 445, E-Mail: Kurt.Schreiner@lahn-dill-kreis.de
245 Steh Auf Warendorf
Andreas Stanke, Im Kühl 34, 48231 Warendorf
Tel. 02581 | 44054, E-Mail: AndreasStanke@online.de
246 Würges 82 e.V.
Rüdiger Ferfers, Neue Straße 2, 65520 Bad Camberg
Tel. 06434 | 8133
247 Die Blau-Weißen Tauben e.V.
Udo Bauer, Justinus Kerner Straße 19, 71540 Murrhardt
Tel. 07192 | 4251, E-Mail: elisabethbauer@freenet.de
248 1994 Taubertal e.V.
Peter Haberkorn, Rebenweg 16, 97922 Lauda
Tel. 03943 | 58869, E-Mail: gelsenman04@aol.com

FAN-CLUBS

249 Weserberglandknappen
Willi Claus, Twierweg 33a, 37671 Höxter
Tel. 05531 | 700299, E-Mail: weserberglandknappen.stahle@web.de

250 Blau-Weiß Wennetal e.V.
Hans Albers, Menkhausen 2, 57392 Schmallenberg
Tel. 0171 | 8389740

251 Werther Knappen
Konrad Hübers, Zur Mühle 6a, 46419 Isselburg
Tel. 02873 | 346, E-Mail: konrad@hübers-werth.de

252 Rentweinsdorf
Kurt Schorn, Eichelberger Weg 2, 96184 Rentweinsdorf
Tel. 09535 | 980141

253 Die blauen Geb's
Ingeborg Geberbauer, Kiemche 11, 57462 Olpe
Tel. 02761 | 1682, E-Mail: geberbauer@t-online.de

254 Ruhrpott-Erle
Frank Maaß, Frankampstr. 51b, 45891 Gelsenkirchen
Tel. 0209 | 766557, E-Mail:fmaass@gelsennet.de

255 Königsblaue Knappen Trais Horloff
Peter Schindler, Bellersheimer Straße 74, 35410 Hungen
Tel. 06402 | 504612

258 Templiner Knappen
Michael Steffler, Alsenhof 13, 17268 Hammelspring
Tel. 03987 | 52597, E-Mail: steffko04@freenet.de

259 Südpfalz
Gaststätte „Zur Einigkeit", Schulstraße 4, 67365 Schnengenheim
Tel. -

260 Auf Schalke Emsdetten
Matthias Dauwe, Isendorf 15, 48282 Emsdetten
Tel. 0152 | 0368994, E-Mail: info@auf-schalke-emsdetten.de

262 Volkmarsen e.V.
Martina Wetzler, Rabenspiegel 18, 34471 Volkmarsen
Tel. 05693 | 5323, E-Mail: m.wetzler@datevnet.de

263 Walldürn
Horst Böhrer, Fritz-Sebastian-Straße 1, 74731 Walldürn
Tel. 06282 | 6645, E-Mail: titan04@web.de

264 Freiheit Freienohl
Dorfkrug, Breiter Weg 5, 59872 Meschede
Tel. 02903 | 852550

265 Schalker Löwen e.V.
Klaus Petri, Auf dem Hainchen 8a, 57223 Kreuztal
Tel. 0160 | 9891506, E-Mail: K.Petri@dm-stahl.de

267 Biebesheim
Adolf Wedel, Rheinstraße 59, 64584 Biebesheim
Tel. 06258 | 7701, E-Mail: wedel.adolf@gmx.de

268 Blaubären-Fölsen 1995
Michael Thom, Schulweg 3, 34439 Fölsen
Tel. 05644 | 8001, E-Mail: Mthom.foelsen@web.de

269 Königsblaue Domspatzen Magdeburg e.V.
Holger Constabel, Am Rieschfeld 36a, 39167 Hohendodeleben
Tel. 039204 | 64307, E-Mail: holgi04@tiscali.de

270 Blau-Weiße Camper
Otto Philipp, Westring 253, 44629 Herne
Tel. 02329 | 26762

271 Mosel-Power Trier
Dirk Brox, Hawstraße 10, 54290 Trier
Tel. 0651 | 308635, E-Mail: dirk.brox@freenet.de

273 Königsblaue Bergstraße 1996
Frank Bender, Hohenweg 14, 64625 Bensheim
Tel. 06251 | 39046, E-Mail: bender-bensheim@t-online.de

274 Blue White Scharkys
Uwe Knofe, Waldstraße 55, 99330 Gräfenroda
Tel. 036205 | 91758

275 Nörder Kreisel
Gaststätte „Zur Lindenwirtin", Hohenwepeler Straße 1,
34414 Warburg, Tel. 05642 | 8314

276 Nordbaden
Markus Kiwitt, Kirschenstr. 5, 69469 Weinheim
Tel. 06206 | 51039, E-Mail: Fanclubnordbaden@aol.com

277 Mindeltal
Reinhard Bölker, Katzenhirn 15a, 87719 Mindelheim
Tel. 08261 | 763955

278 Wäller Blau-Weiß
Michael Franz, Hubertusstraße 6, 56477 Rennerod
Tel. 02664 | 999430, E-Mail: blau-weiß@rz-online.de

279 The Blue Gunners
Bernd Moosmann, Schlehenplatz 12, 52531 Übach
Tel. 02404 | 22781, E-Mail: thebluegunners@aol.com

280 Obersfeld 93
Günther Schaub, Raiffeisenstraße 1, 97776 Obersfeld
Tel. 09350 | 794

282 Blue Rebels Ahlen
Uwe Mischke, Geibelstraße 7, 59227 Ahlen
Tel. 02383 | 7040213, E-Mail: bluerebells@aol.com

283 Royal-Blue
Heinz Gockel, Wittenbergring 44, 49808 Lingen
Tel. 05907 | 1680

284 Blue Zombies Wehbach e.V.
Detlev Schneider, Koblenz-Oper-Str. 31, 57548 Kirchen
Tel. 02741 | 935939

286 Schalker Knappen Bauland
Manfred Garrandt, Sonnhalde 19, 74740 Adelsheim
Tel. 06291 | 7988, E-Mail: cmgarrandt@aol.com

287 Asbeck auf Schalke
Ewald Damer, Lindenweg 31, 48739 Legden
Tel. 02566 | 4591, E-Mail: e.damer@waesta.com

288 Blue White Ghosts Eschweiler
Gerd Schüller Südstraße 27, 52249 Eschweiler
Tel. 02403 | 800076, E-Mail: Ulrike.Pfennigs@gmx.de

289 Schalkeholics Gelsenkirchen-Buer | Rheinland
Günther Magera, Am Merghof 4a, 50997 Köln
Tel. 02232 | 962113, E-Mail: schalkeholics@web.de

290 Schalker Freunde Bad Driburg
Peter Kölling, Elmarstraße 11, 33014 Bad Driburg
Tel. 05253 | 4664, E-Mail: birgitkoelling@aol.com

291 Grube Leopold
Ralf Werner, Rudolf-Breitscheid-Straße 32, 06388 Edderitz
Tel. 034976 | 32379, E-Mail: S04lppel@web.de

292 United Gelsenkirchen 2000
Bianca Heumann, Magdeburgerstr. 51, 45891 Gelsenkirchen
Tel. 0209 | 3192607, E-Mail: vorstand@u-ge-2000.de

293 Blau-Weiße Teutonen 97
André Samson, Ackerstraße 8, 49525 Lengerich
Tel. 05481 | 98037

294 Glück Auf Kierdorf
Dr. Herbert Tegenthoff, Kocherbachweg 7, 50374 Erftstadt
Tel. -

295 Schalker Freunde Nordsaar 1997
Klaudia Warken, Dörsdorfer Straße 31, 66636 Scheuern
Tel. 06898 | 102527, E-Mail: klaudias.worken@saarsohl.de

296 Schalker Freunde Norddeutschland
Michael Drost, Postfach 106121, 28329 Bremen
Tel. 0173 | 9369678, E-Mail: michael.drost@nwn.de

298 Erler Freunde 97
André Strohbach, Darler Heide 49, 45891 Gelsenkirchen
Tel. 0209 | 788527, E-Mail: strobbel@aol.com

300 Königsblau Hopsten
Claudia Remke, Fliederstr. 9, 48496 Hopsten
Tel. 05458 | 1074, E-Mail: Remke@cadiss.de

301 Qua De Wick Wack Menzelen e.V.
Helmut Evers, H.-Lensing-Str. 64, 46509 Xanten
Tel. 02801 | 486, E-Mail: H.Evers@t-online.de

302 Thüringen Power
Uwe Kölsche, Joh.-Seb.-Bach-Straße 45, 98529 Suhl
Tel. 03681 | 300968, E-Mail: uwe_koelsche@t-online.de

303 Schalker Freudentaumel Wanne-Eickel
Heinz Darmas, Dorstener Straße 512a, 44653 Herne
Tel. 02325 | 795629, E-Mail: baluu4@gmx.de

304 Eifelknappen
Gerd Strellen, Mühlenstraße 14 b, 54636 Trimport
Tel. 0651 | 2090921, E-Mail: gerd.strellen@heister-gruppe.de
306 Schalker Freunde Bönen
Horst Thurow, Bahnhofstr. 151, 59199 Bönen
Tel. 02383 | 50539
307 Blau-Weiße Fans Capelle
Mario Lohmann, Karperberg 23, 59394 Nordkirchen
Tel. 02596 | 972333, E-Mail: uli@schwaetz.de
308 Enser Knappen
Guido Marx, Stutenkamp 6, 59469 Ense-Bremen
Tel. 02938 | 808982, E-Mail: guidomarx@freenet.de
309 Harte Hunde 97
Bernd Brückner, Frühlingstraße 1, 63768 Hösbach
Tel. 06021 | 55973
310 Blue White Dragons Hattingen
Mike Kern, Essener Straße 87, 45529 Hattingen
Tel. 02324 | 945012
311 Eurofighter 97 Altenberge-Buer
Marcus Gilles, Buchallee 48a, 48341 Altenberge
Tel. 02505 | 991150, E-Mail: marcus1904@gmx.de
312 1. Schalke 04 Internet-Fan-Club
Detlev Rentmeister, Detmolder Straße 513, 33605 Bielefeld
Tel. 0521 | 2081330, E-Mail: d.rentm@bitel.net
314 Diersfordt
Christian Lippka, Hansaring 19a, 46483 Wesel
Tel. 0281 | 26886
315 Königsblau-Plauen
Mario Kammler, Am Milmesgrund 46, 08527 Plauen
Tel. 03741 | 225789, E-Mail: kammy@koenigsblau-plauen.de
317 Schwälmer Knappen
Frank Meckbach, Zum Tor 4a, 34621 Obergrenzbach
Tel. 06691 | 71178, E-Mail: meckis04@vr-web.de
318 Schalker Freunde Kruft
Jürgen Schmitz, Hohlstraße 24, 56642 Kruft
Tel. 02652 | 7604, E-Mail: schmitzjschmitz@aol.com
319 Königsblaues Chemnitz e.V.
Uwe Otto, Am Schulberg 14, 09337 Hohenstein
Tel. 03723 | 415181, E-Mail: olaf-annett@t-online.de
320 Marler Knappen
Günther Haupt, Lipper Weg 12 c, 45770 Marl
Tel. 02365 | 48541, E-Mail: guenther.haupt@t-online.de
321 Die Blau-Weißen Kutscher
Michael Kwasniewski, Schleusenstraße 2, 45661 Recklinghausen
Tel. 02361 | 67546
323 Schalke Tigers Lüdenscheid
Ulrich Hadert, Südstraße 14, 58509 Lüdenscheid
Tel. 02351 | 27591, E-Mail: schalketigers@aol.com
324 Märkische Adler
Tilo Herrmann, Karl-Liebknecht-Straße 18, 14789 Wusterwitz
Tel. 033839 | 71601
325 Mulvany Marl
Ralf Fritzsche, Zollvereinstr. 25, 45772 Marl
Tel. 02365 | 26123, E-Mail: Ralf04@web.de
326 Nordkirchener Knappen
Jörg Kretschmer, Bolland 51, 59394 Nordkirchen
Tel. 0160 | 9674567, E-Mail: markus.hasse@nordkirchener-knappen.de
327 Carnap
Christian Rupnik, Mannesstraße 12, 45329 Essen
Tel. 0201 | 381187, E-Mail: christianrupnik@web.de
328 Schalker Freunde Wanne-Eickel
Holger Hochbein, Dorstener Str. 137d, 44625 Herne
Tel. 02325 | 466875, E-Mail: rgausw@web.de
330 Die Knappen vom Bodensee
Frank Singler, Johnstr. 21, 88605 Meßkirch
Tel. 0172 | 7789520, E-Mail: frank.singler@gmx.net
331 Eurofighter Schlicherum | Rosellen
Heinz-Willi Esser, Am Vogelbusch 4, 41470 Neuss
Tel. 02137 | 928667, E-Mail: Ho-ma@arcor.de

332 Blau-Weiße Nacht Hörstmar
Andreas Tonn, Mühlenweg 2a, 32657 Lemgo
Tel. –
333 Pott 97 Herne
Martin Gödde, Markgrafenstraße 3, 44623 Herne
Tel. 02323 | 54318, E-Mail: mgoedde@t-online.de
334 Die Kneipe Velen & Co.
Anni Gehrke, Pastorskamp 4, 46342 Velen
Tel. 02863 | 3129, E-Mail: anni-gehrke@web.de
335 Euro-Express
Susanne Przybylski, Erlenkamp 12, 45886 Gelsenkirchen
Tel. 0209 | 9385777
336 Porz
Sarah Meier, Neue Heide 1, 51147 Köln
Tel. 02203 | 958728, E-Mail: info@blau-weisse-pommes-porz.de
337 Gladbecker Knappen
Hansi Switon, Horster Straße 302, 45968 Gladbeck
Tel. 02043 | 789977, E-Mail: hans.switon@freenet.de
338 Schalker Spätzle Heilbronn 1997
Alexandra Trick, Hohenstaufenstraße 1, 74074 Heilbronn
Tel. 07131 | 591819, E-Mail: spaetzlehn@aol.com
339 Schalker Freunde Cochem | Mosel
Rudi Newel, Avallonstraße 2, 56812 Cochem
Tel. 02671 | 916276
340 Schalker Freunde Menden 2000
Frank Pape, Moeringen 2, 59757 Arnsberg
Tel. 02379 | 598310, E-Mail: info@sfm2000.de
341 Die Kanalratten
Michael Sobotta, Weidenweg 52, 40723 Hilden
Tel. 02103 | 64120, E-Mail: michaelsobotta@aol.com
342 Fischbach-Knappen e.V.
Andreas Rüther, Zum Keilberg 8, 33039 Nichcim
Tel. 05238 | 1339
343 Die Rotthauser
Guido Schalt, Robert-Schmidt-Straße 5, 45884 Gelsenkirchen
Tel. 0209 | 137543, E-Mail: gegs@aol.com
345 Die blauen Tauben
Kurt Müller, Vattmannstraße 2-8, 45879 Gelsenkirchen
Tel. 0209 | 163429, E-Mail: kurtmueller@vamt-ge.nrw.de
346 Billerbecker Domknappen
Ludger Scheipers, Mühlenstraße 29, 48727 Billerbeck
Tel. 02543 | 8198, E-Mail: ludgerscheiper@aol.com
347 Königsblau Metelen 1997 e.V.
Georg Feldhues, Marienweg 9, 48629 Metelen
Tel. 02556 | 1559, E-Mail: info@koenigsblau-metelen.de
350 Königsblaue Schermbecker e.V.
Dirk Lohmann, Kerkenfeld 3, 46514 Schermbeck
Tel. 02853 | 957099, E-Mail: post@koenigsblaue-schermbecker.de
351 Blaue Biber Bevergern
Albert Mersch, Rodder Straße 10, 48477 Hörstel
Tel. 0175 | 1620248, E-Mail: albert.mersch@t-online.de
352 Schalker Falken Joch
Wilfried Hofmann, Kahlgrundstraße 12, 63678 Hösbach
Tel. 06021 | 540838, E-Mail: oberfranken.willi@t-online.de
353 Friesengeister
Ralf Joachimsmeier, Kurt-Schumacher-Ring 35, 25541 Brunsbüttel
Tel. 04852 | 51217, E-Mail: ralf@friesengeister.de
354 San Siro 97
Jörg Drees, Steinmetzstraße 11, 45897 Gelsenkirchen
Tel. 0209 | 5908790, E-Mail: jwd@gmx.de
355 Blau-Weiße Schützen Wertherbruch
Dirk Naves, Im Bruch 19, 46499 Hamminkeln
Tel. 02873 | 797, E-Mail: dirk.naves@t-online.de
356 Hohendodeleber Börde-Haie
Dirk Dallmann, Am Rischfeld 18a, 39167 Hohendodeleben
Tel. 039204 | 61046
357 Schalker Goldgräbercamp e.V.
Carsten Schmitt, Jahnstraße 4, 66271 Bliesransbach
Tel. 06805 | 22867, E-Mail: camilos04@aol.com

FAN-CLUBS

358 Blue Highlander
Peter Neumann, Am Sonnenhügel 3, 59939 Olsberg
Tel. 02962 | 86440, E-Mail: peter.nicola@web.de
359 Königsblau Brunskappel
Klaus Seimetz, Am Wickenfeld 26, 59939 Olsberg
Tel. 02983 | 1747
360 Königsblau Lohne
Frank Brinkmann, Rienshof 7, 49439 Mühlen
Tel. 05492 | 557979, E-Mail: F. Brinkmann@brinkmann-formbau.de
361 Geseke 2000
Josef Friese, Alter Steinweg 20, 59590 Geseke
Tel. 02942 | 978298
362 Tausend Feuer
Franz Zboinski, Spindelstraße 19, 45896 Gelsenkirchen
Tel. 0172 | 2810739, E-Mail: fdzboinski@aol.com
363 Steht Auf
Lothar Zihm, Rekumerstraße 25a, 45721 Haltern
Tel. 02364 | 15388, E-Mail: lollo21@web.de
364 Schwarzwald-Elche
Clemens Fischer, Wolftalstr. 2 | 1, 77776 Bad Rippoldsau
Tel. 07440 | 216
365 Blau-Weiße Haie Wendenborstel
Matthias Fischer, Hartmannsdorfer Weg 1, 31634 Wendenborstel
Tel. 05026 | 8869, E-Mail: fischer-@gmx.de
367 Schalke-Freunde Hennesee e.V.
Heinz Zacharias, Mescheder Straße 24, 59889 Reiste
Tel. 02973 | 3373, E-Mail: dirkzacharias@gmx.de
368 Ammerbuch
Peter Weißer, Hohenzollernring 39, 72119 Ammerbuch
Tel. 07032 | 73136, E-Mail: Pwei04@web.de
369 Uentrop
Heike Franzen, Martinstraße 2a, 59067 Hamm
Tel. 02381 | 400195, E-Mail: Michael.Franzen@hammcom.biz
370 Die (B)Laumänner
Michael Echterdiek, Grüner Sand 7, 32107 Bad Salzuflen
Tel. 05222 | 81677, E-Mail: echterdiekm@t-online.de
371 Königsblau Oberaden 2000
Detlev Thom, Oberadener Heide 17a, 59192 Bergkamen
Tel. 02306 | 983716, E-Mail: s04thom@aol.com
372 Schalker Freunde Limburg e.V.
Karin Höfer, Schulstraße 9, 65552 Limburg
Tel. 06431 | 71414, E-Mail: karinhoefer@aol.com
373 Opa's Erben Erwitte
Wilfried Blanke, Soester Straße 27a, 59597 Erwitte
Tel. 02943 | 3217, E-Mail: wilfriedblanke@aol.com
376 Heidschnucken-Power
Oliver Bungenstock, Schöneberger Straße 71a, 22149 Hamburg
Tel. 040 | 46073822, E-Mail: fcs04hh@aol.com
377 Fan-Club Destille-Buer
Klaus Marohn, Schwedenstraße 31, 45896 Gelsenkirchen
Tel. 0209 | 31288, E-Mail: klausmarohn@gelsennet.com
378 Die Blau-Weißen Rhönfighter
Jens Morawietz, Große Stedte 5, 36433 Bad Salzungen
Tel. 03695 | 870917, E-Mail: mojes@aol.com
379 Die Haardliner
Rainer Wiehmann, Röttgersbank 48, 45772 Marl
Tel. 02365 | 24591
380 Kuzorras Enkel Osterath
Markus Siemes, Willicher Straße 34, 40670 Meerbusch
Tel. 02159 | 912809, E-Mail: markus.siemes@online.de
384 Bislich
Hans-Peter Faerber, Schifferstraße 61, 46487 Weselich
Tel. 02859 | 1694, E-Mail: pfaerber@trapp.de
386 Royal Fighter Triangel e.V.
Frank Remus, Wittkampsring 10, 38518 Gifhorn
Tel. 05371 | 73999, E-Mail: frank.remus@t-online.de
388 Lucky Schalker Eifel
Hans-Wilhelm Lennarts, In der Donau, 53894 Mechernich
Tel. 02443 | 572, E-Mail: erichweisgerber@aol.com

389 Oste-Knappen
Bernd Demmer, Eichenweg 10, 27446 Selsingen
Tel. 04284 | 8527, E-Mail: Demmerbernd@aol.com
390 Driland Knappen
Horst Culmann, Vereinsstraße 246, 48599 Gronau
Tel. 02562 | 712691, E-Mail: drilandknappenb@hotmail.com
391 Brandenburger Fan-Club Charly Neumann
Jens Hildebrandt, Harlunger Straße 7, 14770 Brandenburg
Tel. 03381 | 3159258, E-Mail: schalkejensen@web.de
392 Schalker Freunde Bentfeld
Klaus Müller, Bentfelder Straße 41, 33129 Delbrück
Tel. 05250 | 52995
394 Thomasberg-Siebengebirge
Jürgen Otto, Siebengebirgsstraße 69, 53639 Königswinter
Tel. 02244 | 870255, E-Mail: s04.fanclub.thomasberg@t-online.de
396 Görgeshausen
Ralf Dörr, Zu den Linden 4, 56412 Görgeshausen
Tel. 06485 | 4320, E-Mail: schalke1@t-online.de
397 Königsblau Keldenich
Edith Esser, Dürerstraße 79, 50389 Wesseling
Tel. 02236 | 42334, E-Mail: schalkeedith@web.de
398 Weberstadtknappen Goch
Gaststätte Jägerhof, Asperdener Straße 131, 47574 Goch
Tel. 02823 | 3704, E-Mail: Nicolevb@web.de
399 Frillendorfer Freunde
Haus St. Martin, z.Hd. Marco Langer, Vorrathstraße 18, 45139 Essen
Tel. 0201 | 2470623, E-Mail: Frillendorferfreunde@firemail.de
400 Schalker Frösche Heidenberg
Heinz Schmöckel, Heinrich-Schütz-Straße 12, 57080 Siegen
Tel. 0271 | 315583, E-Mail: schalker-froesche@online.de
401 Blauer Beton Effeln
Thorsten Bachmura, Weststraße 15, 59602 Rüthen
Tel. 0170 | 4824458, E-Mail: bache04@t-online.de
404 Blau-Weiße Hammer Hamm Norden 1992 e.V.
Ralf Kleps, Goldmersch 44, 59065 Hamm
Tel. 02381 | 64827, E-Mail: Guido.B.S04@t-online.de
405 Schalke-Fans Rösenbeck
Thomas Becker, Laurentiusstr. 22, 59929 Brilon
Tel. 02963 | 2374, E-Mail: becker-roesenbeck@t-online.de
406 Ramsdorfer Kreisel e.V.
Ortwin Selting, Borkener Straße 29a, 46342 Ramsdorf
Tel. 02863 | 926214, E-Mail: webmaster@ramsdorfer-kreisel.de
407 Völlig Blau Altenessen
Markus Schäfer, Wüllnerskamp 53, 45329 Essen
Tel. 0201 | 8372536, E-Mail: sanemark@ngi.de
408 Flatliners Harmuthsachsen
Werner Schurbert, Im Rimbach 3, 37284 Hartmuthsachsen
Tel. 05656 | 4224, E-Mail: flatliners.hartmuthsachsen@freenet.de
409 Attacke S04 Sterkrade
Andrea Zeller, Forsthofstraße 1, 46149 Oberhausen
Tel. 0208 | 645220, E-Mail: die-zellers@gmx.de
410 Blau-Weiße Flankengötter
Stefan Klein, Tecklenburgstr. 12, 45892 Gelsenkirchen
Tel. 0209 | 9776695, E-Mail: bueffel@flankengoetter.de
411 Senden
Sebastian Thome, Siebenstücken 26, 48308 Senden
Tel. 02597 | 8057, E-Mail: sebastianthome@aol.com
412 Bergische Knappen Remscheid
Michael Steinhaus, Voßholter Straße 7, 42899 Remscheid
Tel. 02191 | 53991, E-Mail: mikele.fcschalke04@web.de
414 Blau-Weiß Bossel
Wolfgang Nasenberg, Wuppertaler Straße 188, 45549 Sprockhövel
Tel. 0171 | 2830525, E-Mail: w.nasenberg@cityweb.de
415 Steh Auf Lahnstein
Stephan Bröder, Südallee 25, 56112 Lahnstein
Tel. 02621 | 50169, E-Mail: stephan.broeder@t-online.de
416 Werrataler Kampfschweine
Bianka Wagner, A.-Puschkinstraße 56, 98590 Wernshausen
Tel. 063848 | 20483, E-Mail: bianwg@aol.com

417 Stadtallendorf
Stephan Runge, Beethovenstraße 23, 35260 Stadtallendorf
Tel. 06425 | 448816, E-Mail: rungestephan@web.de
418 Blau-Weiße Teufel
Susanne Rojek, Boystr. 45, 45899 Gelsenkirchen
Tel. 0209 | 8002628, E-Mail: susi@blau-weisse-teufel.de
420 Blau-Weiße Supporters Großrinderfeld
Emil Weimert, Hundsberg 12, 97950 Großrinderfeld
Tel. 09349 | 1207, E-Mail: ebbesand13@hotmail.com
421 Großseelheim
Kai-Heinrich Herbener, Marburger Ring 19, 35274 Großseelheim
Tel. 0174 | 6755151, E-Mail: kai1904@t-online.de
422 Eurofighter Ense-Bremen
Martin Rickert, Lambertusring 27, 59469 Ense
Tel. 02938 | 4365
423 Mellrich
Ulrich Zadach, Lindenweg 21, 59609 Anröchte
Tel. 0179 | 5257843, E-Mail: ulrich.zadach@t-online.de
424 Blau-Weiße Naabtalknappen
Stefan Milewski, Ringstraße 59, 92536 Pfreimd
Tel. 09606 | 923261, E-Mail: stefan.milewski@naabtalknappen.de
425 Neuglabonz
Horst Brosche, Johannesberger Straße 1, 87600 Kaufbeuren
Tel. 08341 | 965202
426 Glückauf Wessum
Michael Scheffner, Prozessionsweg 28, 48683 Ahaus
Tel. 02561 | 979727, E-Mail: michael.scheffner@ag-ahaus.nrw.de
427 Tausend Feuer OWL
Angelika Oetterer, Breslauer Straße 11, 33175 Bad Lippspringe
Tel. 05252 | 51194
428 Bavarian Forest 92
Andreas Hartmann, Schachtlau 39, 94089 Neureichenau
Tel. 08583 | 2776, E-Mail: hv-hartmann@t-online.de
429 Mini-Fan-Club Holsterhausen | Wanne-Eickel
Gerhard Strick, Corneliusstraße 21, 44653 Herne
Tel. 02325 | 42740, E-Mail: anni71@arcor.de
430 Schalker Freunde Harz
Thomas Deckert, Veckenstedter Weg 5b, 38871 Ilsenburg
Tel. 039452 | 8000, E-Mail: schalkerfreunde@aol.com
431 Königsblaue Jungs Steinfurt e.V.
Uwe Wahlbrink, Vorsundern 34, 48565 Steinfurt
Tel. 02551 | 2866, E-Mail: uwaonline@web.de
432 Vogelsberg
Klaus Borkiwskyj, Nieder-Breidenbacher-Straße 12a, 36329 Romrod
Tel. 06636 | 1495
436 Schalke-Freunde Augsburg
Reiner Leichsenring, Waterloostraße 25, 86165 Augsburg
Tel. 0821 | 2723899
437 Eisdorfer Knappen
Volker Nowak, Wansleber Weg 12, 06179 Teutschenthal
Tel. 0171 | 8940050, E-Mail: nowi04@lycos.de
438 Königsborner Knappen
Hans Stock, Lortzingstraße 69, 59423 Unna
Tel. 02303 | 13869, E-Mail: horst.kunz@shell.com
439 Märkische Attacke 98
Carsten Weinreich, Kettinstraße 2, 16866 Kyritz
Tel. 0162 | 6930273, E-Mail: k.weinreich@web.de
440 Bramscher Blue Devils
Frank Marx, Einsteinstraße 12, 49781 Lingen
Tel. 05906 | 960502, E-Mail: frank-marx@t-online.de
441 Schalker Eck Flomborn
Oliver Stabel, Rathausstr. 2, 55234 Hangen-Weisheim
Tel. 06735 | 960566
442 Königsblau Berlin
Udo Frey, Kaiserin-Augusta-Allee 2, 10553 Berlin
Tel. 030 | 3453185, E-Mail: frey.udo@web.de
444 Blau-Weiße Hammer e.V.
Ralf Koch, Oberholsenerstraße 23, 59075 Hamm
Tel. 02381 | 960721, E-Mail: ralf.koch@freenet.de

445 Schalker Füchse Wadersloh
Denny Menzel, Von-Langen-Str. 13, 59329 Wadersloh
Tel. 02523 | 959451, E-Mail: Fstriethorst@aol.com
446 Suttrop e.V.
Uwe Kersting, Berkendahlweg 3, 59581 Warstein
Tel. 02902 | 3682, E-Mail: Kerstingu@t-online.de
447 Ingo-Anderbrügge-Fan-Club S04
Joachim Olenik, Hackethalstr. 57, 30851 Langenhagen
Tel. 0511 | 634041, E-Mail: olenik-gmbh@arcor.de
448 Schalkefreunde Overhagen
Thorsten Kiel, Auf dem Stiege 14a, 59556 Lippstadt
Tel. 02941 | 22685
449 Schalker Spreeknappen
Steffen Gänger, Lauenburger Straße 116, 12169 Berlin
Tel. 030 | 7953905, E-Mail: S04gaenger@web.de
451 Königsblaue Eurofighter Herbern
Martin Annegarn, Lindenstraße 13, 59387 Ascheberg
Tel. 02599 | 9299030, E-Mail: koeblef@gmx.de
452 Bergstadtknappen Rüthen
Alfons Altstädt, Auf dem Kamp 8, 59602 Rüthen
Tel. 02522 | 2234, E-Mail: alfons.altstaedt@freenet.de
453 Krähen-Power Westerwald
Werner Steffens, Waldstraße 24, 57520 Molzhain
Tel. 02747 | 2826, E-Mail: Wsteffens@web.de
454 Der Mythos lebt
Stefan Marohn, Wüllersweg 31, 45768 Marl
Tel. 02365 | 974698, E-Mail: Stefan.marohn@der-mythos-lebt.de
455 Lübecker Knappen
Franz-Josef Thiemann, Marlisstraße 61, 23566 Lübeck
Tel. 0451 | 625395
456 Königsblaue Knappen Mansfelder Land
Ralf Neumann, Weinbergsiel 3, 06333 Hettstedt
Tel. 0347 | 6811045
457 Auf Schalke Nordenham
Klaus Gehring, Margot-König-Straße 13, 26954 Nordenham
Tel. 04731 | 38846, E-Mail: auf.schalke.nordenham@ewetel.net
458 Immertreu Haverkamp
Christian Vieth, Grünstraße 28, 45889 Gelsenkirchen
Tel. 0209 | 879980, E-Mail: christian1904@gelsennet.de
459 Königsblau Gerlingen 98
Frank Benkel, Hallerbergstraße 11, 57482 Wenden
Tel. 02762 | 929427, E-Mail: fb1904ge@aol.com
460 Olle Fritzen
Uwe Beberstedt, Leesler Straße 6, 14542 Werder Ot Töplitz
Tel. 033202 | 60543, E-Mail: ollefritzen@gmx.net
462 Schalker Kreisel Rhein-Nahe
Harald Loose, Lärchenweg 12, 55566 Meddersheim
Tel. –
463 Planeta Coeruleus 98
Ulrich Sudhues, Droste-Hülshoff-Straße 22, 59394 Nordkirchen
Tel. 02596 | 972397, E-Mail: sudhues@aol.com
464 Glockenstadtknappen Gescher
Klaus-Dieter Hoschke, Esterner Grenzweg 16, 48712 Gescher
Tel. 0175 | 8010481
466 Merseburg Blue Ravens
Sven Gaebel, Max-Planck-Weg 14, 06217 Merseburg
Tel. 0171 | 2181904, E-Mail: sg@schalke04-fanclub.de
468 Volles Pfund Königsblau
Jörg Skok, Mechtenbergstraße 156, 45884 Gelsenkirchen
Tel. 0178 | 4447710, E-Mail: volles.pfund.koenigsblau@web.de
469 Die Arena-Knappen 88 | 29
Udo Kornetzki, Knappenweg 33, 44579 Castrop-Rauxel
Tel. 02305 | 86187, E-Mail: arena-knappen@t-online.de
470 Blue Devils Roetgen 2000
Sabine Köntgen, Brandstraße 62, 52159 Roetgen
Tel. 02471 | 1821, E-Mail: sabine.koentgenl@gemeinderoetgen.de
471 Königsblau St. Goarshausen
Petra Pfeiffer, Wellmicherstraße 90, 56346 St. Goarshausen
Tel. 06771 | 7065, E-Mail: pfeifferpetra@freenet.de

FAN-CLUBS

472 Harzfeuer
Rainer Schulz, Friedenstraße 6, 38828 Wegeleben
Tel. 039423|6057, E-Mail: rszicke04@aol.com

475 Attacke 2000
Ronald Tamme, Straße der Einheit 6, 01917 Kamenz
Tel. 03578|300508

476 Kuzorras Enkel Gelsenkirchen
Ralph Barthlomayczyk, Osterfeldstraße 47, 45886 Gelsenkirchen
Tel. 0209|9442698, E-Mail: ralph.batto@freenet.de

477 Coburg
Jürgen Feldmann, Sonnenleite 3, 96482 Ahorn-Eicher
Tel. 0175|5651904, E-Mail: juergen.feldmann@schenker.com

478 Wir auf Schalke Beckum
Bernd Wöstendiek, Pannenberg 30, 59269 Beckum
Tel. 02521|821431, E-Mail: bernd@woestendiek.com

479 Schalker Knoase Wetten
Jürgen Kröll, Seegerheide 7, 47625 Kevelaer
Tel. 0173|2545717, E-Mail: Juergen.kroell1@gmx.de

481 Dormagener Knappen
Barbara Wilczak, Kurfürstenstraße 38, 41541 Dormagen
Tel. 02133|530306, E-Mail: barbara.wilczak@web.de

482 Königsblaue Goethestädter 01
Thorsten Laue, Bahnstraße 4, 99423 Weimar
Tel. 0171|8602992, E-Mail: power04GE@aol.com

483 Deutsches Eck Koblenz
Rolf Berger, Gartenstraße 30, 56237 Nauort
Tel. 02601|3521, E-Mail: rolf.berger@dickob.de

484 Ruhrknappen Bottrop e.V.
Frank Böhm, Brauerstraße 73, 46236 Bottrop
Tel. 02041|264798, E-Mail: tschaboo@gelsennet.de

485 Blau-Weiß Nehden e.V.
Ferdinand Senge, Zur Kapelle 18, 59929 Brilon
Tel. 02964|641, E-Mail: s04fansnehden@aol.com

486 Blau-Weiß Lonetal
Roland Mader, Obere Wiesen 15, 89198 Westerstetten
Tel. 07348|7685, E-Mail: maderrupp@aol.com

487 Königsblauer Fußballpower
Jens Kemner, Minden-Weseler-Weg 115, 32130 Enger
Tel. 05224|1452, E-Mail: tiemann.uwe@t-online.de

488 Medebach
Sandra Rehm, Weddelstraße 23, 59964 Medebach
Tel. 02982|908797, E-Mail: clement-medebach@t-online.de

489 Kerrlocher Knappen
Erwin Wittemeier, Lagerstraße 25, 68753 Waghäusel
Tel. 0172|8929681, E-Mail: erwin.wittemeier@arbeitsamt.de

490 Zum Blauen See Westheim
Gaststätte Zum Blauen See, An der Mühle 11, 34431 Marsberg
Tel. 02994|309, E-Mail: Jolaga9@aol.com

491 Königsblaue Thüler
Jürgen Werner, Thüler Straße 76, 33154 Salzkotten
Tel. 05258|931656

493 Schalker Knappen Salzgitter
Helmut Mrozek, Rückertstraße 5, 38259 Salzgitter
Tel. 05341|37472, E-Mail: praesi1904@t-online.de

495 Tausend Feuer Kassel 1997
German Jaeschke, Lübecker Straße 16c, 34225 Baunatal
Tel. 05601|894774, E-Mail: german.jaeschke@t-online.de

497 Schalke-Fan-Club Moers
Udo Schwenke, Dorfstraße 4, 47447 Moers
Tel. 02841|55635, E-Mail: klus04@aol.com

498 Blue Oilers Emlichheim
Heinrich Friese, Mühlenstraße 20, 49824 Emlichheim
Tel. 05943|659, E-Mail: kontakt@blueoilers.de

499 Arena Boys Bocholt
Maik Stockermann, Rheinstraße 50, 46395 Bocholt
Tel. 02871|15975, E-Mail: stocki04@aol.com

500 Rockis Knappen
Ralf Ickert, Akazienallee 19, 40625 Düsseldorf
Tel. 0211|287813, E-Mail: Ralf.lckertq@t-online.de

501 Königsblau Eitratal
Edith Händler, Ederstraße 4, 36088 Hünfeld
Tel. 06652|8890, E-Mail: kbeitratal@gmx.de

502 Isar-Schalker München
Ralph Teufert, Schloßstraße 10, 85567 Grafing
Tel. 08092|5350, E-Mail: vk04106@wuerth.com

503 Föhrer Knappen e. V.
Ingke Carstensen, Haus Nr. 63, 25938 Oldsum auf Föhr
Tel. 04683|509, E-Mail: carstensen_s04@t-online.de

504 Schalker Freunde Geinsheim
Nicole Badstieber, Froschgasse 5a, 65428 Rüsselsheim
Tel. 06142|937309, E-Mail: Badstieberhess@aol.com

505 Almebuben Brenken
Harald Grewe, Adolph-Kolping-Straße 6, 33129 Delbrück
Tel. 05250|54554, E-Mail: Harry@Harry04.de

506 Blau-Weiße Adler 04
Acim Wülfrath, Kölner Str. 20, 58566 Kierspe
Tel. 0174|9584993, E-Mail: MattiasAdler04@aol.com

507 Dörenther Knappen
Simone Schulte, Lotsenweg 4, 49479 Ibbenbüren
Tel. 05455|960775, E-Mail: info@schalke04.tk

508 Auf Schalke Obermetten
Achim Frehmeyer, Langenbrückerstr. 41, 49492 Westerkappeln
Tel. 0163|8580830, E-Mail: frehmeyer@debitel.net

509 Königsborner-Freundeskreis
Frank Zinsenhofer, Friedrich-Ebert-Straße 82a, 59425 Unna
Tel. 02303|690493, E-Mail: koenigsborner.freundeskreis@web.de

510 Blau Weiße VEBA Jungs
Ralf Zaffke, Am Heimannshof 55, 45968 Gladbeck
Tel. 02043|33485, E-Mail: zafiiiii@aol.com

511 Aabach-Knappen 2001 e.V.
Michael Rasche, Zum Großen Wasser 2, 33014 Bad Driburg
Tel. 05253|940838, E-Mail: raschefamily@teleos-web.de

514 Fränkischer „Pott"
Claus Knoll, Paradiesstr. 31, 97855 Homburg
Tel. 09395|8589

515 Königsblaue Gurken-Lübbener Attacke
Marco Stein, Schillerstraße 22, 15907 Lübben
Tel. -, E-Mail: stein.marco@gmx.de

516 Schalker Knappen Bergmannsglück
Dieter Denneborg, Gräffstraße 11, 45894 Gelsenkirchen
Tel. 0209|399317, E-Mail: denne04@hotmail.de

519 Altstätte-Graes
Michael Bessler, Gerwinghook 13, 48683 Ahaus
Tel. 02567|39055

521 Voßwinkel
Wolfgang Jochheim, Am Stakelberg 25a, 59757 Arnsberg
Tel. 02932|23611, E-Mail: hschenzer@web.de

522 Blue-White-Energie-Gelsenkirchen
Peter Englisch, Buerelterstraße 129, 45896 Gelsenkirchen
Tel. 0209|3191600, E-Mail: p.englisch1@arcor.de

523 Die Blau-Weißen Märtyrer
Carsten Heers, Dorfstraße 10, 29393 Groß Oesingen
Tel. 05838|261, E-Mail: carsten.heers@t-online.de

524 Blau-Weiß Socken Wellen
Reiner Warnke, Mühlenweg 3, 39167 Wellen
Tel. 039206|50969

525 Ost-Flanke Neubrandenburg
Edgar Raguß, Neustrelitzerstraße 101|504, 17033 Neubrandenburg
Tel. 0395|7792720, E-Mail: s04-nber@t-online.de

527 Schalker Narren
René Jaeger, Kurhausstraße 124, 44652 Herne
Tel. 02325|940952, E-Mail: postmaster@schalker-narren.de

528 Königsblau Westline
Helmut Oberländer, Bachstelzenweg 17, 45772 Marl
Tel. 02365|295137, E-Mail: homarl@versanet.de

529 Olsen Gang
Patrick Schicha, Isarstraße 12, 35260 Stadtallendorf
Tel. 06428|441974, E-Mail: ultra22@gmx.net

531 RuhrFire Hattingen
Holger Heimes, Bochumer Straße 145, 45529 Hattingen
Tel. 02324 | 506923, E-Mail: Tequila1904@web.de
533 Unterstützer S04 Lippstadt e.V.
Oliver Fischer, Dusternweg 18, 59557 Lippstadt
Tel. 02941 | 23973, fischersknappen@web.de
534 Blau-Weiße Hölle Nordhessen
Thomas Zuschlag, Ziegelstr. 1, 34121 Kassel
Tel. 0175 | 2622563, E-Mail: Joerg-Markert@web.de
535 Schalke Freunde Damme
Michael Becker, Wacholderweg 15, 49401 Damme
Tel. 0549 | 14714, E-Mail: michael.becker4@ewetelnet.de
536 Mücheiner Knappen e.V.
Thomas Gaska, Eptinger Rain 100, 06249 Mücheln | Geiseltal
Tel. 034632 | 21451., E-Mail: ThomasGaska@web.de
537 Rhöner Knappen
Winfried Hartmann, Friedenstraße 10, 98634 Kaltensundheim
Tel. 036946 | 20044, E-Mail: winhartkasu@t-online.de
538 Rodensteiner Knappen
Marco Katzenmeier, Dormstädtersstr. 18, 64407 Fr.-Crumbach
Tel. 06164 | 1422, E-Mail: Katzenmeier@t-online.de
539 Schlitzerland
Thomas Greulich, Stadtberg 4, 36110 Schlitz
Tel. 06642 | 6161, E-Mail: thomas@greulich-schlitz.de
543 Blau Weiße Herzen Banfe
Ernst Ermert, Hinterm Holler 10, 57334 Bad Laasphe
Tel. 02752 | 7172, E-Mail: howeb@t-online.de
544 Königsblauer Kreisel Bergisch Land
André Klösters, Papenbergstraße 44, 42859 Remscheid
Tel. 02191 | 932977, E-Mail: zspawn@telebel.de
545 Q-Stall 2002
Holger Baum, Glaubzahler Straße 2, 63667 Nidda
Tel. 06043 | 1891, E-Mail: holgerbaum@gmx.de
546 Vier Täler Knappen Plettenberg
Uwe Oskowski, Schwarzenbergstr. 22, 58840 Plettenberg
Tel. 02391 | 3416, E-Mail: Oskowski@web.de
548 Blau-Weiße-Urmelies
Uwe Nebelung, Liebigstr. 9a, 86637 Wertingen
Tel. 08272 | 9683, E-Mail: uwe_nebelung@web.de
550 Blue-Power Horster BP Knappen
Sandra Pollol, Taunusstr. 52, 45968 Gladbeck
Tel. 0179 | 94540363
551 Blue-White-Shark-Attack
Daniel Schiselski, Brückenstr. 12, 01157 Dresden
Tel. -, E-Mail: info@schalkefanclub-dresden.de
552 Schalker Stammtisch Duisburg-Homberg
Dieter Kochanek, Eupenerstr. 19n, 47443 Moers
Tel. 02066 | 8749
555 Hellweg-Knappen e.V.
Thomas Birkenhauer, Vor dem Schültingertor 33, 59494 Soest
Tel. 0160 | 9775530, E-Mail: thomas@birkenhauer-soest.de
556 Taunus Strolche Hünfelden 02
Hagen Möhn, Kreuzgasse 17b, 65597 Hünfelden
Tel. 06438 | 71930, E-Mail: ela-hage.moehn@t-online.de
557 Königsblaue Netheknappen
Reimund J. Micus, Knutteberg 26, 33034 Brakel
Tel. 05272 | 1616, E-Mail: rjm.57@t-online.de
558 Blau-Weißer Stachel e.V.
Ralf Barsmann, Emsinghofstraße 13, 44357 Dortmund
Tel. 0231 | 3964834, E-Mail: info@blau-weisser-stachel.de
559 Oberberg-Süd
Dieter Börnemeyer, Blattbusch 3, 51545 Waldbröl
Tel. 02291 | 1231, E-Mail: boernemeyer@aol.com
560 Schalker Highlander Oberhausen
Robert Czernik, Baststraße 40, 46119 Oberhausen
Tel. 0208 | 606259, E-Mail: shoberhausen@web.de
562 Die Düsseldorf Internationalen
Norbert Schwarz, Sohlstättenstraße 36a, 40880 Ratingen
Tel. 0173 | 9789747, E-Mail: asv1nobby@aol.com

563 Vaya con Dios
Gerd Schmitt, Miesenheimerstraße 13, 56637 Plaidt
Tel. 02632 | 72966, E-Mail: gp_schmitt@web.de
564 Horster-Stempel Haus Buchholz
Harald Krysik, Devensstraße 2, 45899 Gelsenkirchen
Tel 0209 | 9552763, E-Mail: horsterstempel@aol.com
565 Schalker Knappen-Sutum
Holger Altenburg, Flurstr. 140, 45899 Gelsenkirchen
Tel. 0209 | 581589, E-Mail: sutumerknappen1@aol.com
567 Verler Schalke-Freunde
Bernhard Kowalski, Kaiserstr. 11, 45699 Herten
Tel. 05246 | 8617, E-Mail: Verlers04fans@aol.com
568 Blue Magic Wanne-Eickel
Helmut Kühne, Grimberger Feld 38, 44653 Herne
Tel. 02325 | 795747, E-Mail: hdkuehne@aol.com
569 Schalker (Erfrischungs)-Stäbchns
Detlef Kummetat, Surkampstraße 9, 45891 Gelsenkirchen
Tel. 0209 | 75871, E-Mail: detlef111261@aol.com
570 Thiemeyers Enkel
Rainer Tolkemit, Kükenbrink 4, 32689 Kalletal
Tel. 05733 | 18273
571 Lippe-Knappen
Thorsten Weihs, Droste-Hülshoff-Str. 17, 45721 Haltern
Tel. 02364 | 2978, E-Mail: vorstand@lippe-knappen.de
572 Schalker UrGEsteine
Stefan Zawacki, Prinzenstraße 9, 45881 Gelsenkirchen
Tel. 0209 | 9882310, E-Mail: schalker@urgesteine.de
573 Schalkefreunde Rhein | Ruhr 02
Cordula Görsch, Meisenstraße 103, 47228 Duisburg
Tel. 02065 | 62047, E-Mail: M.Goersch@freenet.de
574 Ettelner Knappen 2002
Johannes Voß, Talweg 1a, 33170 Borchen
Tel. 05292 | 930622, E-Mail: jvoss92486@aol.com
575 Blue Angels Wanne e.V.
Lars Hasse, Düngelstr. 73, 44623 Herne
Tel. 02323 | 6956168, E-Mail: LarsHasse@aol.com
576 Der Mond von Wanne-Eickel
Frank Sternitzky, Hüller Straße 27, 44649 Herne
Tel. 02325 | 73272, E-Mail: mond-von-wanne-eickel@freenet.de
578 Desperados RoyalBlue
Andreas Fritz, Heßlerstraße 13, 45883 Gelsenkirchen
Tel. 0173 | 5140474, E-Mail: mail@andreasfritz.de
579 Steinberg Knappen Ostwig
Marion Müller-Adam, Kampstraße 11, 59909 Bestwig
Tel. 02904 | 6637, E-Mail: Adam-Ostwig@t-online.de
580 Blue Magic Gladbeck
Jens Bremershemke, Landstr. 161, 45968 Gladbeck
Tel. 0173 | 5491904, E-Mail: Benzlimane@t-online.de
582 Horster Bären
Gabi Schäfer, Industriestraße 58b, 45899 Gelsenkirchen
Tel. 0209 | 9257560, E-Mail: Sonne12621@freenet.de
583 Coburg-Connection
Marc Wohlleben, Seitartshoferstr. 34, 96450 Coburg
Tel. 09561 | 799344
584 Schalke Followers
Tobias Sueck, Goxel 35, 48653 Coesfeld
Tel. 02541 | 800322, E-Mail: tobias@sueck.de
585 Pritschikowskis Erben
Karsten Krüger, Zeppelinstraße 17, 44651 Herne
Tel. 023023 | 56738
586 Blau-Weiße Himmelsstürmer Cölbe
Heike Mewes, Industriestraße 6, 35091 Cölbe
Tel. 06421 | 982470, E-Mail: goyamaichi@aol.com
588 VfB Blau + Weiß Herten | Westerholt
Winfried Kunert, Paul-Gerhardt-Straße 14, 45701 Herten
Tel. 0209 | 611861, E-Mail: mkw-kunert@gelsennet.de
590 Blau-Weißer Virus Altenessen
Andreas Braun, Gewerkenstraße 50, 45329 Essen
Tel. 0201 | 331682, E-Mail: Andreas.Braun@onlinehome.de

FAN-CLUBS

591 „1000 Freunde" in Dortmund e.V.
Felix Jungermann, Bergmannstraße 20, 44145 Dortmund
Tel. 0231|4759925, E-Mail: erstervorsitzender@tausendfreunde.de

592 Interessen GE-Meinschaft Schalke 04
Manuela Müller, Paulastr. 5, 45889 Gelsenkirchen
Tel. 0173|4340356, E-Mail: ManUpropria@t-online.de

593 Ruhrpott Gladbeck
Dirk Satlowski, Theodor-Heuss-Straße 33, 45966 Gladbeck
Tel. 02043|702113, E-Mail: ruhrpottgladbeck@aol.com

594 100 % Blau & Weiß
Ralf Kreil, Tauschlagstraße 65, 45966 Gladbeck
Tel. 02043|52025, E-Mail: ralfkreil@online.de

595 Königsblaue Nordlichter
Heinrich Kohlmorgen, Mittelreihe 82, 24879 Neuberend
Tel. 04621|957962, E-Mail: Kohli@koenigsblauenordlichter.de

596 Freunde Osterfeld
Oliver Wetz, Gabelstr. 50, 46147 Oberhausen
Tel. 0172|2402008, E-Mail: wetz@musketier.com

597 Ob der Himmel blau
Ludwig Günther, Unterheck 5, 33142 Büren-Harth
Tel. 02958|1092, E-Mail:ludwigguenther@aol.com

598 Blaues Blut
Bernd Voerste, Menzelstraße 22a, 45659 Recklinghausen
Tel. 02361|186821, E-Mail: ab.Voerste@t-online.de

599 Sportfreunde Burlo
Thomas Schulz, Brabusallee 61, 46240 Bottrop
Tel. 02041|169717, E-Mail: Sportfreunde-Burlo@web.de

600 Mindener-Knappen
Ralf Kutzner, Lübbeckerstr. 58, 32429 Minden
Tel. -, E-Mail: mindenerknappen@freenet.de

601 Schalker Freunde Wehrden|Weser
Patrick Kliesch, Godelheimerstraße 18, 37688 Beverungen
Tel. 05273|368133, E-Mail: Kliesch-s04@t-online.de

602 Königsblau Millingen
Uwe Hausen, Iriswweg 1, 46446 Emmerich
Tel. 02822|8877, E-Mail: Versicherungsbuerohausen@gmx.de

603 Sythener Knappen
Jürgen Breuer, Alter Kapellenweg 9, 45721 Haltern
Tel. 02364|69544, E-Mail: KNIPSER_JUERGEN@web.de

604 Königsblauer Vogelsberg
Ralf Ruhl, Berliner Straße 9, 36358 Herbstein
Tel. 06643|7556, E-Mail: schalke04ralfruhl@web.de

605 Schalker Freunde Bottrop e.V.
Holger Zielke, Röttgersbank 5, 46238 Bottrop
Tel. 02041|778768, E-Mail: tkotz.zielke@arcor.de

606 Königsblau Herne e.V.
Carina Müller, Angelikastraße 3, 44628 Herne
Tel. 02323|399307

607 Stever-Knappen Olfen
Friedhelm Kopka, Overborgstr. 4, 59399 Olfen
Tel. 02595|5306, E-Mail: bfkopka@aol.com

608 Posthörnchen e.V.
Tiemo Kaczmarek, Sellhorststraße 1-3, 45879 Gelsenkirchen
Tel. 0209|202285, E-Mail: fanclubposthoernchen@web.de

609 Rhein-Ahr-Knappen e.V.
Werner Mauel, Hauptstr. 92, 53474 Bad Neuenahr
Tel. 02641|21640, E-Mail: wernermauel@deutschepost.de

611 Schalker Knappen Usthem
Reiner Wolf, Eisenbahnstraße 10, 61130 Nidderau
Tel. 06187|991576, E-Mail: r.a.o@t-online.de

612 Königsblaue Falken Aken|Elbe
Alfred Martin, Waldstraße 24b, 06385 Aken|Elbe
Tel. 034909|84664, E-Mail: romanus-klietzen@gmx.de

613 Dorfknappen Darfeld
Achim Hirtz, Eschstraße 23, 48702 Rosendahl
Tel. 02545|919467, E-Mail: a.hirtz@dorfknappen.de

614 Schenkel-Antilopen
Dirk Eichler, Breitenweg 16, 45721 Haltern
Tel. 0177|8667198 , E-Mail: dirk.eichler@email.de

615 Römerkanal Buschhoven e.V.
Werner Bürvenich, Schulstraße 10, 53913 Swisttal
Tel. 02226|2863, E-Mail: huebuschhoven@gmx.de

616 Lot-Jonn Königsblau
Hans Mengwasser, Wiedenkamper Straße 22, 42719 Solingen
Tel. 0212|315433, E-Mail: s04_Hans@yahoo.de

617 Königsblaue Freunde PDZ Kassel 2002
Stephan Hopf, Mattenbergstr. 101, 34132 Kassel
Tel. - E-Mail: S04PDZKASSEL@aol.com

618 Steigerwald-Knappen
Konrad Kaiser, Dorfstraße 7, 96132 Schlüsselfeld-Elsendorf
Tel. 09552|390, E-Mail: kunner.k@freenet.de

619 Blau-Weiß Bergwinkel
Rainer Zinkhand, Seidelbastring 1, 36381 Schlüchtern
Tel. 06661|917730, E-Mail: fliesen-zinkhand@t-online.de

620 Blau-Weiße Knappen Berger Feld
Frank Sadlowski, Brukterestr. 17a, 45891 Gelsenkirchen
Tel. 0209|782665, E-Mail: info@blau-weisse-knappen.de

621 Blaue Gesellen Velbert 2002 e.V.
Peter Basa, Rottstraße 9, 44793 Bochum
Tel. 0234|6406485, E-Mail: peterbasa@gmx.de

623 Euro-Fighter-Holsterhausen
Klaus Grochocki, An der Vogelstange 45, 46284 Dorsten
Tel. 02362|913270, E-Mail: klaus.grochocki@das.de

624 Blues Brothers '99
Heinz-Arnold van Raden, Am neuen Deich 12, 26736 Greetsiel
Tel. 04926|2073, E-Mail: arnold@debeer.de

625 Muldental
Karl-Heinz Marciniak, Haingasse 78, 04680 Kolditz
Tel. 034384|71544, E-Mail: rudi.assauer@freenet.de

626 Schalker Freunde Nahe-Hunsrück
Franz-Rudolf Weis, Schillerstraße 12, 55619 Hennweiler
Tel. 06752|912081

627 Blau-Weiß Kamen
Dietmar Kluge, Osterfeldmark 4, 59192 Bergkamen
Tel. 02307|22866, E-Mail: diddi@gmx.biz

628 Königsblau 2002
Klaus Neuhaus, An der Sandgrube 119, 46244 Bottrop
Tel. 02045|402025, E-Mail: koenigsblau2002@gmx.de

629 Blau Weiße Knappen Hessental
Michael Förster, Komberger Weg 80, 74523 Schwäbisch Hall
Tel. 0173|7773568

630 Schacht 19
Uwe Schabio, Grünnigfelder Straße 14, 45886 Gelsenkirchen
Tel. 0209|29218, E-Mail: schacht19@arcor.de

632 Schalker Wölfe
Klaus Heyser, An der Molle 5, 38446 Wolfsburg
Tel. 05361|2766820, E-Mail: schalke04@t-online.de

633 Königsblau Fuhlenbrock
Martina Int-Veen, Hermann-Löns-Straße 13a, 46242 Bottrop
Tel. 02041|54445, E-Mail: koenigsblau.fuhlenbrock@EDComp.de

634 Blau-Weißes Rudel
Jürgen Liefland, Allinghofstraße 37, 45964 Gladbeck
Tel. 02043|681010, E-Mail: WILMOPS@web.de

635 Schalker Freunde Lippe
Ulrich Stukenbrok, Burgstr. 11, 32791 Lage
Tel. 05232|702854, E-Mail: ulli@schalkerfreunde-lippe.de

637 Schalker Freunde Wupper-Waschbären
Jörg Weiss, Feldstraße 9, 58332 Schwelm
Tel. 02336|18229, E-Mail: Yogi.weiss@web.de

638 Schalker Freunde Rhein-Emscher
Vera Pusch, Elchweg 5, 44627 Herne
Tel. -

639 Vettelschosser Knappen 2002
Karl-Heinz Heinemann, Am Walde 11, 53560 Vettelschoß
Tel. 02645|3873, E-Mail: kalli04@t-online.de

641 Blau-Weiße-Eulen Peine
Dirk Viol, Bernsteingasse 2, 31224 Peine
Tel. 05171|18549, E-Mail: VIOLDirk@aol.com

642 Schalker-Elm-Falken
Frank Wenzel, Rotkehlchenweg 5, 38364 Schöningen
Tel. 05352 | 50055 E-Mail: hommywenzel@web.de
644 Glück Auf Königsblau Rhein-Main e.V.
Oliver Peter, Marienhüttenstr. 85, 63457 Hanau
Tel. 0170 | 3239886, E-Mail: olli@glueck-auf-s04.de
645 Fanclub Pottamann, Shanghai & München
Stefan Kunk, Josephsburgstraße 19, 81673 München
Tel. 089 | 45461218, E-Mail: pottamann@kunk.net
647 Königsblaue Herzen
Andrej Janezic, Rektor-Hugo-Straße 3, 52525 Heinsberg
Tel. 02452 | 63689
648 Arena-Touristen Rheinland
Joachim Berg, Altstadtstr. 34, 51379 Leverkusen
Tel. 0214 | 5005548, E-Mail: joachim.berg@degussa.de
649 Vechte Power Quendorf
Jens Niehaus, Am Kapellenplatz 1, 48465 Quendorf
Tel. 05923 | 1486, E-Mail: vechte-power@web.de
650 Glück Auf Reckenfeld
Matthias Rülfing, Industriestr. 11, 48268 Greven
Tel. 02575 | 97080, E-Mail: MatthiasRülfing@glueck-auf-reckenfeld.de
651 Zeche Hugo
Reiner Losch, Uhustraße 3, 45897 Gelsenkirchen
Tel. 0209 | 598108, E-Mail: reirelosch@gelsennet.de
652 Westerwälder Knappen
Marco Jung, Bachstraße 10, 65627 Elbtal Dorchheim
Tel. 06436 | 3448, E-Mail: timosueselbeck@web.de
653 Königsblauer Virus VS
Joachim Held, Ob dem Dorf 1, 78052 Marbach
Tel. 07721 | 28518, E-Mail: joachimheld@web.de
654 Schalker-Freunde Fuhneaue-Anhalt
Steffen Weida, Friedrich-Engels-Straße 3, 06369 Radegast
Tel. 034978 | 30698, E-Mail: steffen1904@aol.com
655 1904 FANS.de
Jörg Noback, Bachstraße 69f, 46149 Oberhausen
Tel. 0208 | 6250250, E-Mail: jot-en@web.de
656 Schalker Burgknappen
Ingo Hork, Krähenberg 17, 57368 Lennestadt
Tel. 02721 | 6099996, E-Mail: ingo.kork@t-online.de
658 Nordstern Knappen
Thomas Mikolajczyk, Poststraße 18, 45899 Gelsenkirchen
Tel. 0209 | 517330, E-Mail: miktho@web.de
659 Blau-Wisse Wenk
Blau-Wisse Wenk Linnich e.V., Am Mertzbach 2, 52441 Linnich
Tel. 02462 | 206770, E-Mail: blau-wisse-wenk@web.de
660 Schalke-Freunde Oberhausen
Sandra Lewerenz, Baststr. 58, 46119 Oberhausen
Tel. 0208 | 605761, E-Mail: ilkaheiko@meocom-online.de
661 Jute Leite Mansfelder Land
Jan Wemer, Nordstr. 22, 06343 Mansfeld
Tel. 0174 | 9293653, E-Mail: jandervierte@freenet.de
662 Zeitzer Knappen
Karsten Heilmann, Am Elsterhang 9, 06712 Zeitz
Tel. 03441 | 211429, E-Mail: schalke04zeitz@aol.com
663 Schalker Zöllner
Marcel-Buko Hollands, Gendringer Straße 52, 46419 Anholt
Tel. 02874 | 989345, E-Mail: schalker-zoellner@web.de
664 Schalke-Freunde Maintal-Knappen
Peter Prath, Peuntstraße 9, 96179 Rattelsdorf | Ebing
Tel. 09547 | 8465, E-Mail: schalke-prath@gmx.de
665 Blau Weiße Tollwut Datteln
Dirk Sauer, Herdickstr. 76, 45711 Datteln
Tel. 02363 | 64675 E-Mail: info@blau-weisse-tollwut.de
667 Blaue Knappen Ems-Vechte
Gerhard Klöpper, Schubertstr. 19, 48480 Spelle
Tel. 05977 | 680, E-Mail: Gerhard.Kloepper@online.de
668 Die Kracher e.V.
Thomas Eckert, Sudetenstraße 18, 37242 Bad Sooden
Tel. 05652 | 6297, E-Mail: freenet@familyeckert.de

669 Wurmtal Fighters
Uwe Fischer, Heidestraße 38, 52146 Würselen
Tel. 02405 | 424719
670 Dat BonGel´S04
Günter Matthes, Lievelingsweg 139, 53119 Bonn
Tel. 0228 | 3692007, E-Mail: nc-matthebi2@netcologne.de
671 Ruhrknappen Düren 1999
Thomas Wamberg, Hubertusstr. 24, 52355 Düren
Tel. –
672 Oberharzer Knappen Clausthal-Zellerfeld
Berthold Uhlig, Königsberger Straße 17, 38678 Clausthal-Zellerfeld
Tel. 0170 | 7039206, E-Mail: Berti04@gmx.de
673 Immer Blau + Weiß
Marianne Gentz, Bruckmannstraße 15, 45327 Essen
Tel. 0201 | 3644761, E-Mail: MichaelDeutschmann@gmx.net
675 GE-Clan
Martin Wolf, Dresdener Straße 28, 45549 Sprockhövel
Tel. 02324 | 701171, E-Mail: martin@ge-clan1904.de
676 FCS 04 „Die Blauen Ratten"
Günter Zimmermann, Hunoldstraße 48a, 31785 Hameln
Tel. 05151 | 22437
677 Fußballfreunde Schalker Herzblut
Jasmin Brzezinski, Fischerstr. 89, 45899 Gelsenkirchen
Tel. 0209 | 53868, E-Mail: paulfuhl@arcor.de
678 Schalke-Stammtisch Krähenpower Herdringen
Rainer Kessler, Lägge 2, 59757 Arnsberg
Tel. 02932 | 51215, E-Mail: kessler-arnsberg@t-online.de
679 Blue Boys Langenberg
Thomas Wienströer, Am Hohlweg 34, 33449 Langenberg
Tel. 05248 | 1082, E-Mail: Thomasws@aol.com
680 Glück Auf 100% Königsblau
Roland Renkiewicz, Husemannstraße 25, 47475 Kamp-Lintfort
Tel. 02842 | 909410
681 Kröver Nacktarsch-Knappen
Michael Herges, Im langen Morgen 29, 54536 Kröv
Tel. 06541 | 811479, E-Mail: Hearchy@aol.com
684 Auf Alme
Heiner Hildebrand, Kreuzweg 2, 59929 Brilon
Tel. 02964 | 1535, E-Mail: Heiner@ober-alme.de
686 Blue-White Korektas
Sebastian Tacke, Hauptstraße 7, 37647 Brevörde
Tel. 05535 | 999918, E-Mail: babbel04@freenet.de
687 Sevinghausener Jungs
Tobias Francis, Langacker 14, 44869 Bochum
Tel. 02327 | 790775, E-Mail: TobiasFrancis@gmx.de
689 Stolberg-Eifel „Der auf Schalke tanzt"
Reinhold Palm, Brühlstraße 20, 52224 Stolberg
Tel. 02402 | 978300, E-Mail: info@palm-haertetechnik.de
690 Bazilus 1904
Markus Düchting, Voedestr. 5, 44866 Bochum
Tel. 0152 | 0158800, E-Mail: markus.duechting@rub.de
691 Königsblauer Altkreis
Holger Zimmermann, Feldstr. 17, 49152 Bad Essen
Tel. 0173 | 7011652, E-Mail: hz@koenigsblauer-altkreis.de
693 Aller Knappen
Ilona Frey, Osterberg 2a, 38444 Wolfsburg,
Tel. 05308 | 3730, E-Mail: ilonafrey04@gmx.de
694 Rennsteigknappen-Schalker Jungs
Henry Beyer, Bergstraße 24, 98711 Schmiedefeld
Tel. 036782 | 60600, E-Mail: Neumann04@freenet.de
695 Schalker Filiale Hamburg
Frank Lehmann, Neuer Weg 23, 21220 Maschen
Tel. 04105 | 153960, E-Mail: kuzorraserben@schalker-filiale-hamburg.de
696 Grüningen | Hessen 1990
Daniel Bäthe, Wiesecker Weg 50, 35396 Gießen
Tel. 0641 | 3019198, E-Mail: S04danny@gmx.de
697 Muldental-Knappen 04 e.V.
Toni Ziegan, Lindenring 81, 04824 Beucha
Tel. 034292 | 72614, E-Mail: mulderknappen@aol.com

FAN-CLUBS

698 Königsblaue Lippeknappen
Michael Riedmüller, Im Kämpchen 22a, Salzkotten
Tel. 02948|940995, E-Mail: Michael-Riedmueller@t-online.de

699 Königsblaue Freunde
Frank Kohkemper, Hedwigstraße 75, 47198 Duisburg
Tel. 02066|38541, E-Mail: kokis@freenet.de

700 Die wilden Rafaelos
Marianne Goerke, Auf dem Schollbruch 49, 45899 Gelsenkirchen
Tel. 0209|50711, E-Mail: die-wilden-rafaelos@gmx.de

701 Schalker Freunde Bismarckhain
Frank Schönfeldt, Braubauerschaft 10, 45889 Gelsenkirchen
Tel. 0209|899157, E-Mail: frank-eurofighter@t-online.de

702 Rhein-Emscher 12.46|2000
Klaus Wegener, Fichtestraße 5, 59192 Bergkamen
Tel. 02307|83737, E-Mail: mixery47@aol.com

703 Blau-Weiße Ehre Gelsenkirchen
Christine Janczak, Herforderstraße 8, 45892 Gelsenkirchen
Tel. 0209|8749506, E-Mail: chrissiwolf@msn.com

704 Hövelhofer Knappen 04
Volker Upgang, Gütersloher Straße 57a, 33161 Hövelhof
Tel. 05257|5952, E-Mail: Volker.Upgang@tiscali.de

705 Pantringshofer Knappen Herne
Michael Schneider, Mausegattstraße 9, 44628 Herne
Tel. 02323|83713, E-Mail: tempelgaenger@versanet.de

706 Kristall Blau Weiß Massenbach e.V.
Dieter Käss, Raiffeisenstraße 5, 74193 Schwaigern|Massenbach
Tel. 07138|945620, E-Mail: dieter_kaess@yahoo.de

707 Blau-Weiß Flörsbachtal
Jörg Hahn, Fischerstr. 92, 45899 Gelsenkirchen
Tel. 0172|5772555, E-Mail: j.hahn@victoria.de

709 Schalker-Freunde Blau-Weiß Bodensee
Steven Rottmaier, Hasselbrunnstr. 6|3, 78315 Radolfzell
Tel. 07732|945664, E-Mail: s.rottmeier@t-online.de

710 Alles wird gut
Markus Finke, Beckeradstraße 14, 45897 Gelsenkirchen
Tel. 0209|33099, E-Mail: mfinke@awgclub.de

711 100 Jahre Schalker Nordkurve
Michael Loges, Ernst-Barlach-Straße 38, 45276 Essen
Tel. 0201|5450322

712 Schalker Revierknappen
Martin Piasta, Varenholzstraße 115, 44869 Bochum
Tel. 0234|6110, E-Mail: revierknappen@aol.com

714 Die Paten 04
Holger Janßen, Ostring 15, 26409 Wittmund
Tel. 04462|943843, E-Mail: holger.janssenII@ewetal.net

715 Schalke am Main 2004
Ronald Kieweg, Schlossweg 11b, 65451 Kelsterbach
Tel. 06107|4354, E-Mail: schalke@schalkeammain.de

716 Eifel Kumpels 04 e.V.
Daniel Schwarzer, Hinterseiffen 6, 53940 Hellenthal
Tel. 02482|606777, E-Mail: d.schwarzer@t-online.de

717 Schlucke 04
Michael Groß, Bredenschneiderstr. 119c, 45524 Hattingen
Tel. 0234|5797695, E-Mail: michael.gross@bardusch.de

718 Blau-Weiße Freunde 04
Jürgen Höink, Herderstraße 10, 48683 Ahaus
Tel. 02561|865265

720 Königsblaue Börde-Knappen Rottmersleben
Hans-Eicke Weitz, Hauptstraße 32, 39343 Rottmersleben
Tel. 039206|53672

721 huculvi Stürmer 04
Peter Hochstein, Apfelbrede 7, 32469 Petershagen
Tel. 05707|8304, E-Mail: p.hochstein@t-online.de

722 Stendaler Altmark-Knappe 04
Mandy Köppe, Nicoleistr. 62, 39576 Stendal
Tel. 0172|3854909

723 Kuzorra seine Erben
Jörg Pohler, Weiherstraße 19, 51399 Burscheid
Tel. 0163|3551055, E-Mail: praesi04@freenet.de

724 Triple 04 Großhabersdorf
Robert Fügmann, An der Klinge 29, 90613 Großhabersdorf
Tel. 09105|998558, E-Mail: fuegmann@t-online.de

726 FC Schalke 04 Chung Hak Korea
Jörg Polley, Dickammstr. 3, 45879 Gelsenkirchen
Tel. -, E-Mail: joergpolley@gmx.net

727 Schalker Kellerkinder 04
Lothar Schmitz, Schulstr. 42, 46395 Bocholt
Tel. 02871|17525, E-Mail: schmitz.lothar@t-online.de

728 Blue Crew Gladbeck
Dennis Poerschke, Bosslerweg 76, 45966 Gladbeck
Tel. 02043|691847, E-Mail: bluecrew@gmx.de

729 Königsblau 04 Holsterhausen
Uwe-Andreas Thiele, Drosselweg 6, 44625 Herne
Tel. 02325|467161

730 Scharfe Hüpfer
Mike Bettenhausen, Birkenweg 5, 57567 Daaden
Tel. 02743|4979, E-Mail: knaller100@aol.com

731 Vulkan-Knappen S04 Mending
Dr. Siegfried Wesselmann, Bahnstr. 37a, 56743 Mending
Tel. 02652|51171, E-Mail: silent-running0603@gmx.net

734 Schalker Kreuzherren Brüggen e.V.
Stefan Tönnissen, Amselweg 3, 41379 Brüggen
Tel. 02163|569797, E-Mail: michael-willemse@vr-web.de

735 Königsblaue Clubberer Kirchhellen
Hans Bäumer, Schültingstr. 2, 46244 Bottrop
Tel. 02045|6526, E-Mail: joergnoltenhans@aol.com

736 Blau Weiße Kobolde Siegerland
Rüdiger Otto, Weidenauerstr. 262, 57076 Siegen
Tel. 0271|4852977, E-Mail:ruediger-simone-otto@t-online.de

737 Königsblau Erftkreisel
Harald Koßmack, Auf dem Vorst 70, 50171 Kerpen
Tel. 02237|562356, E-Mail: harreg6865@freenet.de

738 Dicke Sauerländer 04
Michael Deimel, Neheimer Str. 15, 59757 Arnsberg
Tel. 02932|547612, E-Mail: zupi@onlinehome.de

739 Leimener Knappen
Michael Rossmann, Georg-L.-Menzer-Str. 6, 69181 Leimen
Tel. 06224|1749122, E-Mail: leimerknappen04@gmx.de

740 Königsblaue GE-sellen
Detlef Wichnewski, An der Bünte 12, 27404 Zeven
Tel. 0171|3851904, E-Mail: schalkerdedel@t-online.de

741 Blue White Pirates Ochtrup
Joachim Lautenschlager, Sperlingstr. 10, 48607 Ochtrup
Tel. 02553|80900, E-Mail: joachim.lautenschlager@viwis.de

742 Schlägel und Eisen
Stephanie Huber, Langenbochumer Str. 186, 45701 Herten
Tel. 0179|9887084

743 Königsblaue Amtsschimmel Wanne-Eickel 04
Heinz Weber, Alfons-Verstege-Weg 22, 45659 Recklinghausen
Tel. 02361|21210, E-Mail: heinzweber@versanet.de

744 Königsblaue Schwicker
Ulrich Kubik, Weiden 22, 45739 Oer-Erkenschwick
Tel. 02368|56671, E-Mail: koenigsblaueruli@web.de

746 Schalke-United e.V.
Dominik Egelhoff, Bertlicher Str. 536, 45701 Herten
Tel. 0172|5853430, E-Mail: egel88@aol.com

749 4352 Vollgas
Jan Weiler, Nimrodstr. 15, 45699 Herten
Tel. 02366|506699, E-Mail: ge-sups@gmx.de

750 Königsblaue Schalker Reutlingen
Benjamin Praß, Frankfurterstr. 20, 72770 Reutlingen
Tel. 07121|561996, E-Mail: benniprass@t-online.de

751 Nullvier e. V.
René Schlösser, Randenbergfeld 3, 45475 Mülheim|Ruhr
Tel. 0177|5735937, E-Mail: sfc-nullvier@web.de

752 Glückauf Minden 04
Klaus Könemann, Faule Breede 18, 32423 Minden
Tel. 0571|3881097, E-Mail: glueck-auf-minden-04@web.de

753 Königsblau Saaletal
Stephan Kuhn, Weinbergstr. 6, 97797 Windheim
Tel. 09732 | 3514, E-Mail: koenig-kuhn@web.de
754 GE treue 04
Harry Freund, Ausblick 35, 42113 Wuppertal
Tel. 0202 | 721522, E-Mail: getreue04@web.de
755 Royal Blue Gelsenkirchen 2004
Christian Grimm, Bocholter Str. 12, 45892 Gelsenkirchen
Tel. 0209 | 84011, E-Mail: fwgrimm@gelsennet.de
756 OSGALE
Ingo Decker, Am Schnaat 8, 49525 Lengerich
Tel. 05481 | 326677, E-Mail: ingo1904@aol.com
757 Schalker Knappen Wachtberg
Klaus Spittek, Heideweg 21, 53343 Wachtberg
Tel. 0228 | 9431115, E-Mail: schalke04@niederbachem.de
758 Staufer Knappen
Uwe Rosenkaimer, Lindenstr. 11, 73092 Heiningen
Tel. 07161 | 944163, E-Mail: mail@brandschutz-gbr.de
759 Königsblau Camper
Rainer Brocke, Osterholder Str. 33, 25482 Appen
Tel. 04101 | 29560, E-Mail: rbrocke@t-online.de
761 Blue-White Devils Essen
Michael Burghardt, An der Blumenwiese 76, 45141 Essen
Tel. 0201 | 8325184, E-Mail: burki05@t-online.de
762 Blau-Weiße Treue Biberach
Patrick Schulze, Mozartstr. 22, 88400 Biberach
Tel. 07351 | 168874, E-Mail: patrickconny@aol.com
763 Doko Knappen
Andreas Wieske, Dillenbaum 65, 48308 Senden
Tel. 02598 | 929187, E-Mail: dokoknappen1@arcor.de
764 Blau Weiß Bismarck
Olaf Kusch, Bismarckstr. 190, 45889 Gelsenkirchen
Tel. 0209 | 3899966, E-Mail: o.kusch@web.de
765 Pälzer Buwe
Antonio Mesina, Anilinstr. 37b, 67063 Ludwigshafen
Tel. 0163 | 3216562, E-Mail: toni04@web.de
766 Bonoblau
Christian Bröring, Wengerooger Str. 37, 49393 Lohne
Tel. 0172 | 6008079
767 Schalker Kreisel Röcke von 2004
Yves Müller, Sonnenblumenweg 12, 31675 Bückeburg
Tel. 05722 | 909128, E-Mail: yves_mueller@web.de
768 Sauerlandkreisel 04
Stephan Miederhoff, Luciaweg 11, 58809 Neuenrade
Tel. 02394 | 800044, E-Mail: stemie04@aol.com
769 Schalker Brähme 04
Ralf Cohnen, Struthfeld 3, 34626 Neukirchen
Tel. 06694 | 51330, E-Mail: RalfCohnen@web.de
770 Fresena Knappen
Heiko Kuhlmann, Ostende 45, 26632 Ihlow
Tel. 04941 | 65055, E-Mail: heiko.kuhlmann1@ewetel.net
771 Gotzsche Knappen
Matthias Eichmann, Merseburger Str. 46, 06188 Landsberg
Tel. 0177 | 2751550, E-Mail: eichfred@gmx.de
772 Fehntjer-Knappen 04
Harald Janssen, Alt-Ihren 6, 26810 Westoverledingen
Tel. 04955 | 5813, E-Mail: haraldjanssen@t-online.de
773 Blaue Bande
Oliver Lainka, Am alten Sägewerk 56, 46244 Bottrop
Tel. 02045 | 406970, E-Mail: lainka@gelsennet.de
774 Blue Orleans Rhede 04
Patrick Terhat, Heinestr. 19, 46414 Rhede
Tel. 0178 | 8374278, E-Mail: patrick@blue-orleans.de
776 Königsblau Victoria e. V.
Christian Haasz, Niederdonker Str. 63, 40667 Meerbusch
Tel. 0211 | 4774649, E-Mail: christian.haasz@victoria.de
777 Schalker Freunde Grönegau
Robert Dieckmann, Dratumer Str. 15, 49326 Melle
Tel. 05409 | 4147, E-Mail: kutte04@aol.com

778 100 Jahre Immerblau
Dirk Wirdeier, Dorneburger Str. 47b, 44652 Herne
Tel. 02325 | 30656, E-Mail: 100jahreimmerblau@googlemail.com
779 Schalker Freunde Letmathe
Hunke Ronald, Auf dem Loh 2, 58636 Iserlohn
Tel. 02374 | 914610, E-Mail: roland.hunke@letmate-nrw.de
780 Glück Auf Schalke
Alexander Theermann, Uhrwerlerstr. 13, 59387 Ascheberg
Tel. 02593 | 6928, E-Mail: at@westermannsgroup.com
781 Blue-White-Hornets 04 e. V.
Dierk Schütte, Heinrich-Wick-Str. 13, 58239 Schwerte
Tel. 02304 | 45869
782 Speldorfer Schalke-Stammtisch von 2004
Hein Haas, Lindenstr. 60, 45478 Mülheim | Ruhr
Tel. 0208 | 487550, E-Mail: hehama@t-online.de
783 Blau-Weiss Langen
Nico Lück, Wingottstr. 70, 63303 Sprendlingen
Tel. 06103 | 280904, E-Mail: dlueck04@aol.com
784 MythoS 04 Lippe-Detmold
Hartmut Schneider, Rektenstr. 16, 32758 Detmold
Tel. 05231 | 20850, E-Mail: schneider.moebelkeile@t-online.de
785 Rheda-Wiedenbrück 04
Dietmar Pfeiffer, Königsberger Str. 10, 33378 Rheda-Wiedenbrück
Tel. 05242 | 405804, E-Mail: info@anwalt-pfeiffer.de
786 Bull Power 04
Hans Jürgen Damm, Jahnstr. 6, 34637 Schrecksbach
Tel. 06698 | 451, E-Mail: ruediger_damm@gmx.de
787 Arena-Langscheid
Peter Schneidermann, Im Hahn 11, 59846 Sundern
Tel. 02933 | 9098657, E-Mail: Arena-Langscheid@t-online.de
788 Blau-Weiß Borghorst 2005 e. V.
Thorsten Oldach, Münsterstiege 96, 48565 Steinfurt
Tel. 02552 | 3482, E-Mail: blauweissborghorst@versanet.de
789 Die Feinen Schalker
Bernhard Feikus, Loheide 69, 48346 Ostbevern
Tel. 02532 | 5749, E-Mail: rabebaan.feikus@t-online.de
790 Witten Barg 04 Uelsen
Frank Reefmann, Beethovenstr. 3, 49843 Uelsen
Tel. 05942 | 1890, E-Mail: f.reefmann@peters-gmbh.de
792 Schalker Buiterlinge
Jürgen Oberdick, Blankenstr. 12, 59939 Olsberg
Tel. 02962 | 1081, E-Mail: joberdick3@hotmail.com
793 Königsblaue Biberknappen
Christian Högemann, Tannenweg 1, 48346 Ostbevern
Tel. 02532 | 959593, E-Mail: choegemann@aol.com
794 Blau-Weisse Kumpelz Vest Re
Benedikt Klose, Rutenweg 10, 45665 Recklinghausen
Tel. 02361 | 5824858, E-Mail: bk74@gmx.de
795 Kellergeister Null Vier Dorsten
Michael Schils, Friedrichstr. 20, 46284 Dorsten
Tel. 02362 | 699082, E-Mail: m.schils@web.de
796 Block 29
Heiko Große-Beck, Borkenerstr. 121, 46284 Dorsten
Tel. 02362 | 65551
797 Blue White Angels Haverkamp
Klaus Kreutzberger, Hagemannshof 6, 45889 Gelsenkirchen
0209 | 8181913, E-Mail: blue-white-angels@gmx.net
798 Block 18
Hans-Rainer Groll, Schäferstr. 23, 45897 Gelsenkirchen
Tel. 0209 | 581897, E-Mail: Buer23@aol.com
799 Schalker Sprotten Kiel
Frank Till, Röntgenstr. 6, 45768 Marl
Tel. 02365 | 506717, E-Mail: scharf@interwebservices.de
800 Königsblaue Propheten
Norbert Fölting, Emdenerstr. 26b, 45894 Gelsenkirchen
Tel. 0209 | 396478, E-Mail: s04_franky@infocity.de
801 Blau-Weiß Nethepower
Christian Richau, Mühlenwinkel 13, 37671 Höxter
Tel. 05275 | 1351, E-Mail: christian.richau@gmx.de

FAN-CLUBS

802 Königsblaue Freunde Halden
Jochen Dziambor, Düsternstr. 4, 58093 Hagen
Tel. 0171 | 4841634, E-Mail: dziambor5@versanet.de
803 Blue White Devil's
Volker Berg, Hauptstr. 86, 53797 Lohmer
Tel. 02246 | 169315, E-Mail: volker_berg@hotmail.com
804 S. F. C. Recklinghausen Southpark 04
Dirk Buchwald, Am Südpark 4, 45663 Recklinghausen
Tel. 02361 | 9600048, E-Mail: dbuchwald@versanet.de
805 Letzte Reihe 3
Uwe Kalina, Am Kreuzkamp 10a, 44803 Bochum
Tel. 0234 | 936948, E-Mail: uwe.kal@freenet.de
806 Steverknappen 04
Michael Groß, Bahnhofstr. 18, 48301 Nottuln
Tel. 02509 | 998185, E-Mail: michael@grosstk.de
807 Die Blauen
Sven Friedrich, Lange Str. 10, 49413 Dinklage
Tel. 0163 | 8907173, E-Mail: die.blauen@web.de
808 Schalker Ruhrknappen Wengern e. V.
Ulrich Fiegenbaum, Osterfelderstr. 30, 58300 Wetter
Tel. 02335 | 71965, E-Mail: u.fiegenbaum@web.de
809 Ahsener Fans auf Schalke
Peter Schwab, Dr.-Klausener-Str. 48, 45711 Datteln-Ahlen
Tel. 02363 | 34410, E-Mail: Peter-schwab@versanet.de
810 Schalker Freunde Einbeck
Mario Fränkel, Frankfurter Str. 36a, 38723 Seesen
Tel. 0160 | 6463818, E-Mail: schalkerfreundeeinbeck@freenet.de
811 S04-Fan-Club-Freigericht
Wolfgang Trageser, Schillerstr. 3, 63579 Freigericht
Tel. 06055 | 7896, E-Mail: wolfgangtrageser@web.de
812 Blau-Weiße Eurofighter
Peter Stratmann, Lambert Str. 31, 44581 Castrop-Rauxel
Tel. 02367 | 184042, E-Mail: eurofighter2005@gmx.de
814 Gelsen-Kult
Andreas Rangosch, Recklinghäuser Str. 25, 45770 Marl
Tel. 02365 | 15584, E-Mail: rangosch@aol.com
815 Königsblau bis in den Tod
Achim Burghoff, Zum Rödel 48, 99428 Weimer
Tel. 03643 | 494154, E-Mail: wosi-schalker@arcor.de
816 Levan Kobiashvili_Tiblissi
Jens Stolte, Am Rieschfeld 36, 39167 Hohendodeleben
Tel. 039204 | 66636, E-Mail: ostfale@aol.com
818 Kuzorras Enkel Reken
Heinz Geldermann, Pohl 5, 48734 Reken,
Tel. 02864 | 882219, E-Mail: kuzorrasenkelreken@gmx.de
819 Rhynern AufSchalke '05 e. V.
Patrick Wöckel, Rhynerberg 10, 59069 Hamm,
Tel. 02385 | 59069; E-Mail: pattihamm@gmx.de
820 Nordkurve Obermain
Georg Fugmann, Niestenerstr. 30a, 96260 Weismain
Tel. 0171 | 4917050, E-Mail: fugmann.christian@freenet.de
821 Deichkrone Tespe
Hans Jürgen Müller, Parkstr. 8a, 21395 Tespe
Tel. 0417 | 68257, E-Mail: juergen@hts-hh.de
822 Ruhrpott-Connection
Markus Mayer, Strote 24, 48734 Reken
Tel. 02864 | 883534, E-Mail: fcs1904@gmx.de
823 Schalker Freunde Diepholz
Andy Schütte, Parkweg 35, 49356 Diepholz
Tel. 05441 | 3686, E-Mail: andi.schuette@web.de
824 Dämmerschoppen
Carsten Schwarz, Frankenstr. 46, 46286 Dorsten
Tel. 0173 | 6014911, E-Mail: kasperkappe@web.de
825 S04 Ein Leben lang
Michael Maeß, Schnutenhausstr. 66, 45136 Essen
Tel. 0201 | 757538, E-Mail: m.maess@web.de
826 Beltershausen
Christian Schneider, Balderscheidweg 6, 35058 Beltershausen
Tel. 06424 | 92720, E-Mail: chr.sb@gmx.de

827 Die Kreisel-Bübchen
Gerd Wehmeier, Liemer Weg 3, 32657 Lemgo
Tel. 05261 | 10638
828 Scharfe Schalker
Christian Preußer, Steubenstr. 12, 57072 Siegen
Tel. -, E-Mail: scharfeschalker@aol.com
829 Königsblau Deuten
Dirk Drenk, Dominusböhm Weg 2, 46286 Dorsten
Tel. 02369 | 23101, E-Mail: d.drengk@t-online.de
830 Schlamacco Lingen | Ost
Andreas Heitmann, Damaschkestr. 17, 49811 Lingen
Tel. 0591 | 75469, E-Mail: schlamacco@web.de
831 Schalke 04 Fanclub Großzössen
Andreas Bodenlos, Lobstädter Str. 28a, 04552 Großzössen
Tel. 03433 | 902247, E-Mail: andreasbodenlos@aol.com
832 S04 Kalinkumpal Phillipsthal
Andreas Weber, Krähenweg 11, 36269 Philippsthal
Tel. 06620 | 8684, E-Mail: s04-fanclub-phillipsthal@web.de
833 Schalker Stammtisch Kalbach 04.04.04
Harald Pfeil, Sebastianstr. 19, 36148 Kalbach
Tel. 06655 | 2151, E-Mail: Harald-pfeil@fft.de
834 Altmühl-Knappen
Daniel Welzel, Industriestr. 4, 91757 Treuchtlingen
Tel. 09142 | 8534, E-Mail: derschalkeclubritter@gmx.net
836 S04 Königsblau Sulzbachtal
Fritz Walter, Rheinstr. 46, 66127 Saarbrücken
Tel. 06898 | 39400, E-Mail: fritzwalter.sb@gmx.de
837 Schalker Freunde Kallenhardt „Das Phänomen"
Günter Keuthen, Markusweg 18, 59602 Rüthen Kallenhardt
Tel. 02902 | 4851
838 Sandsturm 04
Dr. Nina Hessling, Memelstr. 9a, 46238 Bottrop
Tel. 02041 | 700083, n.hessling@web.de
839 Blau-Weiße Bruderschaft
Stefan Kirsch, Körnerstr. 29, 46047 Oberhausen
Tel. 0208 | 8833883, E-Mail: cherrygordon@aol.com
840 MERGE: Main-Eck 04!
Klaus Wadel, Bahnhofstr. 17, 63743 Aschaffenburg
Tel. 06028 | 21227, E-Mail: klaus.wadel@gmx.de
841 Bickenrieder Schalke Fans
Dirk Breitenstein, Dingelstädter Str. 5, 99976 Bickenriede
Tel. 036023 | 51324, E-Mail: dirk_breitenstein@web.de
843 Königsblaues Vest
Jörg Fischer, Hebeckenskamp 71a, 45731 Waltrop
Tel. 02309 | 785077, E-Mail: joerg.fischer@koenigsblaues-vest.de
844 Veltins Knappen Am Trinenkamp GE
Dirk Kühn, Meranerweg 9, 45881 Gelsenkirchen
Tel. 0209 | 9719537, E-Mail: kevin.kuehn1990@arcor.de
845 Attacke Tweste
Peter Brünken, Buchenweg 13, 47624 Kevelaer
Tel. 02832 | 7389, E-Mail: plb-computer@web.de
846 Schalker Freunde Alt und Jung
Siegfried Tietz, Marktstr. 29a, 45711 Datteln
Tel. 02363 | 357080
848 Märkischer Kreisel
Hubert Treude, Hedhofstr. 15, 58675 Hemer
Tel. 0171 | 5233697, E-Mail: hubert_treude@web.de
849 Kleiner Kreis Recklinghausen
Udo Wilms, Uhlandstr. 38, 45657 Recklinghausen
Tel. 02361 | 908720
850 Königsblaue Kurvensteher
Carsten Paul, Lessingstr. 54, 47475 Kamp-Lintford
Tel. 02842 | 718999, E-Mail: paul-carsten@t-online.de
851 Königsblau ein Leben lang
Karlheinz Völkel, Im Finn 36, 45772 Marl
Tel. 02365 | 24321, E-Mail: kallevoelkel@msn.com
852 Spring ins Feld
Jürgen Robert, Philippistr. 29, 45721 Haltern
Tel. 02364 | 69300, E-Mail:J-Robert@spring-insfeld.de

853 Blau-Weiße Nacht
Hans-Wilhelm Tersteegen, Jungbornstr. 20, 47445 Moers
Tel. 02841 | 780056, E-Mail: tpmoers@gmx.de

854 Königsblaue Welver 89
Marco Rasch, Am Markt 9, 59514 Welver
Tel. 0171 | 7318574, E-Mail: Marco.Rasch@freenet.de

855 Schalke-Freunde-Ruckertstraße-2005
Anette Hillebrand, Ruckertstr. 34, 45889 Gelsenkirchen
Tel. 0209 | 875983, E-Mail: hillebrand@gelsennet.de

856 Rhein-Sieg Knappen
Reinhard Schumacher, Am Uhlenhorst 91, 53721 Siegburg
Tel. 02241 | 58019, E-Mail: reischum@arcor.de

857 Schalker-Freunde Rengsdorf
Albrecht Jost, Mittlerer Bornsweg 10, 56579 Rengsdorf
Tel. 02634 | 8067, E-Mail: jost.albrecht@onlinehome.de

858 Grönegauer Knappenschaft 04
Stefan Jülke, Hernsdorfer Str. 84a, 49324 Melle
Tel. 05422 | 930208, E-Mail: juelkest@gmx.de

859 Auf Schalke Nienburg | Weser
Rolf Jambor, Nienburger Str. 55, 31638 Stöckse
Tel. 05026 | 81249, E-Mail: rj1904@schalker1.de

860 Tönisberg
Sascha Landers, Bergstr. 16a, 47906 Kempen
Tel. 0177 | 2980260, E-Mail: funny_sascha@gmx.de

861 Glück Auf Königsblau Hohenlohe 2005 e. V.
Uwe Werner, Hindenburgstr. 3, 74582 Geranbronn
Tel. 07952 | 5810, E-Mail: info@koenigsblau-hohenlohe.de

862 Grillmeister 04
Michael Richter, Devensstr. 72, 45899 Gelsenkirchen
Tel. 0209 | 9727770, E-Mail: kryptas@gmx.net

863 Schalker Freunde Südhessen
Gerd Wirth, Am Küchler 1f, 64372 Ober-Ramstadt
Tel. 06154 | 623469, E-Mail: m.g.wirth@t-online.de

864 Schwarzwaldknappen Blau-Weiß
Heiko Müller, Hindenburgstr. 35, 78087 Mönchweiler
Tel. 07721 | 63079

865 Blau-Weißer Wahnsinn Erkenschwick
Daniel Klein Altstedde, Karlstr. 19, 45739 Oer-Erkenschwick
Tel. 0178 | 4394300, E-Mail: danielka1983@aol.com

866 Die Blaue Macht Marbeck
Andre Schreyer, Am Bruchbach 31a, 46325 Borken
Tel. 02867 | 1257, E-Mail: deiver2000@yahoo.de

867 Bleibach Knappen
Joerg Schepke, Nideggenerstr. 117, 53881 Euskirchen
Tel. 02251 | 73126

868 Schalker Marschknappen
Werner Flick, Kirchnerstr. 19, 25436 Moorrege
Tel. 04122 | 978312, E-Mail: nimawehr@versanet.de

869 Fiasko Gelsenkirchen
Markus Eiser, Schenkenbergweg 19, 34295 Edermünde
Tel. - , E-Mail: Markus.Eiser@rpks.hessen.dc

870 Geeste mit Auf Schalke
Stefan Worpenberg, Freskenhof 1, 49744 Geeste-Dalum
Tel. 05937 | 970241, E-Mail: stefan@worpenberg.de

871 Allez-les-bleus
Rolf Grieskamp, Schulstr. 12, 48329 Havixbeck
Tel. 02507 | 2600, E-Mail: eva.havixbeck@web.de

872 Schlossknappen
Gerd Heeck, Am Broichgraben 62d, 40589 Düsseldorf
Tel. 0211 | 7183970, E-Mail: schlossknappe@arcor.de

873 Schalker Stübchen Rheinbach '06
Rainer Kaspari, Aachener Str. 24, 53359 Rheinbach
Tel. 02226 | 15534

874 Börde-Knappen Borgenteich
Wolfgang Niggemann, Rosenstr. 1, 34434 Borgenteich
Tel. 05643 | 7371, E-Mail: wolf.nig@gmx.de

877 Loat man goan Wolbeck
Roland Mende, Zumbuschstr. 28, 48167 Münster
Tel. 02506 | 7422, E-Mail: mederoland@web.de

878 Beckhausener Knappen 1904
Siegfried Kitza, Braukämperstr. 8, 45899 Gelsenkirchen
Tel. 0209 | 585590, E-Mail: dabesi@t-online.de

879 Blue Devils Saarland
Marco Paulus-Becker, Neustr. 5, 66806 Ensdorf
Tel. 06831 | 506940, E-Mail: saschaaltmeyer@aol.com

880 Schalke Factory Deluxe
Sandra Verbeet, Manteuffelstr. 33, 45138 Essen
Tel. 0201 | 1853324, E-Mail: 19Sandra04@web.de

881 Saturday Heroes
Carsten Petri, Fritz-Erler-Str. 51, 59174 Kamen
Tel. 0172 | 2308430, E-Mail: Pesi@saturdays-heroes.de

882 Zum blau weißen Rüssel
Dirk Gudzian, Alte Jülicher Str. 29, 47562 Weeze
Tel. 02828 | 8558, E-Mail: D.Gudzian@online.de

883 Alkohooligans
Tobias Kablitz, Selmansbachstr. 45, 45889 Gelsenkirchen
Tel. 0178 | 3525779, E-Mail: T.Kablitz@gmx.de

884 1. Blau und weiße Schalker
Herbert Heimann, Zeppelinstr. 51, 56236 Bottrop
Tel. 0173 | 2872817, E-Mail: Herbert.Heimann@gmx.de

885 Old Blue Lable 1904
Ulrich Seidel, Brauckstr. 2a, 45968 Gladbeck
Tel. 0179 | 6689571, E-Mail: U.Seidel@t-online.de

886 Blau weiße Engel Dorsten
Jens Sportbeck, Vosskamp 20, 46282 Dorsten
Tel. 02362 | 708777, E-Mail: Jens24NRW@yahoo.de

887 Fallrückzieher blau-weiß
Herbert Siebenlist, Tiemannsweg 9a, 45891 Gelsenkirchen
Tel. 0209 | 1655933, E-Mail: Siebenlist.Herbert@t-online

888 Blau-weiß Niederrhein e.V.
Wilhelm Brücker, Höfkensteld 7, 46569 Humxe
Tel. 02858 | 6363 E-Mail: info@wilhelm-bruecker.de

889 Königsblauer Gollaneck
Lothar Berger, Oststr. 38, 45891 Gelsenkirchen
Tel. 0209 | 72140, E-Mail: Dennis-Lukas@gmx.de

890 Tausend Feuer Vonderort
Norbert Koppmann, Vonderbergstr. 196, 46242 Bottrop
Tel. 02041 | 23918, E-Mail: Norbert.Koppmann@cityweb.de

891 Königsblaue Sippl
Oliver Stühlenberg, Prälat-Höing-Str. 31, 46325 Borken
Tel. 02862 | 415333, E-Mail: wesecke04@aol.com

892 Libuda S04-Fanclub Linden
Hagen Baxmann, Nedderfeldstr. 6, 30451 Hannover
Tel. 0511 | 275275, E-Mail: izarro-hannover@t-online.de

893 Blau weiße Hexen 1.12.06
Peter Stange, Giesterbergweg 37, 32657 Lemgo
Tel. 0174 | 7415363

894 The Blue White Fighters
Daniel Deing, Alter Postweg 47a, 46414 Rhede
Tel. 02872 | 8421, E-Mail: the-blue-white-fighters@web.de

895 Kellerasseln 04
Thomas Schnitter, Honigmannstraße 7, 45141 Essen
Tel. 0201 | 295898, E-Mail: T-Schnitter@versanet.de

896 Gladbecker Freunde
Peter Leuschner, Klopstockstr. 26, 45964 Gladbeck
Tel. 0173 | 5314312, E-Mail: leu1904@aol.com

897 Libuda seine Enkel
Uwe Logermann, Mühlenweg 21, 45289 Essen
Tel. 0201 | 579833, E-Mail: uwe.logermann@libuda-seine-enkel.de

898 „Königsblau UN-LER-KA"
Elke Terhorst, Gadumer Str. 43, 59425 Unna
Tel. 02303 | 69741

899 Hauptstadt Knappen
Marcel Selenkowsky, Seeburger Str. 65f, 13581 Berlin
Tel. 0176 | 6751607, E-Mail: m.selenkowsky@yahoo.de

900 Brandenburger Havelknappen
Thomas Bier, Platanenweg 10, 14776 Brandenburg
Tel. 0172 | 3238025, E-Mail: Tbier@rftonline.net

FAN-CLUBS

901 Schalkes' Königskinder
Gabriele Hartmann, Strickholtstraße 6a, 45966 Gladbeck
Tel. 02043|946976, E-Mail: GabiHartmann@gmx.de
902 Blau-weiße Roländer
Helmut Meller, Potsdamer Str. 23, 59269 Beckum
Tel. 02521|874238, E-Mail:Helmut.Meller@freenet.de
903 Schalke... Wat sonst!
Michael Walter, Niederleistr. 45a, 56282 Dorsten
Tel. 0177|1452300, E-Mail: Michael-Walter1@web.de
904 Blau-weiße Haubitzen
Axel Skatulla, Nettenberg 4, 42349 Wuppertal
Tel. 0151|1158981, E-Mail: Skatude@web.de
905 Schalkeportal – Das Schalke Gesindel auf Achse
Axel Bludau, Togostr. 33, 47249 Duisburg
Tel. 0203|3949272, E-Mail: schalkerdu@aol.com
906 Schalke Freunde Grafeld
Thomas Schröder, Herzlakerstr. 13, 49626 Grafeld
Tel. 0160|9734352, E-Mail: gabke@gmx.net
907 Blau-weiß Holstein 04
Oliver Bohrmann, Plöner Str. 113, 23701 Eutin
Tel. 04521|72492, E-Mail: Oliver-Bohrmann@gmx.de
909 Weser Knappen Bremen
Mirko Lork, Grambecker Herr Str. 133, 28719 Bremen
Tel. 0421|640659, E-Mail: Mirko@weserknappen.de
910 RheinPOTT-Kanacken
Andreas Bode, Titusstr. 6, 50678 Köln
Tel. 0221|5607310, E-Mail: a.bode81@web.de
911 Königsblaue Kettwiger Engel 04
Sabine Moseler-Worm, Betstr. 12, 45219 Essen
Tel. 02054|971744, E-Mail: sabine@moseler-worm.de
912 Main-Kinzig-Knappen Gelenhausen
Daniel Reith, Goldhecke 27, 36103 Flieden
Tel. 06655|5712, E-Mail: DanielReith-S04@web.de
914 Blau-weiß Paderland 04
Markus Baurichter, Württemberger Weg 31, 33102 Paderborn
915 Blau-weiße Knappen Goslar
Bern Russach, Am Breiten Tor 2, 38640 Goslar
Tel. 0162|7455729
916 Blue White Vikings
Karl-Heinz Schneider, Rubensstr. 5-7, 45147 Essen
Tel. 0201|732485, E-Mail: blue.white.vikings@freenet.de
917 Königsblau Laboe
Norbert Schulze, Kiebitzredder 25, 24235 Laboe
Tel. 04343|424034, E-Mail: n-schalker@t-online.de
918 GE-N3
Markus Rink, Geckseheide 167, 45897 Gelsenkirchen
Tel. 0177|5330080, E-Mail: l-ginco@gmx.de
919 Schalker Meistermacher
Thomas van Beekum-Schemmer, Westenfelder Str. 12, 44866 Bochum
Tel. 02327|903974, E-Mail: tomvanessa@t-online.de
920 „Wuppis 04"
Daniel Merten, Badstraße 76, 42699 Solingen
Tel. 0212|2428920, E-Mail: webmaster@wuppis04.de
921 Göttinger Knappen
Jörg Melchin, Zacharius-Kempe-Eck 3, 37079 Göttingen
Tel. 0551|97291, E-Mail: DerSchalker04@gmx.de
922 „Hearts 04"
Carmen Koopmann, Adalbert-Stifter-Str. 2, 45721 Haltern am See
Tel. -, E-Mail: S04_Maskottchen@yahoo.de
923 Holländische-deutsche Freundschaft
Edis Sijercic, Bruchstr. 50, 47647 Kerken
Tel. 02833|572309, E-Mail: kiki@hd-freundschaft.de
924 Horster Kurve
Christian Vieth, Heinrich-Brandthoff-Str. 2a, 45899 Gelsenkirchen
Tel. 0209|517546, E-Mail: ch.vieth@t-online.de

Fan-Clubs im Ausland:

69 Ostbelgien
Rene Müller, Dellenstr. 30, B-04759 Nidrum, Belgien
Tel. 0032|80770383
120 Blau und Weiss Enschede
Henny ten Vergert, Hooiraamhoek 51, NL-07546 M Enschede
Niederlande, Tel. 0031|0534766885, E-Mail: henny1904@kpnplanet.nl
124 Schalke-Freen Norden, Letzeburg
Luigi Biserni, 55, rue de Medernach, L-9186 Stegen, Luxemburg
Tel. 00352|803692 E-Mail: ibiserni@pt.lu
138 Northern Ireland Schalke Supporters
Bob Cummings
145 Roud Wäiss Blo
Robert Hastert, 38 rue du Lavoir, L-4804 Rodange
Tel. 00352|49904500, E-Mail: robert.hastert@cfl.lu
329 Blue Devil`s Belgium
Andy Teunen, Elisabethlaan 10, B-3630 Maasmechelen, Belgien
Tel. 3289763788
344 Schalke 04 Fan-Club Wien-Ingolstadt
Johann Fenzel, Czapkagasse 13|DG 32, A-1030 Wien
Tel. 0043|676|4748930, E-Mail: knappenwien@hotmail.com
520 Königsblau Vlaanderen
Axel Funke, Bist 181, B-2180 Antwerpen-Ekeren, Belgien
Tel. 0032|49729273, E-Mail: fam.funke@telenet.be
631 Königsblaues Nordtirol e.V.
Markus Woell, Eisack 311, A-6108 Scharnitz, Österreich
643 Schalke Zürisee & Linthgebiet
Stefan Schuler, Postfach 1068854, CH-8854 Siebnen, Schweiz
745 Schalke Südtirol 04
Alexander Gschnell, Pichl 34, I-39050 Jenesien (BZ)
813 Ilzer Knappen S04
Mario Gmeindel, Ilz 141, A-8262 Ilz
Tel. 0664|4348628, E-Mail: golinger.s@newsurf.at
835 Union Schalke Caracas
René Hecker, Calle la Piramide, Residences Valle Avila 1, Apart, A2,
Urb Miranda, 1070 Caracas, Tel. 0058|4143275130,
E-Mail: r.hecker@cantv.net
876 The Fans Südtirol
Hannes Hochrainer, Dorf 11b Ridnaun, 39040 Ratschings
Tel. 0039|343404161
908 654 km S04
Ralf Nauroth, Willisauerstr. 16, 6122 Menznau
Tel. 0041|76367730, E-Mail: 654@freesurf.ch
913 Schalker Juhnkens '05
Hanspeter Pieper, Grünmarkt 12, A-4400 Steyr
Tel. 0043|6765566, E-Mail: hanspeter.pieper@liwest.at

FC GELSENKIRCHEN-SCHALKE 04

Gründungsdatum 4. Mai 1904
Mitglieder 63.673 (Stand: 1. Juli 2007)

Abteilungen
Fußball (Lizenzspieler, Amateure, Junioren, Traditionsmannschaft), Basketball, Handball, Leichtathletik, Tischtennis

Adresse
Geschäftsstelle
Ernst-Kuzorra-Weg 1
45891 Gelsenkirchen

Postanschrift
Postfach 20 08 61
45843 Gelsenkirchen

Internet www.schalke04.de
E-Mail post@schalke04.de

S04-Shop auf dem Vereinsgelände
Öffnungszeiten: Montag bis Freitag von 9 bis 18 Uhr, Samstag von 10 bis 14 Uhr (und vor Heimspielen)
Bestell-Hotline: 0180 | 5221904 (0,14€/Min. a. d. dtsch. Festnetz; ggfs. abweichende Preise a. d. Mobilfunknetz)
Bestell-Faxline: 0180 | 5251904 (0,14€/Min. a. d. dtsch. Festnetz; ggfs. abweichende Preise a. d. Mobilfunknetz)
S04-ServiceCenter auf dem Vereinsgelände
Öffnungszeiten: Montag bis Freitag von 9 bis 18 Uhr, Samstag von 9 bis 14 Uhr sowie individuell an Spieltagen
Ticket-Telefon: 01805 | 150810 (0,14€/Min. a. d. dtsch. Festnetz; ggfs. abweichende Preise a. d. Mobilfunknetz)
Fax: 0209 | 3892599

Geschäftsstelle
Öffnungszeiten: Montag bis Donnerstag von 9 bis 17 Uhr, Freitag von 9 bis 13 Uhr
Tel.: 0209 | 3618-0, Fax: 0209 | 3618-109

Mitgliederverwaltung Tel.: 0209 | 3618-130

Jugendabteilung Tel.: 0209 | 3618-140

Trainingszeiten Tel.: 0209 | 3618-398

VELTINS-Arena

Internet www.veltins-arena.de
E-Mail post@veltins-arena.de

Schalke-Museum, Arena-Tour
Tel. 0209 | 3892-900, Fax: 0209 | 3839-909

UEFA-Pokal-Sieger
1997   1:0 und 0:1 n.V. (4:1 i.E.)
       gegen Inter Mailand

Deutscher Meister
1934   2:1 gegen den 1. FC Nürnberg in Berlin
1935   6:4 gegen den VfB Stuttgart in Köln
1937   2:0 gegen 1. FC Nürnberg in Berlin
1939   9:0 gegen Admira Wien in Berlin
1940   1:0 gegen Dresdner SC in Berlin
1942   2:0 gegen Vienna Wien in Berlin
1958   3:0 gegen Hamburger SV in Hannover

Deutscher Pokalsieger
1937   2:1 gegen Fortuna Düsseldorf in Köln
1972   5:0 gegen 1. FC K'lautern in Hannover
2001   2:0 gegen 1. FC Union Berlin in Berlin
2002   4:2 gegen Bayer Leverkusen in Berlin

Westdeutscher Meister
1929, 1930, 1932, 1951, 1958

Westdeutscher Pokalsieger
1955

Westfalenmeister
1934, 1935, 1936, 1937, 1938, 1939, 1940, 1941, 1942, 1943, 1944

Ruhrbezirksmeister
1927, 1928, 1929, 1930, 1932, 1933

Meister der Oberliga West
1951, 1958

Ligapokalsieger
2005   1:0 gegen den VfB Stuttgart in Leipzig

UEFA-Intertoto-Cup-Sieger
2003   0:0 und 2:0 gegen SV Pasching
2004   2:1 und 1:0 gegen Slovan Liberec

Meister der 2. Liga
1982, 1991

Deutscher Vizemeister
1933   0:3 in Köln gegen Fortuna Düsseldorf
1938   3:3 und 3:4 gegen Hannover 96 in Berlin
1941   3:4 gegen Rapid Wien in Berlin
1972   in der Bundesliga hinter Bayern München
1977   in der Bundesliga hinter Bor. M'gladbach
2001   in der Bundesliga hinter Bayern München
2005   in der Bundesliga hinter Bayern München
2007   in der Bundesliga hinter VfB Stuttgart

Deutscher Pokalfinalist
1935   0:2 gegen 1. FC Nürnberg in Düsseldorf
1936   1:2 gegen VfB Leipzig in Berlin
1941   1:2 gegen Dresdner SC in Berlin
1942   0:2 gegen TSV München 1860 in Berlin
1955   2:3 gegen Karlsruher SC in Braunschweig
1969   1:2 gegen Bayern München in Frankfurt
2005   1:2 gegen Bayern München in Berlin

IMPRESSUM FC SCHALKE 04

JAHRBUCH 2007|08

Preis
8,95 Euro

Herausgeber
FC Schalke 04 e.V.
Ernst-Kuzorra-Weg 1
45891 Gelsenkirchen

Redaktion
Gerd Voss (verantwortlich)
Thomas Spiegel
Christoph Pieper
Christian Schönhals

Mitarbeiter
Steffi Pennekamp
Alessa Jeske
Klaus Meyer
Andreas Pyrchalla

Anzeigenverwaltung
Kai Hoffmann

Gestaltung | Satz
Die Guerillas GmbH
Hofaue 51
42103 Wuppertal
Art Direktion
Hendrik Sieders

Foto
firo sportphoto
Ralf Ibing, Jürgen Fromme und Alex Simoes
Pfefferackerstraße 2a
45894 Gelsenkirchen

Druck
Makossa Druck und Medien
Pommernstraße 17
45889 Gelsenkirchen

Alle Rechte vorbehalten. Wiedergabe, auch auszugsweise,
nur mit ausdrücklicher Genehmigung durch die Redaktion.